丛书主编 ／贺雪峰

湖北省学术著作出版专项资金资助项目

·中国现代农业治理研究丛书·

农地细碎化的公共治理之道
沙洋县按户连片耕种模式调查

王海娟 贺雪峰  编著

湖北省按户连片耕种模式改变了农民耕种land块的不便格局，解决了by生产经济和地块调整的公共治理问题。在改变土地状态关系和按户连片耕种的基础上克服了农地细碎化，这是农地细碎化发展的未来的方向。本书从理论层面探讨了农地细碎化治理路径，有重要的发展意义。

华中科技大学出版社
http://press.hust.edu.cn
中国·武汉

图书在版编目(CIP)数据

农地细碎化的公共治理之道:沙洋县按户连片耕种模式调查/王海娟,贺雪峰编著.—武汉:华中科技大学出版社,2017.1(2024.12重印)

(中国现代农业治理研究丛书)

ISBN 978-7-5680-2345-0

Ⅰ.①农⋯　Ⅱ.①王⋯　②贺⋯　Ⅲ.①农业用地-公共管理-调查研究-中国
Ⅳ.①F321.1

中国版本图书馆 CIP 数据核字(2016)第 265982 号

农地细碎化的公共治理之道:沙洋县按户连片耕种模式调查

Nongdi Xisuihua de Gonggong Zhili zhi Dao:
Shayang Xian Anhulianpian Gengzhong Moshi Diaocha　王海娟　贺雪峰　编著

策划编辑:易彩萍

责任编辑:易彩萍

责任校对:何　欢

版式设计:张　靖

责任监印:朱　玢

出版发行:华中科技大学出版社(中国·武汉)　　电话:(027)81321913

　　　　　武汉市东湖新技术开发区华工科技园　　邮编:430223

录　　排:华中科技大学惠友文印中心

印　　刷:武汉科源印刷设计有限公司

开　　本:710mm×1000mm　1/16

印　　张:20.75

字　　数:305 千字

版　　次:2024 年 12 月第 1 版第 3 次印刷

定　　价:68.00 元

代　序

按户连片耕种模式

贺雪峰

湖北省沙洋县推行的"按户连片"耕种模式被写入 2016 年中央一号文件:"依法推进土地经营权有序流转,鼓励和引导农户自愿互换承包地块实现连片耕种。"沙洋县"按户连片"耕种模式成为了沙洋经验,沙洋经验的核心在于回应当前形势下农户的生产需要,具有普遍意义,值得全国推广。中央一号文件将沙洋县推行"按户连片"耕种模式的经验吸收进来,是一件值得表扬的好事。

近年来全国推动农地确权,分田到户以后,中央一直试图通过强化农户土地承包经营权来调动农民的农业生产积极性。这样一种思路走到极端,就是弱化土地集体所有权,甚至将土地承包经营权物权化。在当前农村土地经营者与承包者普遍发生分离且农户承包土地十分细碎的情况下,承包经营权物权化以及当前正在进行的农地确权,就可能让细碎分散的农地更加无法整合以便利农业生产。正是在中央强制要求土地确权的政策背景下,沙洋县为回应农民强烈的生产诉求而推出了农村土地"按户连片"耕种模式。

与全国农村一样,分田到户时,沙洋县的农田按照距离远近、土质肥瘦、水源好坏等因素分级分等,再按人均分,从而出现了农户承包地分散化、细碎化的问题。沙洋县全县耕地面积为 95.26 万亩,耕地有 107.8 万块,承包农户有 12.38 万户,户均耕地为 7.7 亩,户均 8.7 块土地,每块土地平均面积为 0.88 亩。随着农村青壮年劳动力的大量进城,土地承包户与经营户的分离,以及农业机械化的推进,土地细碎化严重影响了农业生产。如果在如此细碎的承包土地上确权,就可能造成难以挽回的错误。

因此，沙洋县在确权之前开始推行"按户连片"耕种模式。

沙洋县推行"按户连片"耕种模式的主要目标是实现农户"一户一片田"，将当前农户分散而细碎的承包地集中为一片，以便于耕种。按农户的说法，将之前分散而细碎的承包地集中连片，不仅便于建设基础设施，便于生产管理，而且可以极大地降低生产成本。过去地块分散，农户承包土地相互插花，无论是机耕还是灌溉，都存在断头路、断头渠，造成生产的困难。承包地分散在不同地方，机械就要来回跑，耕地、插秧、施肥、治虫、灌溉、收割都极不方便。农户之间为公共设施使用发生冲突的可能性极大，沙洋县经常因为农户争水、争机耕路、协调种植品种等发生冲突，甚至多次发生打架死人事件。土地集体连片，基础设施建设提高了农业生产的便利程度，加上管理的方便，同样面积的耕地，连片之后农户生产投入要降低 1/4，农业投入时间要减少 1/3。

沙洋县回应农户强烈的"按户连片"愿望的一个动因是沙洋县三坪村在第二轮土地延包时进行了"划片承包"，基本做到了一户一片田，并在此基础上进行了水电路等农业基础设施建设。"划片承包"后，三坪村成为所在乡镇农业生产最好、村庄矛盾最少、农民上访最少的村，当然也是农民种田最方便的村。三坪村周边农村都有极强烈的进行"划片承包"的诉求。只是因为按中央强化农户承包经营权的政策，无论是县乡干部还是村干部都担心"划片承包"动了农民承包地会违反政策，且取消农业税后，国家不再向农民收取税费，农户进行农业生产便利与否与县、乡、村干部都没有关系。因此，乡村干部普遍怕麻烦，无论农民要求土地"按户连片"的诉求多么强烈，乡村干部都是能推则推。

2014 年沙洋县开始农地确权登记颁证试点，县委县政府希望借确权的政策机会来回应农民诉求，因此在全县选择三个村进行"按户连片"试点，"按户连片"获得了群众的积极拥护，试点也很成功。2015 年开始在全县推广。

为了规避政策风险，沙洋县推广"按户连片"耕种模式尤其强调尊重农民意愿，不动承包权而调整经营权，尤其防止打乱重分的情况。在实践中，沙洋县主要有三种"按户连片"模式：第一种是"各户承包权不变，农户间协商交换经营权"，这种模式要占全部"按户连片"的80%以上；第二种是"农户间协商交换承包经营权"，约占10%；第三种是"土地重分"，所占比重不是很大。

以上三种模式中，"土地重分"效果最好，操作程序简便，连片效果好。沙洋县按"土地重分"进行"按户连片"的村组大多数都保持了各户二轮承包面积的不变，即"增人不增地、减人不减地"，少数按人口进行了打乱重分。因为沙洋县县委政府一再强调"土地重分"必须征得全体农户的同意，充分尊重农户意愿，同一个行政村，有的村民组全体农户同意，就打乱重分了，而有的村民组因为有人反对，就没有重分，从而普遍出现了同一个行政村采用不同方式推进"按户连片"的情况。个别村，虽然有个别农户反对打乱重分，但90%以上村民强烈要求打乱重分，村干部也比较强势，这些村就借强烈民意打乱重分了，效果也很不错。2015年沙洋县未发生一起因为"土地重分"所引起的农民上访。

第一种模式"农户间协商交换经营权"，好处是保留了农民第二轮延包经营权，坏处是互换经营权，造成农户承包权与经营权的不一致，且协商互换经营权的程序极为繁琐。以官垱镇鄂家村为例，全村共换经营权1000多次，每换一次就得签一份合同，极大地提高了土地互换的成本。

第二种模式"农户间协商交换承包经营权"，主要发生在"土地重分"中有农户反对"土地重分"的村组，其结果也是极大地提高了"按户连片"的成本。与互换经营权相比，互换承包经营权的好处是承包权与经营权一致，但程序也一样繁琐。

之所以第一种模式"农户间协商交换经营权"成为主导，主要原因是沙洋县县委政府担心推进"按户连片"耕种模式违反中央政策精神。沙洋县力推此种模式，而反对"土地重分"的办法。但在实践中，无论是村干部还是农户都认为只有"土地重分"好。虽然沙洋县在汇报中说只有3%的"土地重分"，实际上，全县"土地重分"的比例要大大超过3%，而且也只有打乱重分的村组才真正做到了"一户一片地"，真正充分达到了"按户连片"、便利生产的效果。而且打乱重分后遗症少，推进速度快，成本也低。

为了规避政策风险，沙洋县仔细研究了历年国家相关法律与政策规定。其中，《中华人民共和国农村土地承包法》第四十条规定"承包方之间为方便耕种或者各自需要，可以对属于同一集体经济组织的土地的土地承包经营权进行互换"，成为沙洋县县委县政府的法宝。沙洋县县委县政府因此允许村组在全体农户同意且承包面积不变的情况下进行"土地重分"，以达到"按户连片"的效果。"土地重分"存在的最大问题是可能有农户反对，包括本来支持却因为重分中对抓阄地块不满意，或因为个人矛盾，而坚决反对，最终导致"按户连片"推行不下去。沙洋县几乎所有乡村干部和农户都认为建立在承包地打乱重分基础上的"按户连片"是最好的，但在实践中有的村民组因为一户反对而进行不下去。

农业农村部调研组在沙洋县三个"按户连片"试点村调研，鄂家村村支书说："还是重新分地的办法好，但是地段好的农民不同意，我们做不下来工作，如果政策上统一要求重新分地就好了。"拾桥镇马新村有 15 个村民组，其中 4 个村民组采取了"重新分地、面积不变"的办法，村支书车友国说："还是重新分地的办法效果好，操作简单，便于连片。"马良镇童沙村有 12 个村民组，其中 4 个村民组采取"重新分地、增人增地、减人减地"的办法，效果极好。村支书张家武说："有 4 个组重新分了地，这突破了《中华人民共和国农村土地承包法》，但是群众都是同意的，作为试点也是成功的。换地的办法肯定不如重新分好。"从我们在沙洋县的全面调研来看，农业农村部调研组所调研的三个试点村的情况具有典型性、代表性和普遍性，这就是：土地重分的办法是最为有效的，最有可能达到便利农户耕种的效果，也是最受农户和村干部欢迎的。实践中，采用"土地重分"的村组往往都是村班子团结有战斗力、在这次"按户连片"工作中效果最好、最受农户欢迎的村组。

沙洋县县委县政府之所以偏低估计"土地重分"模式下的"按户连片"，是因为担心违反政策。实践中一些村组无法有效推进"按户连片"，以及选择程序繁琐效果也不好的另外两种"农户间土地互换"模式,也是为了规避政策风险。也就是说,当前的农地政策已经严重阻碍了农业生产力的释放,严重影响了农民的农业生产积极性,严重拖了农业生产的后腿。当前正在全国推进的农地确权将进一步固化土地细碎化问题,将农地制度锁定在低效状态。农民也只能为此政策和制度付出更多流汗、流泪乃至流血的代价。

除沙洋县以外,若有心就会发现,一直以来,全国各地尤其是南方稻作区不断出现地方政府因应农民强烈诉求而推进农户耕地连片实践,以解决当前已经严重制约农业生产力发展的农地产权细碎化问题。全国反复出现的这种解决农地产权细碎化的地方努力却一直没有变成中央政策,甚至,中央不仅没有回应农民的诉求和地方的努力,反而通过进一步强化农民细碎土地产权的土地确权,将本应得到解决的问题变得更难解决了。

沙洋县借土地确权的政策时机回应农户强烈的"按户连片"耕种诉求,是对土地确权的"反动"。这次中央一号文件竟然将沙洋县"按户连片"解决农地产权细碎化问题吸收到一号文件中来了,这个接地气的政策回应也让我们看到了希望。

但愿全国都能推广沙洋县"按户连片"的经验,并在此过程中反思甚至改变诸如农地确权这样不接地气的政策。

目　　录

1

上篇　总报告

连片种植真是好,机械耕种效益高。

你帮我来我帮你,欢歌笑语拉家常。

不起早、不摸黑,轻轻松松过忙月。

电好管、水好放,田里种出金凤凰。

农地细碎化的公共治理之道

连片耕种颂①

不是别人弃田跑,分散种植实难搞。

东一块来西一块,吃饱了都在路上跑。

你种小麦我插秧,搞得心里都发慌。

人吵嘴、牛抵角,鸡子不叫就起早(抢水)。

你守我、我防你,最后堰里见了底。

村干部、天天忙,社会矛盾难协调。

连片种植真是好,机械耕种效益高。

你帮我来我帮你,欢歌笑语拉家常。

不起早、不摸黑,轻轻松松过忙月。

电好管、水好放,田里种出金凤凰。

要想富,成片流转到大户!

要想富,连片确权才是路!

——题记

当前科技进步推动生产力发展以及新型城镇化带动农民外出,使得农业经营中承包地细碎化弊端凸显,不仅影响资源使用效率和现代农业发展,而且影响社会稳定。湖北省沙洋县从 20 世纪 90 年代末到现在一直在探索农地细碎化的治理方法,2000 年初我们开始关注沙洋县"划片承包"制度创新,2014 年沙洋县开始按户连片耕种制度创新。2015 年 4 月和 7 月华中科技大学中国乡村治理研究中心的两个调查组分别在官垱镇和五里铺镇开展了一个月的调查,2015 年 9 月华中科技大学中国乡村

---

① 作者范诗文,为沙洋县太山村农民。

治理研究中心组织 20 多名师生到沙洋县的 9 个乡镇(全县一共 13 个乡镇)进行了为期半个月的全面调研,主要调研沙洋县土地确权实践中探索推动的按户连片耕种模式,用以破除土地细碎化的经验。

沙洋县按户连片制度创新形成农地细碎化治理的"沙洋模式",维护了社会稳定,促进了生产力发展。农地细碎化和非排他性使得农地利用具有较强的外部性,农业生产存在公共领域,农地利用具有公共治理性质。按户连片耕种模式的实质是弱化农民对特定地块的承包权利,积极发挥集体经济组织土地调整和公共治理的功能,在不改变土地承包关系和农户家庭经营的条件下克服农地细碎化。沙洋县制度创新在双层经营体制下优化了家庭承包经营,探索了一条符合农民利益的土地适度规模经营道路,提高了农地确权的经济效益,发挥了集体所有制的优势。我们认为,沙洋县按户连片耕种模式具有普遍意义,值得总结,可以为全国农村完善本轮土地确权工作提供经验参考,也可以为农地制度改革与农业现代化发展提供理论启发。

虽然按户连片耕种模式得到了农民的积极响应,沙洋县基层干部和农民也做了很多工作,但因为基层组织公共治理能力的丧失,以及相关政策不断弱化集体土地权利,按户连片耕种模式的推行存在制度瓶颈和体制障碍。沙洋县制度创新的意义在于反映了农业生产现状和农民诉求,揭示了农地细碎化治理的重要性,找到了农业发展的正确方向。但其具体操作方法存在一些政策争议,需要认真研究和进一步完善。从这个意义上来说,沙洋县制度创新只是农地制度创新的开头,我们需要继续深入调查和进行理论总结,探索有效的操作方法。

按户连片耕种模式所取得的经济效益和社会效益反映了村集体在农业生产中的必要性及重要性,也反映了我国农地制度能够根据生产力变化进行适应性调整。土地集体所有制具有巨大的制度优势和制度势能,在农业现代化的过程中不仅能够保障务农农民的土地权益,而且能够保障农民工的土地权益。在我国人多地少的国情下,土地集体所有制以及双层经营体制有利于促进农业和农民现代化。我们建议结合土地确权登记颁证工作,并以《中华人民共和国农村土地承包法》修订为契机,在充分发挥农民经营自主权的基础上积极发挥集体经济组织的农业经营功能,解决小农经营遇到的问题和瓶颈,不断完善集体所有制和推进农业现代化。

沙洋县按户连片耕种模式已经被写进了 2016 年中央一号文件《关于落实发展新理念加快农业现代化实现全面小康目标的若干意见》:"依法推进土地经营权有序流转,鼓励和引导农户自愿互换承包地块实现连片耕种。"一方面,沙洋县土地确权办法和农地细碎化治理的经验已经上升为国家政策,需要进一步的完善和理论总结;另一方面,中央一号文件认为,经营权流转和承包地互换是农地细碎化治理的路径。实际上沙洋县按户连片耕种有更为长远的渊源、更为丰富的内涵、更为深刻的理论含义,需要我们对其进行深化研究。本研究有三个目的:一是总结按户连片耕种模式的内核和理论意义,为沙洋县土地制度创新提供理论指导;二是分析按户连片耕种的公共治理机制及其制约因素,完善按户连片耕种的操作办法,消除制约农地细碎化治理的障碍,以在更大范围内、更好地推动按户连片耕种模式;三是探讨农地制度改革,为当前的土地确权和《中华人民共和国农村土地承包法》的修订提供相关政策建议。

一、农地细碎化成为农业发展的根本性制约

沙洋县是南方种植水稻的丘陵地区,土地高度分散细碎。随着城市化、机械化和农业经营主体老龄化,农地分散细碎化降低机械使用效率、不利于资源优化配置、阻碍基础设施建设和管护、弱化农业生产自主权、影响社会稳定等,成为当前农地利用的根本性障碍因素。

(一)概况

湖北省沙洋县地处江汉平原西北腹地,为江汉平原西北部的湖区和荆山余脉东南的山冈丘陵地带,是全国重要的粮食生产基地。全县人口约为 62 万人,农村人口约为 46.88 万人,有 12.38 万户,耕地面积为

95.26万亩，户均耕地7.7亩。现辖五里铺、十里铺、纪山、拾回桥、后港、毛李、官垱、李市、马良、高阳、沈集、曾集、沙洋13个镇，1个省级经济开发区，249个行政村，29个社区居民委员会。

20世纪80年代初分田到户时，因为土地肥瘦、灌溉方便程度、距离远近等存在差异性，为了保障公平分配，农村按生产条件将土地分为几等，每一等土地再按户均分，一些面积较大的地块被切割为几块，这就使得农户经营的土地呈现高度分散且相互插花的细碎化形态。沙洋县是南方丘陵地区，土地分割得更为细碎，形成了典型的"人均一亩三分、户均不足十亩"且分布在上十个地方的格局。根据我们的调查数据，沙洋县土地块数为1077746块，平均每块地面积为0.88亩，户均8.7块。

（二）生产力变化与农地细碎化问题的产生

20世纪80年代分田到户时，中国农业生产力还处于人力畜力阶段，农地分散细碎化不仅对农业生产效率的负面作用不大，还具有一定程度的合理性。这可以解释农民为何在分田到户时采取土地分散细碎化的分配方式，政府缺乏引导固然是重要原因，根本原因是在当时生产力条件下农民没有土地连片耕种的积极性。

第一，农地细碎化分配的负面作用不大。人力畜力生产阶段，生产力较低，日均能耕面积小，地块分散细碎并不影响生产效率。我们在沙洋县的调查数据显示，耕田、插秧、运输和脱粒的日均作业面积分别为2～3亩、0.7亩、1亩、1亩。且农村大量剩余劳动力并未转移出去，劳动力过量供给缓解了地块分散细碎带来的耕种不便。相反，田块太大不利于农业生产。例如，插秧环节，1个劳动力日均插秧7分，如果田块面积太大，农民需要分几天插完，带来的问题有两个：一是土地耕好后如果没有及时插秧导致土地板结，插秧时需要重新耖一次田，增加劳动量和生产成本；二是若同一块田秧苗的插秧时间不同，则不利于日后统一管理和收割。

第二，土地差异大，分散细碎化有利于公平化分配。20世纪80年代初在投资资金和技术缺乏的情况下，土地质量对土地产量有决定性的影

6

响。沙洋县地块的质量主要与地力肥瘦、杂草多少、距离远近、灌溉条件、运输条件等有关,地块之间的质量差异很大。沙洋县分田到户时土地等级分为 3~5 等,新贺村的土地等级分为 8 等,农户占有每个等级的土地。土地分散细碎化分配,一方面能够保证农民之间利益的均衡,另一方面能够分散风险,从而最大程度上实现公平分配。

分田到户以来,随着农村体制改革、农业分化、人口流动、农机农技化等,农业生产方式、生产条件、生产主体都发生了重大变化。农地分散细碎化的公平合理性丧失,弊端凸显,严重制约了生产力的发展。农民的"流汗流泪又流血"反映了耕种土地的不便。这表明土地分散细碎化问题并不是一直存在的,而是在农业现代化发展的具体时代背景下产生的,不同的生产条件对农业生产率的影响程度、影响方式不同。目前农地分散细碎化问题的产生及其负面影响体现在以下几个方面。

1.土地差异变小,分散细碎化的公平合理性丧失。

生化技术以及机械的使用降低了土地质量差异,较为明显的变化是,化肥和除草剂的使用使得不同地块的地力肥瘦和杂草数量没有差异,拖拉机和机耕道的使用使得土地的距离远近不再重要。分田到户时沙洋县相邻等级土地的两季产量相差 400 斤,现在只相差 100 斤左右。目前沙洋县土地差异主要是灌溉条件和运输条件(即是否修建机耕道)。当土地差异变小时,土地分散细碎化的公平合理性丧失,耕种不便的问题凸显。我们在山西省和山东省等地区调查时发现,一些农村的土地不再存在差异,农民自发将自家分散细碎的土地调整为一大块。

2.机械化与农业生产方式变化。

根据沙洋县农机局的数据统计,2012 年沙洋县水稻和小麦机耕、机播、机收的综合机械化率是 73%,其中水稻机耕、机插、机收的机械化率分别是 90%、50%、90%,远远高于全国的机械化率。从时间点来看,沙洋县 2005 年普及了拖拉机,2008 年几乎普及了收割机,2012 年开始推行插秧机技术。即使在原来地块分散细碎化条件下,机械的作业面积也极大地增加了。拖拉机日均作业面积为 3～50 亩,插秧机为 15 亩,收割机为 30 亩。由于小型机械的使用和推广,机械化并不必然要求扩大土地耕种规模。虽然土地细碎化条件下机械化率可以达到很高水平,但土地细碎化极大地降低了机械的使用效率。总体估计土地连片前后的机械成本每亩地相差 100 元。更为重要的问题是,土地细碎化导致了机械使用的协调成本。在没有机耕路的情况下,机械需要从其他农户的田里过路,农户每次使用机械都需要与很多农户商量。协调成本包括货币成本,如其他农户的水稻没有成熟,收割机从未成熟水稻田过路需要给予一定的赔偿,沙洋县约定俗成的价格是每平方米 2 元钱。或者农民只能提前与其他农户一起收割,或者等其他农户收割后再收割,而如果没有及时收割,粮食产量会降低。协调成本还包括时间成本,农民使用机械需要来回与几户甚至十几户农户商量,或者等待着与其他农户相同的耕种和收割时间。如果协商失败,农民只能人工耕种和收割,或者另想其他办法。官垱镇鄂冢村四组村民徐华耕种水田 27.77 亩,分为 50 多块。本地农机手都不愿意帮他收割水稻,徐华只能靠"骗"不知情的外地农机手解决问题。徐华先告知外地农机手自己有很多地以吸引他们,然后带农机手看大田块,接着让农机手先收割小田块再收割大田块,否则农机手收割完大田块就不愿意收割分散的小田块了。尽管如此,徐华还是有部分土地无法雇请到机械,每年还需要人工收割 1 分田,总共有十几块、分散在不同地方。过高的协商成本或者协商失败,都会影响农民购买和使用机械的积极性。

3. 个体水利模式与农业生产条件的恶化。

20 世纪八九十年代沙洋县主要采取集体水利模式,由村组集体统一灌溉,农民不需要付出体力劳动,集体统筹环节为农民清除了细碎化带来的难题。随着水利设施年久失修以及水费收取困难,20 世纪 90 年代末集体水利模式开始难以维系,沙洋县逐渐形成个体水利模式。尤其是随着农业税费取消,集体经济组织不再向农民收取共同生产费,包括水电费之后,村组集体无法再为农民提供水利灌溉服务,沙洋县基本上形成了个体水利模式。农民通过挖堰塘、打井、使用水泵等技术进行农田灌溉。土地分散细碎化不仅使得水利设施投资的效益低,且农民需要在不同地块之间频繁地搬动水管、水泵等,增加了大量的体力劳动。高阳镇新贺村一个农民说:"气候不好的时候,从插秧到晒田期间的 2 个多月,我每天不是在抽水就是在架泵,不是在架泵就是在修水泵或者买管子、电线的路上。东边的一块田灌溉好了,就要把潜水泵、电线、塑料水管全部收好,搬到西边,再重新架起来抽西边的几块田。为了省麻烦,很多农户多花些钱买几个水泵和几千米的水管。"

4. 人口外流与农业经营主体老龄化。

随着工业化及城市化的推进,农民普遍形成了半工半耕的家庭经济模式,青壮年外出务工,中老年人留村务农[1],导致农业经营主体老龄化。根据沙洋县农机局对农业劳动力的摸底调查,55 岁以上的占 50%,45～55 岁的占 40%,45 岁以下的占 10%。中老年人从事农业生产最主要的困难是体力下降,难以承担重体力活。虽然拖拉机代替人力畜力运输,降低了体力劳动强度,但随着个体水利模式的形成,因土地分散细碎化导致的体力劳动强度增强。这是当前沙洋县农民尤其是中老年农民从事农业生产遇到的困境之一。

5. 人地分离与土地资源配置效率降低。

大量农民外出务工需要将土地流转出去,但土地细碎化致使土地流转困难,农民被迫抛荒或者只能收取较低的流转费。土地细碎化既增加了土地流转的交易成本,又提高了种田大户的耕种成本,是当前土地流转的最主要障碍。官垱镇双嘉农机合作社流转了农户土地 3800 亩,负责人张某向我们反映,每流转 100 亩土地,至少有 3～4 户不同意流转,形成了插花田格局,这是土地流转最头疼的问题。不少种田大户因此放弃了土地流转和规模经营。赵某在五里铺镇赵集村七组流转土地 170 亩,涉及22 户,有 2 户不愿意流转。赵某不仅要依赖村干部与农民对接,且土地细碎插花产生了无穷的麻烦，如病虫害防治不一致、排灌纠纷、机械过田毁苗等，赵某经营1年就放弃了规模经营。

6.农业分化与农民生产自主性减低，危害社会稳定。

随着生产力的发展，不同农民群体采用不同的生产技术。比如耕田环节有农民使用牛耕，有农民使用不同功率的机械；又比如在插秧环节，有人工插秧、抛秧、直播、机插秧等；再比如有各种不同种植时间的品种。农业生产分化增加，即使是种植相同种类的作物，农民的生产时间和生产方式都有极大的差异。地块细碎且相互插花，农业生产具有极强的外部性约束，农民的生产选择和生产时间等经营活动受到其他农户的牵制。毛李镇李场村村会计说："我现在还是人工插秧。我也搞过抛秧，但抛秧时水稻成熟早些，因为没有路，机械无法进去收割，就没有抛秧了，插秧机也进不了田。"土地细碎化不仅影响农民选择产值高的品种，还拉长了农业生产时间，不利于劳动力资源充分利用。还产生了大量矛盾纠纷。沙洋县因抢水抢电、过水过路发生了多起死人事件。沙洋县政府一个干部说："干旱时，农民都很着急，有的农民已经施肥了，不让放水。这样的案例我都看到很多个。"

7.基础设施建设和管护难。

一是土地细碎化使得挖堰、打井等基础设施投资效益低，农民丧失投资积极性，并且基础设施建设需要占用农民的土地，由于涉及千家万户分散农户的承包地权利，土地整理和农业综合开发等公共投资项目遭遇落地难的困境，不能占用农民土地成为国家公共投资项目的主要难题。二是公共设施的管护和使用涉及人群广，缺乏明确的产权主体，集体经济行动成本高，平时无人管，用时效率低。国家公共投资失效和原有的公共设施使用效率低，农民只能通过私人打井解决灌溉问题。沙洋县高阳镇仅2008年私人打井就高达7000口左右，不仅极大增加了农民的生产成本，而且恶化了自然生态环境。

二、沙洋县制度创新实践及其经济社会效益

生产力发展产生了大量利益,土地分散细碎化导致生产效率的损失,克服农地细碎化的制度创新需求产生。沙洋县从 20 世纪 90 年代末二轮延包时期开始进行"划片承包"制度创新。2014 年沙洋县重启制度创新,进行"按户连片"制度创新。沙洋县制度创新并没有固定的模式,在不断摸索和实践过程中形成了不同模式。按照土地细碎化治理的具体操作方式不同,可以将沙洋县的制度创新分为传统土地调整、土地流转或互换、新型土地调整三种方式。沙洋"按户连片"制度创新降低了生产成本和劳动强度,促进了土地和劳动资源优化配置,并且使得土地连片观念深入人心,提高了生产力和现代农业发展水平。需要说明的是,土地并块和土地连片是存在区别的。并块指的是去掉地块之间的田埂,将几块地合并为一块;连片指的是将单个农户分散在不同位置的土地调整到一个位置,但并不破除田埂。沙洋县为丘陵地区,地块之间的坡度相差较大,在当前的生产力水平和技术水平下,田埂具有蓄水保肥的作用,故无法去掉田埂、合并地块,因此,我们认为将土地连片也是克服土地细碎化的做法。

(一) 沙洋土地制度创新实践

1. 传统土地调整方式与"划片承包"制度创新。

20 世纪 90 年代末"三农"形势严峻:一是分田到户后农村水利设施基本没有重新修建和维修,大量废弃和毁坏,灌溉能力大幅下降,由村集体统一提供水利灌溉的集体水利模式成本提高,不少村庄的共同生产费达到了 200~300 元/亩,甚至出现"交钱也抽不到水"的现象,集体水利模式纷纷解体;二是 20 世纪 90 年代地方政府在达标升级的压力下增加农业税费,沙洋县农业税费达到 300~400 元/亩,农民负担急剧增加,农业税费收取困难。尤其是农业税费和共同生产费分开收取,导致水电费等水利费用收取更为困难,基层组织更加难以满足农民的灌溉需求,进一步影响共同生产费和农业税费的收取,从而陷入了农业税费收取难和农田灌溉难的恶性循环中。农田水利灌溉困难、农业税费增加,加上当时粮食

价格低迷,农民的生产积极性降低,土地抛荒现象严重。土地抛荒不仅不利于收取农业税费,还增加了农民的农业税费负担,又增加了土地抛荒,陷入恶性循环中。

为了解决农业税费收取难以及灌溉难题导致的土地抛荒问题,官垱镇原双冢村(现在的双冢村由原双冢村和赵园村合并组成)不得不进行"划片承包"制度创新[2]。村集体进行基本的基础设施建设或者规划,主要是水利设施规划建设和电网改造。将土地按照水利灌溉体系划片,先划一个大的片区,然后按照人口或者户头重新分配土地,将一户的所有土地分在一片。并将村集体的堰塘、水泵等分配给农民使用,保证每个农户都能够进行水利灌溉,集体经济组织不再负责统一灌溉。

原双冢村将土地尤其是抛荒的土地连片承包给农户耕种,激发了个体农民开挖堰塘、修建田间道路和机井的积极性,建立了新的水利均衡模式,改善了以水利为中心的基础设施建设。以双冢村为例,实行连片承包后,该村拓宽、新增了 6 条机耕道,新增了 4 条水渠和 40 多口堰塘,改造了 30 口堰塘。这一做法降低了农业税费负担和农民生产费用,尤其是解决了水利灌溉问题。制度创新至今以来 15 年时间内,双冢村没有去水库调水,除去大旱年景,农户基本能自己解决用水问题,用水成本也极大降低,平均成本从以前的 150 元/亩降低到现在的 30 元/亩。不少村庄自发学习原双冢村的做法,官垱镇、沈集镇等乡镇在全镇范围内推广"划片承包"模式,这也引起了沙洋县农委和经管局的重视。

2002 年沙洋县在原双冢村召开动员大会,号召全县学习原双冢村"划片承包"的做法。2003 年中央二轮延包政策明确规定:"不准重新丈量土地,不准推倒重来,不准土地调整。"由于"划片承包"重新丈量和分配土地,改变了土地承包关系,与中央二轮延包时期出台的"土地承包关系延长 30 年不变"政策相违背,地方干部害怕承担政策风险,不再进行土地调整,"划片承包"制度创新就此夭折。官垱镇鄂家村村书记现在还为当时没有推动"划片承包"遗憾不已,"当时农民有呼声,当年我竞选村主任的竞选词是'全村全面推行划片承包',得到农民的积极响应。2003年鄂冢村正准备全村推行'划片承包'时,'三不准'政策出台了,我们只偷偷地搞了一个小组。村干部怕违背政策,怕全村推行引起不稳定,就不敢继续推行了。比如有农户会说,'中央不是规定大稳定小调整吗,村里怎么分地了?'我们没有政策依据和合法性,工作就无法推动了。如果当时没有出台'三不准'政策,鄂冢村的'划片承包'就搞成了。"

由于遇到政策阻力,"划片承包"制度推广的时间较短,大部分乡镇还没有开始推行,官垱镇、沈集镇等乡镇只推行了几个村。以官垱镇为例,全村基本全部推行的只有原双冢村和原贾店村2个村,小庙村推行了5个小组,高桥村推行了3个小组,黄金村、鄂冢村推行了1~2个小组,其他村基本都没有推行。

2. 土地流转或互换方式与"按户连片"制度创新。

"划片承包"制度创新的初衷虽然是解决农田水利问题,但随着生产力和生产方式的变化,该制度创新逐渐呈现出外溢效应,即"划片承包"也解决了农地分散细碎化的问题。2014年沙洋县政府在开展土地确权工作时敏锐地发现了"划片承包"的好处,主张在全县范围内结合土地确权登记颁证工作,借鉴毛李镇三坪村"划片承包"的做法,开展"按户连片"工作(全称为"按户连片集中耕种")。在具体路径选择上,沙洋县认为土地调整的操作不慎将导致政策风险,不适合推广。为了不违背相关政策,沙洋县规定"按户连片"采取"流转为主,互换为辅,不得打乱重分"原则,即保持农户原承包面积不变,通过土地流转或者互换的方式,将农户分散的地块流转(或换)到一片或者两片且土地不插花。

土地流转或互换方式的核心是以农户为主体自愿协商,村集体并没有土地流转或互换的决定权,即使村集体参与土地连片过程,也是发挥指导或协调作用。从根本上来讲,土地流转或互换是个体经济行为。在这里土地流转与一般的含义不同,土地流转是相互流转,而非单向流转。土地互换与土地双向流转的差异在于,土地互换改变了土地承包关系,土地双向流转没有改变土地承包关系，当农民有征地或交易机会时，土地双向流转能够保障原农户的收益权。

2015年沙洋县在全县范围内征求农民"按户连片"意愿，全县农民的同意率为81％，80％以上村庄的同意率在90％以上，这表明按户连片耕种符合大多数农民的利益。由于土地流转或互换建立在农民自愿的基础上，土地流转或互换的前提条件是农民一致同意（即100％同意）。因为农民分化以及利益不均衡，每个村民组总有一两户农户不愿意参加土地连片，土地流转或互换遭遇一致的行动难题。对农民而言，在之前能够自愿互换的土地已经实现互换了，现在还没有互换的土地是因为各种原因换不成的。在这种情况下，乡村两级基层组织的主要工作是将以前"划片承包"和农民自发互换行为规范化，比如签订流转合同、更换权证等，并计算进这次"按户连片"工作的成绩，很难在实质层面推动农户土地连片。

3. 新型土地调整方式与"按户连片"制度创新。

在沙洋县县委政府的号召下，毛李镇也开始推动"按户连片"工作。最开始，毛李镇政府按照县政府的要求采取土地流转或互换方式，但是经过几个月的尝试后发现，通过这种方式难以推动农民的土地连片。毛李镇政府借鉴三坪村"划片承包"的做法，创新土地连片新方式，即通过土地统一调整方式推行"按户连片"工作。此处的土地调整并不是打乱重分，重新分配农民土地面积的传统土地调整方式，而是"不动面积、调整地块"的新型土地调整方式。"不动面积"指的是土地调整按照承包经营权证上的面积给农民分配土地。"调整地块"指的是集体经济组织将村组的地块全部打乱并连片分配给农户，从而实现农户土地的连片耕种。

新型土地调整方式延续了传统土地调整方式的内核，即农民参与、集体组织动员，按照多数民主决策原则推动农民形成有效的集体行动。毛李镇的具体操作方式是：集体经济组织将自上而下的制度安排转化为集体组织内部成员高度认同的共识规则，并组织农民自主创新制度实施方式。

"按户连片"是由县级政府推动的制度变革，农民刚开始并不一定理解。毛李镇叶湾村二组农民周某说:"最开始农民有恐惧心理,心里都是悬的,担心是否能分到好田,村干部是否要把田收回去,土地面积是否会减少。"集体经济组织在村民小组内部组织民主协商会议,通过村组干部反复解释和群众反复讨论,将抽象的制度创新转化为农民熟知的方式,与农民的利益直接联系起来,得到了农民的理解和支持。一些农民考虑到个人的利益问题,不愿意进行土地连片。集体经济组织通过动员工作,将分散的个体利益整合为集体利益,形成农民推行土地连片的共识。"大家都同意土地连片,你不能因为个人利益损害集体利益,要顾全大局。"

集体经济组织还有一个重要功能是动员和组织农民参与到土地连片过程中,充分发挥农民的积极性和主动性。农地调整涉及细致而复杂的利益协调关系,不同地形条件、不同农地利用方式、不同的农业生产条件将产生不同的问题,难以通过统一的标准和规则进行协调和处理。将农民组织动员起来,发挥农民的积极主动性,可以根据每个小组自身的特殊性具体解决土地连片过程中的问题。正如叶湾村村书记所言:"将群众动员起来,什么事情都好做。"毛李镇每个小组都成立了6~10个人的专班,这个专班负责监督公共工程建设、组织测量土地、制订具体方案等。例如,李场村农民提出了110条意见,专班人员和村干部一起一一解决,将所有利益关系调整好再推行土地连片工作。以李场村的树荒地(地边的树木影响作物生产)和水淹地(容易被水淹,土地产量不稳定)问题为例,李场村每个小组根据具体条件都形成了不同的解决方案。

一是树荒地问题处理办法:一组有两种办法,第一种是主张不砍树的农户将自家的树荒地分给他,第二种是如果树砍了就分给别人耕种(因为农户需要在门口留几分田养鸡、育苗等,一组农民主要采取第一种解决办法);二组根据不同类型的树木采取不同的方法,不成林的杂木和杂林,原先是谁的地就由谁处理,如果自己不处理,这次分到地的农民可以自行处理,绿化树木对农业生产的影响不大,可以保留;三组没有树荒地问题;四组农民集中居住,树荒地少,原先是谁的树这次就把那片地分给谁;七组树荒地按原面积减少 10％的面积计算分给农户。二是水淹地问题：一组有 30 多亩，就近分了一部分给农户，还剩下十几亩，由于水淹地比较多，每户分一点，然后几户联合轮流耕种；二组只有 3 亩水淹地，与树荒地一起处理；三组水淹地少，全部分给 1 户种；四组有 8 亩水淹地且水淹地集中，采取的方式是将小组原来的机动地分给农户，把水淹地作为小组的机动地；五、六组水淹地少；七组有十几亩水淹地，面积不多，生产条件差，没有农户愿意要水淹地，于是就作为小组的机动地。

毛李镇的创新探索面临的时空条件与其他乡镇相同，不同的是，毛李镇通过新型土地调整方式将农民有效地组织和动员起来，有效解决了土地细碎化的问题。到我们调查结束为止，毛李镇有 70％的村庄开始了土地调整工作，真正完成这项工作的村庄不多。

（二）按户连片耕种的经济社会效益

沙洋县将近 20 年制度创新的目标在于将农民分散在不同位置的土地连片，只不过在不同的经济社会条件和政策环境中采取不同的方式。该项制度创新显示了诸多绩效，回应了普通农户的土地诉求，促进了土地适度规模经营和现代农业发展。

1.提高机械使用效率，降低农民机械使用成本。

根据我们调查数据的初步估计，土地连片耕种，机械化率至少能提高 10％，机械使用效率能提高 40％，每亩地机械耕种和收割成本降低 100 元。即使土地连片不一定能够去掉田埂、扩大地块面积，但仅仅是土地连片就能够极大地降低机械行走成本。

2.降低劳动强度。

土地连片耕种从多个层面降低农民农业生产的劳动强度：一是机械代替劳动减少劳动量；二是土地连片减少农田灌溉的劳动量；三是土地连片减少农具搬运次数。沙洋县一个农民说："土地连片后将水放到最高的田块让其自流灌溉，就不怕肥水流到别人田里，也不需要频繁搬动水管和水泵,抽水时不需要照看。可以将农具一直放在田里,也不需要每天拿回家。"劳动强度降低增强了农民的农业生产能力。在南方水稻种植丘陵地区土地细碎化条件下,一对夫妻只能耕种 30～50 亩地,土地连片条件下一对夫妻能够耕种 100～200 亩地。劳动强度降低也使得老人和妇女种地成为可能,青壮年男性劳动力可外出务工经商,从而优化家庭收入结构。即使老年人也能够轻松种田,农民普遍反映土地连片后老年人能够多种 3 年时间的田。土地连片降低劳动强度的效应对老年人及病残等弱势群体尤其重要。

3. 节省劳动时间,实现劳动力资源优化配置。

土地连片后农民使用机械和灌溉都不需要从其他人田里过路,不需要等其他人播种和收割,降低了农业生产的协调成本和时间。沙洋县土地连片前春收和春播需要花费 1 个月时间,土地连片后只需要花费 1 个星期时间。农业生产时间缩短将劳动力从农业生产中解放出来,实现劳动资源的优化配置,增加了农民的非农就业收入。官垱镇原贾店村的一个农民反映:"都是种 10 亩地,别的村农忙时间需要 1 个月,我农忙只需要 7 天,我自己种好后就出去帮其他农民插秧和收割,增加收入。"

4. 增加农民农业生产自主权,减少矛盾纠纷。

土地连片以及机耕道的修建,每户的土地形成一个相对独立的生产单位,农民农业生产的外部性降低,相互牵制较少。农民农业生产的自主性增强,可以根据自身的资源禀赋选择种植结构,最大限度地增加农业收入。比如,土地连片面积需要 4 亩以上才能采取稻虾联种方式,拾回桥镇马新村十五组有 28 户农户,去年土地连片后,有 15 户转向稻虾联种,纯收入 3000 元/亩以上。毛李镇叶湾村二组农民周中银高兴地说:"土地连片后,可以自由自在种地,想怎么种就怎么种,再也不怕被别人卡着了。"农业生产不再存在过水过路问题,管护体制理顺后农民也不需要抢水抢电,农村矛盾纠纷减少。曾集镇曾巷村有 8 个小组推行了"划片承包",第九组的土地没有连片,现在九组的纠纷占全村总纠纷的三分之一。毛李镇三坪村推行土地连片以来的十几年时间内，土地纠纷上访零记录，成为全县农民上访的"洼地"。

5.完善基础设施建设和管护体制。

土地连片降低了土地协调难度，既激发了农户修建小型基础设施的积极性，又提高了公共设施的管护效率。一是在有条件的地方，农民自发进行简单的土地平整，平整土地及去掉田埂扩大了土地耕种规模。李场村5个小组原有地块数是1586块，连片后农民自发进行土地平整，现在只有1104块。李场村二组张旭兵有19.9亩地，以前有33块，2015年土地连片后有18块，其中13块地面积加起来都不到3亩，他准备花几千元平整土地，每年耕田时也可以用拖拉机带一下，经过几年时间耕种，坡度不大的土地基本可以平整。二是农民投资小型基础设施建设的积极性提高，由于地块集中在一起，基础设施投资的效益较高，一些农民准备进行小型水利投资，如打井、清洗堰塘等。三是土地连片后公共设施的受益主体少，公共设施责任主体更为明确，能够提高公共设施管护效率。毛李镇叶湾村以前的公共堰塘由小组所有农户使用，农民没有管理的积极性，故被强势农民瓜分和占用。土地连片后，几户共同管理和使用一个堰塘，责任主体明确，形成了一种有效的管护体制。

6.便于土地流转，促进土地资源优化配置。

土地连片既降低了土地流转的交易成本，又便于种田大户耕种土地（每亩地至少可以降低生产成本100元），从而便于农民流转土地，提高了种田大户的积极性。由于2015年农产品价格尤其是油菜价格下跌，秋播收益预期较低，沙洋县农民收割水稻后短期外出务工，导致土地季节性抛荒问题严重，沙洋县试图通过土地连片后的短期流转解决冬闲田问题。

7.连片耕种观念深入人心。

土地整治和农业综合开发是当前国家克服土地细碎化问题的政策工

具。中国乡村治理研究中心土地整治研究课题组在湖北省四县市调查发现，虽然土地整治后基础设施完善和地块面积扩大，但几乎所有的土地整治项目都没有调整土地田块和权属，土地整治后还是按照原来的位置、地块大小分配，因此整治出来的大田块必须重新切割，并按照原来的界线分下去，并没有解决土地细碎化问题。笔者调查发现，沙洋县早期土地平整后还是按照原来的地块格局分配，自从沙洋县倡导土地连片耕种后，土地平整后基本是连片分配，即使有的地块不好分配，农民宁愿轮流耕种，也不愿意切割地块。由此可见，沙洋连片耕种观念深入人心，不管是村干部还是群众都认同土地连片耕种的做法产生了示范效应。

沙洋县制度创新解决了"如何种田"问题，满足了农民土地连片耕种的需求，农民对土地连片有极高的热情。不愿意土地连片的农民主要理由是要求集体经济组织改善基础设施建设，而不少农民要求基层政府开展土地连片工作。毛李镇蝴蝶村一个农民对毛李镇主管土地连片工作的副镇长说："我们村大部分农民都同意土地连片，但是村书记怕麻烦，请镇里干部向村书记施加压力。"如果村干部组织推动了土地连片，农民认为村干部就是英雄。在当前的农村工作中，还没有哪一件工作得到农民如此的积极响应，会被农民如此称赞。本文开头的题记为沙洋县曾集镇太山村农民范诗文创作的《连片耕种颂》，真实地反映了农民的需求。

三、农地细碎化的公共治理之道

（一）农地利用的公共治理性质

地尽其力是农地制度和农业现代化的重要目标。在农业现代化的背景下，农地利用的主要问题是农地分散细碎。虽然按户连片耕种具有诸多经济社会效益，但在推动过程中遇到了一些操作方法问题，使得按户连片耕种的效益大打折扣。一般人认为，农地利用是个体经济行为，农业生产效率取决于对农民个体的激励。实际上，土地的差异性使得土地连片协调成本很高，土地不可移动性使得少数人不同意的问题难以解决，农地细碎化治理存在较强的外部性。农地细碎化治理涉及农民的集体行动，因而具有公共治理性质，需要通过有效的公共治理来实现。本文将从公共治理角度揭示农地细碎化的治理方式及其困境。

土地连片实际上是土地利益关系的重新调整，是农业生产秩序的再均衡，这涉及农民的利益协调问题。虽然基础设施逐渐完善以及农机农技化，农地的差异逐渐减少，但实际上正如"地球上没有两片树叶是完全一样的"一样，"地球上没有两块土地是完全一样的"，不同地块的灌溉条件、交通条件、面积大小等不可能完全相同，尤其沙洋县是丘陵地区，土地之间的差异更加难以衡量。在土地连片和互换过程中，沙洋县政府试图通过货币补偿的方式解决土地差异化问题，但是评估土地价值的成本很高，更何况在社会经济发生快速变迁的背景下，土地价值并不稳定，粮食价格、种植结构、惠农政策、气候条件、病虫害等都会对土地价值产生影响。加上农民数量众多，进一步增加了协调成本。土地连片涉及大量、复杂的利益协调，土地产权清晰界定实现收益-成本均衡的成本很高。

由于土地连片时难以达成收益-成本均衡，那些利益受到损害或者获利较少的农民不愿意参加土地连片。我们在调查中发现，每个小组都有几户农民不愿意土地连片。土地具有不可移动的特征，如果有几户甚至一户不愿意土地连片，全村民组的土地就无法实现连片。个体经济行为产生了负外部性，个别农民不愿意土地连片，使其他农户的利益受损，却没有为此承担成本，土地连片遭遇集体行动困境。与一般的基层治理问题不同，农地细碎化治理的特殊性在于少数人不同意的问题无法避免。当前学术界和政策部门将农地利用看作个体经济私人领域的问题，试图通过产权界定解决农地利用问题，忽视了农地利用的外部性问题以及产权界定的成本问题。

由于土地连片存在过高协调成本以及外部性，农民无法独立完成土地连片。农地细碎化治理是"一家一户办不了、办不好、办了不合算的事"。以毛李镇李场村为例，在土地连片过程中农民提出了110条意见，涉及比较多的问题有9个，包括机耕路、水淹田、树荒地和鸡荒地、改变种植模式、荒地改为水田、土地平整、高岗田、堰塘处理方法、鱼池问题。毫无疑问,这些事项都具有公共治理性质,单个农户难以应对这些问题。这表明农地细碎化治理不是个体经济行为,而是具有公共治理性质的,需要将农民组织起来,实现有效的公共治理。

虽然农地细碎化治理具有诸多经济社会效益,得到农民的积极响应,但是土地连片是否成功取决于农民集体行动能力和公共治理绩效。具体而言,农地细碎化的公共治理需要解决两个问题:一是将农民动员组织起来,将分散的个体利益整合为集体利益,并发挥农民的主体性和积极性,降低土地连片的协调成本;二是有效解决少数人不同意的问题,所有农户要达成一致行动。

(二) 土地调整:有效农地细碎化治理方式

沙洋县土地细碎化治理可以分为土地调整和土地流转或互换两种方式。这两种方式的农民行为模式和地权整合方式均不同,主要区别是在多数民主决策规则下村集体是否有土地调整的权利。

土地流转或互换是农民个体的自愿行为,村集体并没有参与细碎化治理的合法性。土地流转或互换的前提条件是所有农民都可以从土地连片中获利,这样才能形成集体行动。由于农民利益分化和土地质量的差异性,必然有部分农民受到利益损失,部分农民不愿意参加土地连片。我们在调查中发现,每个村民组都有农民不愿意参与土地连片,这部分农民只是少数群体。换言之,要求100%的农民都同意参加土地连片是不可能实现的。一些人认为,如果某个农户不愿意土地互换或流转,那么周围的农户为了自己的利益可以给予这个农户更多的补偿,以取得这个农户的同意。虽然周围的农户由于补偿的支出而减少了土地互换的收益,但是相对于不能土地互换而言可能仍有利可图,因此有可能达到集体行动的目的。但这只是理论上的推论,实际上这会刺激机会主义行为的产生,即为了获得周围农户的补偿,所有农户都会"故意"不愿意土地互换。沙洋县政府认识到了土地的质量差异问题,提倡用价格补偿的方式弥补土地差异，由质量较差和面积较少的农民支付一定的现金补偿给质量较好和面积较多的农户。但是基层干部和农民普遍认为这一做法不可行，故没有得到执行。

如果利益和意见不一致的农民退出而不影响其他人土地流转或互换，那么不同意的人退出后剩余的人就能够达成利益和意见一致，从而实现一致行动。土地流转或互换实际上是农民间达成的一种"自我实施"协议，这种自我实施的合约只有在重复博弈的情形下才能维持，而集体行动的性质是重复性博弈还是一次性博弈，取决于社员是否拥有退社自由[3]。问题是，土地具有不可移动性，如果有几户甚至一户农民不愿意参加土地连片，退出合作，集体行动就彻底瓦解。反过来说，要在农业生产层面达成合作，农民并没有退出合作的自由，即在集体行动中自由退出权与合作是内在冲突的。一般认为农民没有自由退出权是由政策法规规定的，实际上是由土地不可移动性的客观属性决定的。

在农民没有自由退出权的情况下，强制不同意见的农民参与一致行动也是一种解决问题的方案。在土地流转或互换中农民不仅有自愿合作的权利，也需要承担合作的义务。农民可以形成"在法律上具有强制执行力的许诺或协议"。农民可以通过协议改变一致同意原则，制定多数人原则以及少数人必须服从多数人的利益或公共利益的强制协议。但问题是土地流转或互换是基于各自的利益要求所达成的一种协议，利益受到损害的农民根本不会达成多数原则的协议，任何自愿的谈判都不可能达成这种强制性方案[4]。换言之，土地流转或互换是一种自愿的经济行为，自发自愿原则是其本质原则，损害自己利益的强制行为的协议根本不会达成，强制行为与土地流转或互换的内在属性是相悖的。这正是帕累托改进理念和"个人权利"的体现，即为达成公共利益而损害个体利益并不具有合理性。

土地流转或互换客观上会存在部分人不同意的问题，而不同意的部分人既不能退出合作，也不能被强制参与一致行动。与一般的公共治理问题不同,农地细碎化治理遭遇一致行动难题。沙洋县农民和基层干部都认为"土地互换或流转绝对不可能实现土地连片"。少数农民的不合作行为产生了负外部性和效率损失,个体农民不愿意土地连片,使其他农户的利益受损,却没有为此承担成本。土地互换或流转想达成帕累托改进,但是往往遭遇的结果却是集体行动不可能困境。

当然这并不是否定土地流转或互换的可能性,而是表明要实现大规模土地连片的成本很高乃至不可能。实际上农民一直都有土地互换的动力,并一直都有自发互换的实践,但效果并不明显。自分田到户以来,农村有三次土地互换的高潮。一是刚分田到户时农民为了降低运输的劳动强度,尝试将土地换到自己房屋周边。二是20世纪90年代末至农业税费取消的时间段,沙洋县从集体水利模式转化为个体水利模式,农民为了方便基础设施投资,尝试将土地换到一起。三是最近几年机械化尤其是插秧机的使用,农民也尝试将土地换到一起。但从实践效果来看,一些农民通过自发的土地互换使自家分散的地块相对集中,但是很少有农户能将自己的地块换到只有1~2片。按照沙洋县定义的土地连片,每户土地1~2片且不插花的比例很低。目前仍然存在的细碎化问题反映了土地互换的空间有限。

在土地调整方式中集体经济组织有调整农民土地的权利。集体经济组织的强制权利并不是村干部的个人意志,而是在"少数服从多数"民主原则下解决少数人不同意的问题。"少数服从多数"民主原则的合理性在于土地连片不是个体经济行为,而是一个公共治理问题。少数人与多数人的关系是个体与集体的关系,而不是两个平等权利主体之间的关系。土地连片符合多数人的利益需求,公共利益具有优先性,个体不能损害公共利益。土地调整实际上是公共治理的过程,而土地流转与互换是个体经济行为,只有在公共治理过程中才能有效解决土地细碎化问题。

这次沙洋县政府大力推动土地连片,花费了大量精力与时间推动这项工作,截至2015年9月14日,沙洋县每周均召开县级土地按户连片耕

23

种工作督办例会，一共 15 次。逐级召开工作培训会 246 次，培训人数达到 10145 次。并且沙洋县政府将土地连片与中央的确权工作捆绑起来，采取纪委问责、扣工资等方式推动基层干部开展土地连片工作。但因为沙洋县政府仍然坚持"自愿不强求"原则，集体经济组织只是发挥协调和引导作用，而不能发挥强制土地调整作用，"少数决定多数"问题无法解决，土地流转或互换工作仍然难以取得实质性进展。在调查期间，不少农户呼吁集体经济组织应对少数不同意的农户采取强制措施，以下案例中的农民也认为自己应该"被强制"才行。

拾回桥镇马新村全大叔的 12 亩土地分为 4 块，其中两大块好田各有 4～5 亩，两小块各有 1～2 亩。在刚开始推行按户连片工作时，他不愿意参与，因为他有两大块好田，怕分到差田。刚开始他不理解："政府多管闲事，我们各种各的田，不要你多管闲事。你管我种几块田，非要让我们搞到一片。"村书记是他那个组的包组干部，前前后后找他做工作不下 10 次，他一方面是碍于情面，再加上土地连片也不是坏事，也就同意了。通过互换，他家现在四块地都连成一片而且不插花。虽然将两大块好田给了别人，且面积也少了 2 分，但是现在土地连成一片，而且靠近路边，离家又近，种起来很方便。种了 1 年多以后，他现在觉得还是连片好，不用扛着潜水泵和管子到处跑，也不用受到别人的制约了，也没有矛盾纠纷了。全大叔发现土地连片的好处完全抵得上损失的两块好田和 2 分土地。他认为土地集中连片虽然是大好事，但是工作不好搞，关键是有不合作的农户。他认为群众利益有分化，做群众工作，不仅要靠说服，还要靠教育，有时还要靠点强制。

在自愿合作无法发挥作用的情况下，可以在多数民主决策规则下采取"少数服从多数"的强制措施。正是在这个意义上，沙洋县当前的土地制度创新中，13 个乡镇（开发区）所面临的主客观条件相同，12 个乡镇（开发区）采取土地流转或互换方式都没有有效推进土地连片，毛李镇唯一不同之处在于采取了土地调整，有效解决了少数人不同意的问题。毛李镇与其他 12 个乡镇(开发区)土地连片的效果就完全不同,其他乡镇所实现的土地连片,要么是因为以前"划片承包"实现的,要么是因为这次进行了土地调整,只有毛李镇对土地连片耕种工作有实质性推进。

土地流转或互换的基本理念是个体权利至上,在集体行动中要赋予农民自由退出权。如果非要赋予农民自由退出权,即所有农户的利益一致,那么土地流转或互换的社会总效益要么是"0",要么是"1",不存在0~1 的中间状态。在农业生产领域,要达到所有人都愿意的帕累托最优几乎是不可能的,我们看到的都是社会总效益为"0"的现状。如果集体经济组织采取强制措施,虽然社会总效益不会达到"1",但这个结果也优于社会总效益为"0"。实践工作中我们要实现的不是几乎不可能实现的最优选择,而是可以实现的次优选择。农民根据自己的生活生产经验形成了一个普遍性认识:"农村每件事都有吃亏讨好的,做到百分之百公平是不可能的,如果要百分之百公平,就什么事情也做不成。"

综上所述,农地细碎化的公共治理之道主要体现在两个方面。第一,动员组织农民的关键是发挥集体经济组织的积极性和能力。毛李镇分管领导宋景华副镇长介绍道:"有三四个村的连片耕种工作做得不好,都是因为村书记工作方法差,能力差,推不动。"当问及是否存在特别的办法推动土地连片时,毛李镇叶湾村张书记回答说:"土地连片的关键问题是村干部下决心,不怕困难,决心大,就可以做好,没有其他特别的方法。"第二,解决少数人不同意问题的关键是政策支持"少数服从多数"的原则。沙洋县基层干部和农民都认识到土地连片的关键是村干部的积极性和政策支持。主管沙洋县土地连片工作的杨宏银副县长认为,按户连片制度创新最关键的是村干部的积极性,最要命的是不能违背政策,杨县长从工作推动的角度指出了问题的关键。沙洋县农民普遍认为:"土地连片,大部分人同意,少数人不同意不行,村干部不搞也不行。"这句总结揭示了农地细碎化治理的问题所在。以下两节将从基层组织能力和土地政策支持两个角度分析按户连片耕种的制约因素。

四、农地细碎化治理的体制障碍：基层组织弱化

对集体土地进行管理和经营，是集体所有权的体现，也是集体统一经营的内容。农地细碎化的公共治理涉及的农民数量众多且利益关系复杂，需要集体经济组织将农民组织起来，协调农民之间的利益关系。集体经济组织是否能够有效地把农民组织动员起来，取决于集体经济组织的组织动力和组织能力。集体经济组织动力和能力的变迁使得不同时期的农地制度创新呈现出不同的效果。总体上，农业税费改革使得集体经济组织的公共治理能力和动力不断弱化，阻碍了农地细碎化治理。

（一）集体经济组织公共治理动力弱化

农业税费时期，集体经济组织的中心工作是收取农业税费。其中，农业税是国家的任务，附加费用用以维持集体经济组织运转和支持地方公共事务建设，主要是基础设施建设和公共品供给。完成农业税费的前提是保障农民农业生产的顺利完成，不然农民既没有缴纳农业税费的积极性，也没有缴纳农业税费的能力。农民可以以生产需求没有满足拒交农业税费的方式要求村集体回应他们的需求。这样农业税费建立起了农民利益和集体经济组织之间的制度性关联，集体经济组织有改善农民生产条件、回应农民需求的动力。

农村税费改革取消后，集体经济组织运作经费和村干部工资逐步纳入公共财政范围，通过转移支付的方式补贴下来，农村的公共开支和公益支出也逐步纳入国家公共财政范围。因此，集体经济组织被吸纳到地方政府的行政工作中，农业生产与村集体的制度性关联瓦解，农民再也不能以生产需求没有满足，拒交农业税费的方式要求村干部回应他们的需求。更为根本的是，农业税费取消后，地方政府的工作重心转移到工业发展和城镇建设上，农业发展和农民生产与集体经济组织及地方政府都没有直接利益关系，地方政府和村集体丧失了服务农业生产的动力。基层组织对农业和农民工作的基本定位是维持社会稳定的底线思维，即只要农村和农民不上访、农村不出事就行。虽然土地连片对于农民而言具有重要

的意义,但无法转化为集体经济组织的工作。并且"按户连片"工作将极大地增加村干部的工作量,却并不能给村干部带来好处。因此,村集体和村干部没有回应农民需求和推动土地连片的积极性。

土地连片涉及农民利益的调整,很容易引起农民上访。害怕农民上访也是集体经济组织不愿意推行土地连片的重要原因。不过根本性问题还是农民与村集体的制度性关联瓦解,村集体没有土地连片的内生积极性。在乡镇访谈时,乡镇干部认为即使没有维稳的压力,乡村两级干部也没有动力推动土地连片,并认为土地连片是"县政府多管闲事,是过度行政干预"。即使现在沙洋县通过行政压力大力推动土地连片,基层组织也是"有压力无动力"。在维稳的压力下,地方政府和村集体不仅没有动力,而且排斥土地连片。

沙洋县乡村两级干部心照不宣的事实是:土地流转或互换可以更为容易地应付上级的检查,且工作量很少。土地调整方式需要协调农民的利益,还需要重新丈量土地、编号、抓阄、修建基础设施等,同时还需要面临政策风险及社会不稳定因素。沙洋县大部分乡镇都采取了土地流转或互换模式,截至2015年11月,沙洋县已完成连片耕种面积85.3万亩,总体连片率达89.56%,其中采用土地流转或互换方式的土地面积占97%(约82.7万亩),反映了乡村干部的消极心态。

沙洋县政府此次推行"按户连片"工作的最初动力来源于个别基层干部的责任心以及对农民需求的回应。后来县委县政府主要领导大力推行的原因是土地抛荒与政府工业建设和城镇发展挂钩。2015年年初国土部门将土地抛荒与建设用地指标挂钩,而在今年农产品价格尤其是油菜价格普遍下跌的情况下,沙洋县农民不愿意种植油菜,这将导致大量农田冬季抛荒。"按户连片"可以降低农业生产成本和促进土地流转,有可能解决土地抛荒问题,因此,沙洋县县委县政府对此项工作重视起来。

(二)集体经济组织公共治理能力弱化

在农业税费时期,乡村社会具有健全的集体经济组织体系。村集体进行公共治理时具备人力资源、物质载体和治理手段,这些人、财、物保障了集体经济组织较强的组织能力。农业税费取消,尤其是集体经济组织土地调整权利的丧失,基层治理所依赖的人、财、物基本丧失殆尽,集体经济组织能力弱化。

农业税费时期,每个行政村有 6～9 个村干部,每个村民小组都有小组长,这构成了健全的组织体系,并为集体经济组织提供了基本的人员保障。集体经济组织的运行需要花费一定的资金,农村集体经济的壮大是基层治理的经济基础。对于大部分农村而言,土地是集体经济收入的唯一源泉。集体经济组织可以从土地收入中提取费用、村集体留用机动地等方式获得治理资源。农业税费中包含有共同生产费,集体经济组织拥有为农民提供基本农业生产条件的物质资源。

基层组织能力主要体现为公益事业建设。这些治理事项都附着在土地上,例如道路修建、农田灌溉等,都需要占用农民的土地。所有农民都能够享受到公益事业的利益,但占用农民土地是不均衡的,这需要在所有农户中均摊占地成本。村集体采取三种方式解决这一问题:一是从村集体的机动地里拿出土地补偿给被占地的农民;二是减免被占地农民的农业税面积以对其进行补偿;三是进行土地调整,从每户的土地里抽出部分土地均摊占地面积。因此,公益事业建设往往与土地调整结合在一起。不管是留有机动地,还是减免农民的农业税费,集体经济组织可以通过调整土地进行公益事业建设,土地构成了基层治理的物质载体。

农民的生产生活在土地上展开,村庄构成了一个利益共同体。从村庄内部来看,基层治理就是协调和整合农民之间的利益关系。土地作为农村最主要的利益载体,且每家每户又占有这项资源,唯有土地才能将所有农民的利益关联起来。所以集体经济组织可以通过调整土地利益关系来协调农民之间的利益关系,土地构成了集体经济组织的治理手段。土地能够作为利益协调的工具,在于集体经济组织可以调整农民在土地上的权利义务关系。这意味着当土地既是农民的权利又是农民的义务时才能发挥协调利益的功能。土地作为治理工具,本身并不重要,重要的是土地所代表的农民之间的利益关系。土地调整权利是集体经济组织最主要的治理手段,这并不是指基层公共治理依靠村干部的独断权力推动,根本上还是需要农民参与其中。村干部所做的工作是组织和动员农民解决利益协调问题,基层治理的基本机制是"村民自主参与+村干部组织协调"。

农业税费取消后,全国范围内兴起了合村并组和减少村组干部的改革,不仅行政村的规模扩大,而且每个行政村的村组干部数量减少了。湖北省的改革力度更大,全部取消了村民小组长,每个行政村只有 3～4 个村干部。在土地二轮延包时期,大部分农村地区取消了机动地,且政策规定不允许集体经济组织调整土地,连与农业税一起收缴的集体提留也无法存在。大部分集体经济组织人力资源不足、治理手段和治理资源丧失,成为名副其实的"空壳"村。

上述一系列改革对村集体的公共治理能力产生了不利影响。从人力资源层面来看,土地连片过程中村组干部有大量的工作要做,包括组织基础设施建设、组织测量土地、制订具体方案、通知和组织农民开会、化解矛盾纠纷等。一个行政村有几千人,十几个小组,3～4 个村干部根本做不来这些工作。最致命的是政策上不允许土地调整,土地的治理功能取消,农民的权利-义务关系失衡,村庄社会形成刚性利益结构,集体经济组织无法协调农民的利益。取消农业税的同时也取消了三提五统和共同生产费,也就是取消了农民对集体经济组织应尽的义务,土地不再作为基层社会的治理手段。农民之间的利益关系固化,集体内部无法实现农民之间的利益均衡和整合。

集体经济组织更加彻底地退出农业生产环节,农民不得不更加孤立地面对农业生产中"办不好和不好办的事"。结果因为一两户不同意,基础设施建设与公共利益等无法实现,导致农地利用"反公地悲剧",农村基本的生产秩序难以维系。农业税费自 2006 年开始取消了 10 年,人们都观察到了农业税费取消的正功能,但是都忽视了农业税费取消与基层治理中的"反公地悲剧"和集体行动困境的内在关联。

随着"工业反哺农业，城市支持农村"战略的启动，中央农村战略从"收钱"到"发钱"的转变，集体经济组织的组织能力悄然发生了重大变化。在农业税费时期，以村庄为单位缴纳农业税费，集体经济组织具备人力资源、物质资源和治理手段，是个实体组织。村庄是个相对独立的利益共同体，村集体具备较强的治理能力，发挥重要的作用，形成了"国家＋集体＋农民"的间接治理体制。后农业税费时期，国家以个体农户为单位发放粮补，农户个体为利益单位，村集体丧失治理权利和能力，农村社会形成"国家＋农民"的直接治理体制。村集体不再发挥公共治理作用，国家根本没有能力面对汪洋大海般的小农，农业生产秩序趋于瓦解。

（三）基层组织弱化阻碍了农地细碎化治理

基层组织公共治理动力和能力弱化的背后反映的是政府对农村工作的不重视。农业税费取消后，政府的工作重心转向城市，地方政府与农村的制度性关联丧失。对于基层政府和村干部而言，农村工作"干与不干与政绩考核没有关系，农业搞好了对政绩考核也没有作用"。目前基层政府和基层组织是维持性的，不管是从其动力还是能力而言，都是底线思维，即遵循"不出事逻辑"，基层组织害怕农村社会出事。按照乡镇干部的说法，基层组织只做两件事情，即影响农民信访的事情和不得不做的事情。土地连片是发展性思维，发展的过程也是调整利益关系的过程，极有可能引起农民上访。即使土地连片不会引起农民上访，在基层政府的工作排序中，土地细碎化问题还没有到火烧眉毛的时候，中央政府也没有出台政策要求推行土地连片，土地连片并不是非做不可的工作。从集体经济组织的运作逻辑来看，即使沙洋县政府将土地连片工作纳入行政层面推动，土地连片工作也只是众多行政事务的一部分，并不是要紧的事情。

当前沙洋县政府出于工业发展的考虑，在全县范围内推行连片耕种，但集体经济组织"有压力无动力"，在上级政府的压力下按照官僚制的逻辑采取各种方式进行应付。即使一些乡村干部有一定的责任心，但由于基层治理能力弱化,也只能"有心无力"。毛李镇一个村书记说:"刚开始,大部分村的村干部都不想做土地连片工作,但县里要罚款,要发言表态,压力很大,村干部反过来想,土地连片也是做好事,农民会感谢你,有些村干部想推动这个工作,但是由于能力不行,这个工作又推不动。"

农业税费时期,集体经济组织具有改善农民生产条件的积极性和能力,沙洋县农村进行了完全自发的"划片承包"制度创新。农业税费的取消使得农村基层治理体制发生了重大变化,集体经济组织丧失了改善农民生产条件的积极性和能力。虽然沙洋县政府重启了土地连片的制度创新,农民有更大的热情和积极性,但却丧失了组织基础。

五、农地细碎化治理的制度瓶颈:集体土地权利弱化

土地调整是一种有效的农地细碎化治理方式,但当前的政策法规不允许土地调整。2009 年的《中华人民共和国农村土地承包法》第二十七条规定:"承包期内,发包方不得调整承包地。"2007 年的《中华人民共和国物权法》明确界定农村土地承包经营权是一种传统民法中的用益物权,标志着在政策法规层面实现了农地承包经营权从债权到物权的变化。2014 年全国范围内开展的承包经营权确权登记颁证则在操作层面建立起了物权关系,把土地承包经营权最终完全固定在特定地块上。经过 20 世纪 80 年代前期家庭联产承包责任制改革和农村税费体制改革等一系列改革,农村集体所有制的存在范围、实现形式乃至集体所有制下的产权结构都发生了深刻的变化。就农地利用的角度而言,农地制度改革最显著的影响是改变土地承包经营权的性质以及农民与集体的关系。即不断扩张承包经营权的权能,农地的各项权能不断由集体让渡给承包户,村集体丧失统一经营的权利。在地方政府的理解中,村集体以任何形式或理由参与到农业生产中,都有干预农民自主经营权的嫌疑,最为保险的做法是绝对禁止村集体介入农业生产。

从沙洋县 20 多年的制度创新历程来看,农地细碎化治理都因为政策

不允许土地调整而困难重重。由于政策不允许土地调整，"划片承包"夭折，按户连片耕种只能采取土地流转或互换的方式。沙洋县将这一制度创新称为"按户连片集中耕种"，实际是对"划片承包"进行的模糊化处理，并坚持"流转为主、互换为辅、不得打乱重分"的原则。沙洋县政府坚持土地流转为主，也是因为中央现在大力倡导土地流转，从而借助中央政策进行包装。即便如此，村集体指导农民参与土地流转或互换，仍然有介入农业生产的嫌疑，沙洋县只能将土地连片包装成土地确权工作的一部分，借助中央推行的土地确权工作推动土地连片。

虽然沙洋县在一定程度上规避了政策风险，但却没有解决少数人不同意的问题，解决这个问题的根源在于政策支持。沙洋县基层干部和农民均认为，按户连片耕种模式需要得到国家政策支持。五里铺镇刘集村二组小组长陈克里给我们列了一个公式："政策支持＋大多数人同意＝土地连片可以成功；政策支持＋大多数人不同意＝土地连片失败；政策不支持＋大多数人同意＝土地连片也失败。"所谓"政策支持"指发挥集体经济组织统筹功能，解决少数农民不同意的问题，使得大多数农民的利益不因少数人的反对而受到损害。正如官垱镇鄂家村二组小组长何绍春所说："农村工作，总有得便宜和吃亏的，不可能人人都合理。如果要100％的农户都同意，就什么事情也搞不成。要采取'少数服从多数'的自治原则。"

在后税费时期，少数人反对的问题成为农村公共事业建设的根本性阻碍，国家在农村的土地整理、水利建设等公共投资难以落地。农民普遍呼吁中央不仅要给农民钱，还要给农民权。这个"权"就是解决少数人反对问题的强制性权力。我们课题组在沙洋县调查发现，在合法强制力无法发挥作用的情况下，村干部只能使用私人强制手段解决少数人不同意的问题。张雪霖在拾回桥镇调查发现："村干部要公平正义'有杀气'。"吴海龙在高阳镇调查发现："农村工作需要强势的道理＋强势的人"。冷波和雷望红在毛李镇调查也发现："农村工作要讲粗狠，才能实现土地连片。"课题组成员的共识是：这次土地连片工作效果较好的都是村干部强势的村庄，村干部强势，能够充分动员群众，就能够解决少数人不同意的问题，就能实现大多数人的利益，少数人服从多数人；反之，无法解决少数人不同意问题，哪怕只有一户不同意，也会导致公共治理瓦解，最终就是少数人决定多数人。

在集体经济组织没有调整土地的权利的情况下，沙洋县农地细碎化治理遭遇两难困境：如果进行土地调整，将违背政策；如果不违背政策，将不能进行土地调整，无法有效治理细碎化。为了规避政策风险，沙洋县仔细研究了历年国家相关法律与政策规定。其中，《中华人民共和国农村土地承包法》第四十条规定："承包方之间为方便耕种或者各自需要，可以对属于同一集体经济组织的土地的土地承包经营权进行互换。"这成为沙洋县县委县政府的政策依据。沙洋县县委县政府因此不反对村组在全体农户同意且承包面积不变的情况下进行土地调整。但即使如此，土地调整仍然与当前政策法规的方向相违背。笔者在毛李镇调查时，毛李镇财政所的人员一直争辩说："毛李镇的做法没有调整土地面积，没有违背政策。"即便如此，沙洋县政府并不愿意触碰政策高压线，既不支持也不鼓励土地调整，只有毛李镇采取了土地调整方式。

在全国农村调查发现，不少农村地区农民通过土地调整方式实现了农地细碎化治理。广西壮族自治区崇左市、富川县等通过农民自发的"小块并大块"制度创新，将分散细碎的地块整合为一整块，实现农业结构调整。山东省不少农村分田到户以来一直都在进行土地调整，德州市农民的地块从原来的上十块变成现在的两三块。不少农村地区通过土地互换实现了细碎化治理的案例，实际上都是土地调整。只是由于政策不允许土地调整，地方政府为了规避政策风险，将其包装成了土地互换。并且一些地方政府在土地细碎化治理中，往往采用"互换并地""土地流转""虚拟地块"等概念进行包装，或者采用"大块并小块"等概念模糊化处理。这些符合农民意愿和利益的制度创新，因为不符合法律政策而不能宣传推广，大多数地区囿于刚性法律政策不敢推行土地调整的做法。例如：广西壮族自治区富川县党委政府一直提心吊胆，既不参与也不宣传；山东省地方政府不干预也不提倡土地调整，更不对其进行宣传；安徽省地方政府出台了"虚拟地块"的政策文件，但是并没有进行宣传。

政策法律对农民权利的保护将集体与农民对立起来，将集体经济组织的统一经营权利与农民的权益对立起来。虽然反对土地连片的是少数人，但是由于有不允许土地调整的法律依据，当前中央对信访工作的重视使得个体农民一上访就能够发挥极大的反对作用。信访制度和土地制度的结合，赋予了个体农民对抗集体经济组织、对抗大多数农民的权利。沙洋县基层干部花费了大量精力推动土地连片工作，往往因为一两户农户不同意而功亏一篑。官垱镇大文村副主任危义成是原贾店村村书记，在二轮延包时原贾店村全村进行了"划片承包"。他说："土地允许调整时，'划片承包'能够搞成，现在与土地政策不符，农民打一个电话就搞不成了。"结果是沙洋县政府和农民很有积极性，但是乡村干部普遍丧失了积极性。

集体土地权利的弱化不利于农地利用和农民进行农业生产，相反，土地制度改革陷入"赋予农民更多权利反而侵害农民利益"的悖论中，农地利用陷入"反公地悲剧"[5]困局中。贺雪峰认为农民需要的不是抽象的物权，而是生产的权利，"对于从事农业生产的农民来讲，更大的土地权利并不意味着更多的收入和利益。相反，更大的土地权利却往往意味着更高的集体行动成本，更少的集体妥协，更难对付的'钉子户'和更加无法防止搭便车，从而使农户更难获得进行农业生产的基础条件……相对于更大的土地权利，从事生产的农民最需要的是耕作方便，是旱涝保收"。[6]对于真正从事农业生产的小农来说，生产的便利、生产的权利，是通过集体经济组织的公共治理实现的，而承包经营权物权化消解了集体经济组织的统筹能力，反而损害了农民生产的便利性。

当前决定村庄中是否进行土地调整的，既不是村干部的个人意志，也不是多数农民和多数原则,而是少数农民和少数原则。土地法律政策为了保护农民权利,不允许土地调整和弱化集体经济组织"统"的功能,客观上保护了少数农户的利益,却损害了大多数农民的整体利益,陷入了"少数决定多数"的困局。沙洋县的制度创新,农民有意愿,地方政府有积极性,中央提倡,却遭遇了政策不支持的制度瓶颈。

实际上沙洋县已经探索到了有效的农地细碎化治理方式,但由于政策法规规定而不能采用。即使按户连片耕种模式是造福农民的制度创新,但在中央不断弱化地方政府和村集体土地权利的政策方向下,这一制度创新并没有政策合法性。沙洋县政府在农地细碎化治理路径选择上的重重顾虑,无一不是为了规避政策风险。由此看来,农地制度改革片面强调保护农民的权利,不允许土地调整及弱化集体经济组织统一经营功能是沙洋县制度创新的主要障碍。

六、按户连片耕种模式的完善措施

农民按户连片耕种模式的自发实践,反映了农民的诉求以及当前农业生产的困境。沙洋县按户连片耕种模式找到了农业发展的正确方向,也探索到了可行性路径,但遭遇了体制机制障碍,难以采取这一正确方法。体制机制问题主要体现在两个层面:一是地方政府和村集体没有发展农业生产的动力,也丧失了动员和组织农民的能力;二是由于不允许土地调整以及集体土地权利弱化的制度瓶颈,土地调整方式并没有合法性。可以从以下两个方面完善按户连片耕种,以在更大范围内更有效地治理农地细碎化。

(一)强化基层组织参与农业生产的动力和能力,维持基本的农业生产秩序

地方政府工作重点从农村转向城市,丧失开展农业生产的积极性。从间接治理转向直接治理的国家治理转型中,集体经济组织的人力资源、物质资源和治理手段不断弱化乃至丧失,包括农地细碎化治理等在内的公共生产环节形成了"反公地悲剧"。随着"工业反哺农业,城市支持农

村"战略的开启,以及农业现代化的推进,地方政府和村集体应该在农业生产中发挥更为重要的作用。因此,需要强化基层组织参与农业生产的动力和能力,维持基本的农业生产秩序,保障国家粮食安全。

(二)进行农地制度改革,发挥集体所有制的制度优势

自家庭联产承包责任制以来,土地制度总体按照"向分不向统"的方向改革。尤其是土地制度的物权化改革越来越强调特定地块承包关系稳定不变,集体经济组织基本丧失统筹功能,生产关系不适应生产力发展的矛盾日益突出。如果土地细碎化格局被锁定,将会严重阻碍我国农业现代化实现。因此,我们建议总结沙洋县经验,完善土地确权登记颁证工作,并将解决土地细碎化问题作为修订《中华人民共和国农村土地承包法》的重要目标,积极发挥集体经济组织的作用,以统一经营功能为核心,把完善集体经济组织土地调整权利作为重点,关键是在土地权利结构中弱化农民对特定地块的权利。农地制度下一步改革,需朝着统分结合的方向探索集体土地所有制实现形式,发挥农业经营中的集体统筹作用,破解家庭分散经营的瓶颈,从而推进有中国特色的农业现代化。

允许农地调整实际上是强化集体经济组织的土地权利,不少人担心这将侵害农民土地权益,中央也正是因为担心这个问题,才禁止集体经济组织调整土地,并强调维护农户的土地权益。不允许农地调整虽然防止了村干部以调整土地为名侵犯农民承包权利,以及变更耕地用途的可能,但与此同时也限制了集体经济组织在农地利用中的作用,由此带来的农地利用"反公地悲剧"也日益引起农民的不满。不允许农地调整是一种解决问题的消极方式,解决农地调整的弊端问题不一定非要禁止农地调整。这个问题在实践上有很多方法可以解决,例如完善村庄民主制度、监督集体组织的权力。沙洋县采取新型土地调整方式,准许集体经济组织调整地块位置,但不能调整农民的土地面积。这样对土地调整权利进行一定程度的限制,合理规定集体经济组织的权力,从而防止村干部借土地调整侵害农民利益,保持既有承包关系不变和社会稳定。

以农民为主体的农业现代化必须要解决小农经济的分散细碎化经营问题,沙洋县按户连片耕种模式找到了正确方向。毛李镇探索有效治理农地细碎化的方法,但在不允许土地调整的政策规定下并不具有合法性,沙洋县政府只能采取土地流转或互换方式。虽然沙洋县政府有农地细碎化治理的决心,也做了很多工作和努力,进行了诸多制度创新,但仍然无法解决自上而下的政策法规所导致的制度瓶颈问题,也无法解决基层治理体制的困境,不能实施有效的农地细碎化治理方式。按照毛李镇瞄集村村干部的说法:"县委县政府有精神(方向)没有方法。"在这个意义上,"沙洋的问题不在沙洋本身,在沙洋之外",按户连片耕种模式存在的困境,需要中央层面的农地制度改革,需要国家层面的体制机制创新。

七、按户连片耕种模式的创新价值

沙洋县对农地细碎化治理问题进行了持续性探索,在新的历史条件下探索出了有效的土地细碎化治理方式,促进了生产力发展和农业现代化水平的提高。按户连片耕种模式不仅具有显著的经济效益和社会效益,还具有制度创新和理论创新价值,对农地制度改革和农业现代化有诸多启示意义。

(一)按户连片耕种探索了一条保护农民利益的土地适度规模经营道路

农地细碎化是现代农业发展的重要制约因素,主流观点是通过土地流转培育新型农业经营主体,以推进土地规模经营。这一主张的基本判断是土地的就业和社会保障功能不再重要,农村出现了劳动力短缺以及"无人种田"的问题。实际上,农业生产对普通农户仍然有重要的作用,农村仍然存在大量剩余劳动力。

对于仍然需要从事农业生产的农民而言,他们需要依靠土地获得就业和社会保障,对于大部分农民工而言,他们在城市并没有获得稳定的就业和收入条件,甚至只是趁年轻进城积攒今后回村生活的资本。他们虽然暂时不依赖农业收入,但国家目前并没有为他们提供健全的社会保障,土地仍然是他们的社会保障。地权均分的农地制度为遭遇失业和进城失败的农民工提供了返乡的权利和渠道，使之不至于形成大规模流动条件下的贫民窟。没有大规模贫民窟就极大地降低了由经济危机向社会失序和政治动荡转化的可能性。一些发展中国家的大城市周边之所以会有大量的贫民窟，一个重要的原因，就是破产农民在农村已无立锥之地，不得不进城，而在城市既无工作，又无住房，更得不到基本的社会保障，不得不落入城市贫民窟。因此，以地权均分为特征的小农经济，为缺少进城就业能力的农民提供了基本的农业收入和农业就业，为进城失败的农民提供了返乡的保障，从而为中国最可能在现代化进程中失败的、最为庞大的群体提供了底线生存条件，为中国现代化提供了稳定器和蓄水池[7]。

虽然农村劳动力大规模流出，但农村仍然处于劳动力剩余阶段，农民仍然是农业经营的主体。农户数量下降和农村劳动力流出是两个既有联系又有本质区别的概念。一般规律，农户数量下降的速度要比农业人口本身下降缓慢得多，劳动力大量转移出来了，但农户数量可能没有变化[8]。我国农民工数量有 2.77 亿，占将近三分之一的农村人口，但大部分农民工家庭采取"以代际分工为基础的半工半耕"家庭经济模式，妇女或者年龄较大的父母仍然留村务农，农民工家庭并没有脱离农业生产和流出土地。因此，农民工进城务工并没有带来大规模的土地流转，农地流转速度明显滞后于农村劳动力的转移速度，新型农业经营主体成长的资源空间有限。

土地规模经营思路是将农民从农业中转移出来，消灭小农户和小农经济的农地细碎化问题。当前中国农村仍然生活着 7 亿农民，有 2 亿多农户和 2 亿多农业劳动力。此外还有 2 亿多农民工大多数没有在城市安居，他们的父母仍然留村务农，并且他们随时可能返回农村。换言之，"人均一亩三分、户均不过十亩"的小农经济，不仅为 9 亿农村人口提供了就业和社会保障，而且为农民工提供了城市化失败的退路。在中国还没有走出中等收入陷阱的情况下，以土地大规模流转为方向的农业现代化道路,将无法解决数量众多的农村人口就业和社会保障问题,最终将农民排斥在现代化之外。这一现代化路径虽然可能解决农业问题,但是会造成严重的农民问题。

沙洋县按户连片耕种模式强调的是解决普通农民的土地细碎化问题,实现农户分散土地的集中连片耕种,而不是通过土地流转扩大新型农业经营主体的土地规模,这即是"按户"的内涵。按户连片制度创新在保护农民土地利益的情况下,在一定程度上促进了土地适度规模经营,回应了普通农民的土地诉求。当前的土地制度改革和农业政策倾向于回应新型农业经营主体的种田问题,"按户连片"体现了以农民为本位的思想,得到了农民的积极响应。

(二) 按户连片耕种赋予了农地确权新内涵

土地确权工作是当前农村中心工作之一,中央及各级地方政府投入了大量人力、物力、财力。本轮土地确权定位为解决"面积不准、四至不清"问题。对农民而言,实际耕种过程中已经建立了较为清晰的产权关系,当前农民最迫切的是希望能解决土地细碎化问题。由于土地确权没有回应农民对土地连片经营的迫切需求,被农民理解为"换一个新本子"。在全国调查发现,省、市、县、乡、村各级干部普遍对正在开展的土地确权工作感到困惑。

沙洋县采取在土地连片集中后再确权的方式,探索出第三种确权办法,既解决了"确权确地"固化土地细碎化、不利于农业发展的问题,又解决了"确权确股不确地"可能损害农民利益的问题。"按户连片"的确权办法具有普遍性意义,赋予了农地确权新内涵,提高了土地确权工作的政策效果。

(三) 在新的历史时期发挥集体所有制的制度优势

由于集体组织经济功能的不断弱化,土地集体所有权主要体现为一种意识形态,集体所有制是一种政治保障,不具有实质性的经济意义[9]。政、学两界认为集体经济组织已经没有了存在的必要,不少人甚至认为集体所有制也没有了存在的经济合理性。从沙洋县的实践来看，集体所有制的经济合理性主要体现在以下两个方面。

1. 集体统一经营功能能够弥补小农家庭经营的不足。

沙洋县制度创新重新发挥了集体在农业生产中的公共治理功能，可以克服农地细碎化，提高农业生产力。积极发挥集体经济组织统一经营功能并不是取消家庭经营，而是在双层经营体制框架下，既发挥家庭经营的优势，又有效提高农民的组织化程度，改变分散细碎化经营状态。按户连片耕种模式表明集体经济组织可以在农业生产中发挥集体统一经营功能，具有不可或缺的经济功能，是家庭经营的重要补充。中国农业在不能实现土地大规模经营的现实情况下，必须由集体经营层次来承担单个农户难以完成的农业生产环节，这是实现农业规模效益的一种办法。

中国农地利用的现实是农户经营规模小且高度分散，农地利用具有较强的外部性，农户在农业生产的许多环节无法独立完成。随着生产力发展以及统一经营功能的弱化，土地细碎化等"一家一户办不了、办不好、办起来不合算的事"成为生产力提高的制约。村集体将农民组织起来，弥补个体经营的不足。这不仅可以有效解决土地细碎化问题，包括机耕、植保、灌溉等生产环节的问题也都能够解决，可以从根本上解决小农户与大生产的矛盾。

这表明土地集体所有制度以及在此基础上形成的双层经营体制具有合理性。第一，统分结合双层经营体制适合我国农业生产的特点。我国是人均耕地面积较小的国家之一，分散经营的问题尤其严峻。通过发挥集体经济组织在一些农业生产环节的统一经营功能，可以在不改变小规模家庭经营的基础上实现农业规模效益。这就可能创造一种在农业现代化过程中，在人均耕地很少国家中，新的、更有效的、逐步实行农业规模经营的模式。第二，土地集体所有制以及双层经营体制具有制度优势。以农地细碎化治理为例。东亚社会普遍面临着农地细碎化与分散经营的问题，在土地私有制度安排下，村集体并不具有发挥统筹功能的权利，土地细碎治理成本极高且效果不理想。到目前为止,日韩等国家的农业发展仍然陷于农地细碎化的泥淖中。而我国在土地集体所有制的制度安排下采取双层经营体制,低成本且有效地解决了农地细碎化的问题。

尤其是在农业现代化背景下,集体经济组织统一经营更为必要和重要。在传统自然经济时代,生产力不发达,土地产量在客观条件上主要取决于自然资源禀赋,在主观条件上主要取决于农民个体的积极性。在现代经济增长的过程中,农业已经由资源型产业转变为科学型产业[10]。人力资本和技术投入成为农业产出增加的主要源泉,通过重新分配传统农业体系内的资源并不能带来生产率的显著增长[11]。一方面,农民具有收入低、经营规模过小的特征,依靠农民进行农业基础设施投资的空间有限,现代国家的公共投资越来越发挥更为重要的作用;另一方面,个体农民难以采用先进装备和生产手段,尤其是土地分散细碎进一步妨碍了先进科学技术的采用。换言之,公共投资以及先进科学技术对农业增长有更为重要的作用,需要集体经济组织的统一经营功能将先进的装备和生产手段与农民对接起来。充分发挥集体经济组织的统一经营功能,已经成为我国农业在家庭经营基础上实现现代化的关键。

2.集体所有制具有制度创新潜力。

在土地集体所有、分户承包经营的土地制度结构下才能形成统分结合的双层经营制度。集体经济组织是发挥统一经营功能的制度基础,还具有协调土地利益的权力。这意味着集体所有制不仅有分配土地利益和实现基本生产资料公有制的作用,还具有提高农地利用效率的功能。经营制度建立在农地制度基础上,重要的是农地制度能够给经营制度提供多大的空间。在私有制土地结构下,土地是农民的私人财产权利,集体并不具备土地经营的权利,农业经营制度只能采取个体经营模式。在集体土地所有制结构下,可以采取集体经营、双层经营、个体经营等多种经营模式。并且经营主体可以根据生产力水平、生产条件、政策环境等进行调整,以最大限度地提高生产力。正是由于这层意义,集体所有制是目前世界少有的土地制度,制度创新的潜力很大。

中国可以对土地制度和农业经营体制进行设计或改革,本身就与集体所有制有关。由于经过了新民主主义革命和社会主义革命,土地成为公共生产资料,从而消灭了附着在土地上的各种既得利益,使得农业经营体制可以灵活调整,以最大限度地促进农业发展。在土地私有制国家,土地是农民的私有财产,在土地上面附着有强大的既得利益,要进行制度调整十分困难,使得土地资源难以得到充分利用,或许只有革命才能真正强制性地调整既得利益。

20世纪90年代末沙洋县调整生产关系以适应水利体制变迁,当前沙洋县调整生产关系以适应机械化发展。沙洋县实践表明,土地集体所有制是一种有弹性的农地制度,能够根据生产力发展进行适应性调整,并且只需要调整集体土地的经营组织方式,而不需要对土地制度和经营体制进行根本性变革,就可以实现生产力与生产关系协调发展。农地制度的适应性调整通过统分结合的具体形式和内容的变化实现,统一经营与家庭经营在不同的生产环节进行组合,从而形成不同的经营方式和劳动组织,以应对生产力的变化。

我国现代化必须要解决的两个问题,一是农业现代化问题,二是农民现代化问题。土地集体所有制的适应性调整不仅能够保障务农农民的土地权益,而且为保障农民工的土地权益提供了制度空间。这说明土地集体所有制以及在此基础上形成的双层经营体制制度创新的潜力很大,可以容纳不同水平的生产力,具有广泛的适应性。中国正处于社会转型过程中,生产力快速变迁,如果生产关系不能及时调整,经济社会发展将被锁定在低水平状态。土地集体所有制的这种灵活性能够释放巨大的制度势能,能够较好地解决现代化过程中的农业问题和农民问题。农业现代化绝不等于农业欧美化,我们应该充分尊重人多地少的国情以及农村人口众多的基本国情,在现代化过程中探索有中国特色的农业现代化道路。土地集体所有、家庭承包经营制度不仅具有保护农民利益和维持社会稳定的功能,而且能够积极发挥集体经济组织"统"的功能,在保护农民利益的情况下实现农业现代化。

综上而言,我们可以得出两个主要结论:第一,沙洋县"按户连片"的做法凸显了土地集体所有制的制度优势。"按户连片"做法的实质是将农民动员组织起来,积极发挥集体经济组织统筹的功能,解决日韩等东亚国家普遍难以破解的土地细碎化问题。沙洋县的做法证明集体经济能够解决家庭分散经营问题,农民可以在不改变小规模家庭经营的基础上实现农业规模效益。我们可能创造一条保护农民利益的农业现代化道路,显示社会主义制度优越性。第二,沙洋县"按户连片"的做法释放了土地集体所有制的势能。"按户连片"做法的实质是生产关系根据生产力变化进行适应性调整,在不改变土地集体所有制和家庭承包经营的情况下提高农业经营效率。这说明土地集体所有制以及在此基础上形成的双层经营体制,具有很大的制度创新空间,可以随生产力发展进行适应性调整,显示制度的旺盛生命力。中国正处于生产力快速变化阶段,且区域发展不平衡,土地集体所有制的这种灵活性能够释放巨大的制度势能。

参考文献

[1] 贺雪峰.关于"中国式小农经济"的几点认识[J].南京农业大学学报(社会科学版),2013(6):1-6.

[2] 贺雪峰,罗兴佐,陈涛,等.乡村水利与农地制度创新——以荆门市"划片承包"调查为例[J].管理世界,2003(9):76-88.

[3] 林毅夫.制度、技术与中国农业发展[M].上海:格致出版社,上海人民出版社,2008:15.

[4] 科斯,等.财产权利与制度变迁[M].刘守英,等,译.上海:格致出版社,上海人民出版社,2014:192.

[5] 赫勒.困局经济学[M].北京:机械工业出版社,2009:2.

[6] 贺雪峰.地权的逻辑[M].北京:中国政法大学出版社,2010:序言.

[7] 贺雪峰.农业问题还是农民问题?[J].社会科学,2015(6):64-77.

［8］ 赵阳.新形势下完善农村土地承包政策若干问题的认识［J］.经济社会体制比较,2014(2):1-4.

［9］ 赵阳.共有与私用:中国农地产权制度的经济学分析［M］.北京:生活·读书·新知三联书店,2007:17.

［10］ 速水佑次郎,拉担.农业发展:国际前景［M］.吴伟东,等,译.北京:商务印书馆,2014:302.

［11］ 舒尔茨.改造传统农业［M］.梁小民,译.北京:商务印书馆,2013:151.

执笔:王海娟

按户连片耕种的由来、推进方式及制度反思

——沙洋县"按户连片"重大制度创新调查

为了解决土地细碎化造成农户耕作不便的问题,湖北省沙洋县在二轮延包时期探索在大多数农户意愿基础上进行"划片承包"农地制度创新,取得了良好的制度绩效。在新一轮土地确权契机下,沙洋县又重新回应农民的需求,结合土地确权探索按户连片耕种,将分散地块连成一片,革除传统家庭承包经营制度的弊端,为农业现代化奠定制度基础。本文主要介绍沙洋县按户连片耕种模式的历史由来、内涵、原因、做法、制约因素以及政策启示。本文试图通过沙洋县政府持续创新农地制度这一案例,说明当前农业现代化的制度瓶颈在于不能内生克服土地细碎化日益物权化的承包经营权制度。当前承包经营权确权将制度改革的方向从以生产为中心转变为以权利为中心,锁定了既存的农地承包经营权细碎格局,陷入了东亚小农国家普遍存在的细碎化泥潭,使得集体所有制本来具有的弹性空间丧失殆尽。本报告建议从建构有利于农业现代化的制度安排出发,反思当前承包经营权确权的单向度权利扩张方向,重新回到农业生产这一中心问题。

一、引言

2014年的中央一号文件提出用5年时间完成全国范围内的农村承包经营权确权颁证工作。2014年沙洋县在3个村试点承包经营权确权颁证,妥善解决面积不准、四至不清等问题。沙洋县此次土地确权的突出特征是:真正回应农民群众多年来耕作方便的需求,在"确权登记颁证"这

一规定工作之外,探索多种方式推进按户连片耕种工作。这一探索注意到了制约我国农业现代化的重大问题——土地细碎化。自从 20 世纪 80 年代家庭承包经营以来,制约我国农业现代化的核心问题是土地细碎化,为了公平目标,村集体按照肥瘦、远近、水源条件好坏,将"人均一亩三分、户均不过十亩"的承包地分为六七块甚至上十块,非常不便于应用现代生产方式和生产技术。

这一探索,是沙洋县作为农业大县的一次重大的农地制度创新,有利于在稳定农户承包经营权基础上,推进农业应用现代机械,推进土地适度规模经营。相对于其他县市,沙洋县地方政府敢于正视当前农地制度的弊端并试图加以改革,具有巨大的改革勇气。本文根据调查,报告了沙洋县此次农地制度创新的起源、过程、特征和遭遇的主要矛盾,并在结尾对这次农地制度创新作出理论上的总结。本文的篇章安排:一是回顾沙洋县二轮延包时期农民自发的"划片承包";二是介绍这次农地制度创新的各种具体模式;三是解释沙洋县 2014 年以来结合土地确权推进按户连片耕种的起因;四是对一些重要问题的讨论;五是对当前土地承包经营权确权逻辑的反思。

二、"划片承包":按户连片耕种的前身

要了解沙洋县此次结合土地确权推进土地按户连片耕种,就要从 20 世纪 90 年代末在二轮延包期间实践的"划片承包"农地制度创新开始回顾。二轮延包时间从 1997 年开始,1997 年由于税费负担过重,很多农民不要土地,因此许多地方走了过场,按照一轮承包给农民确定了二轮承包面积。一些农村为了解决农户管水难的问题,自发进行"划片承包",成功地解决了农地细碎化形成的耕作不便问题。可以说按户连片耕种这一农业经营新方式,农民在 20 世纪 90 年代末通过"划片承包"这一制度创新办法就已经实现了。具体来说,"划片承包"指的是在不改变集体所有制、按户承包经营土地的前提下,为了解决农田水利问题,改变具体承包方式,把一个农户土地尽量分为一片,便于农业生产。

（一）土地细碎化的成因

土地细碎化源于农民分配耕地的方式。一轮承包和二轮承包时，村集体均是按肥瘦、远近和水源远近搭配方式分配土地。大体来说一轮承包分配土地有三个基本工作，即丈量、打折、分地。这个过程符合小农经济的公平原则。

1.丈量。村民小组的分地代表丈量全部土地，并给每一块土地编号、绘图（一般是手绘）。

2.打折。地块之间差异性很大，按照产量确定土地面积（比如将产量800斤定为1亩），则根据每一块田块土壤质量差别，由村民代表和群众公议，给每一个地块的面积"打折"，此外考虑距离、道路和水源方便与否等因素。比如，一个生产队的打折规则是：如果以中等土地1亩为标准亩，则最差的土地1亩相当于0.6亩，最好的土地1亩相当于1.2亩。

3.分地。确定分配土地的人口依据，村民小组内部通过讨论订立村规民约。农户具体分到哪一个地块则靠抓阄，由运气决定，抓阄之后要互换的话，则由农户相互协商。在农业机械化尚不发达的时代，农田数量、质量平均是首要考虑要素，农田是否成片是次要的。于是客观结果是形成一个农户的承包地块，分布在五六个甚至十几个位置，形成一户多田的形态。

（二）"划片承包"的原因和过程

土地细碎化影响农田水利灌溉、农业种植计划和机耕道修建，影响对耕地资源的有效利用。农户之间也一直有调换地块使土地连片的实践，然而一家一户相互协调难度十分大。考虑到耕作方便，主要是农田水利管理方便、降低共同生产费用，一些农村首创"划片承包"制度创新，利用二轮延包机会，土地收归集体再重新划片分配。"划片承包"这一新型土地分配方式不再简单地依据肥瘦、远近和水源搭配土地，而是按照水系/水源来"划片"，单个农户耕种土地尽量集中在同一个片内，耕田、田间管理、收割和运输等环节均较为方便。

　　"划片承包"首创村庄是官垱镇双冢村。1999 年，当时的村支部书记王艳林动员和组织群众进行"划片承包"以解决水田灌溉问题。随后的几年，沈集、毛李等镇及官垱镇的其他村均向双冢村学习。其中推动得最好的是毛李镇三坪村，2002 年三坪村借助二轮延包时机，争取国家资金建设基础设施，再将土地重新归拢，按照"划片承包"的分配方式，将农户分散细碎的土地分到一片。双冢村和三坪村"划片承包"完全是农民自发的，是严峻的水利条件迫使农民群众创新的土地承包方式。"划片承包"之后均取得了显著的效果。官垱镇经管站站长报告说，双冢村"划片承包"大大降低了共同生产费，节约了劳动力，有利于抗旱和机械化，第二年全镇学习双冢村"划片承包"的做法。官垱镇请王艳林书记讲课，要求每一个村至少完成一个村民小组的"划片承包"工作。贺雪峰教授在 2003 年撰写的关于"划片承包"的报告说，农田水利的严峻形势，迫使农民想办法，田块集中、挖堰塘、打机井才容易管理，因此自然而然就想到了"划片承包"。下面是毛李镇三坪村"划片承包"的具体做法。

　　三坪村位于毛李镇最北端，南与后港镇城河村、安坪村交界，北与官垱镇公议村、张庙村一港之隔，全村总面积为 3.2 平方公里，粮田有 2070 亩（土地面积为习惯亩，实测有 1000 平方米、1100 平方米和 1200 平方米不等），林地有 500 亩，堰塘有 600 亩。全村有 6 个村民小组，共 230 户，1009 人，支部党员 30 人，两委班子 3 人，是一个以粮食生产为主的村庄。三坪村是最完整的"划片承包"村庄，全村 6 个村民小组在 1997—2003 年进行"划片承包"，基本上每一个农户均纳入到新的土地承包和耕作秩序，并影响至今，成为沙洋县解决土地细碎化问题的示范点。

　　按照村支部书记杜龙兵的说法，三坪村是被水利问题"逼上梁山"（杜龙兵在沙洋县已经是一个有名的村支部书记。杜龙兵，50 多岁，在 20 世纪 90 年代末就当选为书记，一直到现在仍是书记，"划片承包"的成功使得杜龙兵威望十分高）。三坪村以中稻生产为主，在 20 世纪 90 年代末每年有 20%～30% 的作物旱死，水利情况相当差。三坪村位于漳河三干渠最末端,20世纪60年代放水能直接灌溉,不过因渠道太长,放来的水损失了80%。漳河水库放不来水后,三坪村就和附近的合议村靠长湖进行三级提水,一亩田最高的共同生产费达到360元,加上国家税费、三提五统等,一亩田农业税费达到400~500元,种田就很不划算了。

"划片承包"是一个精心组织的长期过程。1997年村支部书记主持召开党员代表多次讨论"划片承包"的具体方案。1998年党员代表到官垱镇、曾集镇、后港镇学习。1998年开始制订方案,每一个小组因地制宜地制订划片方案,每个小组的方案都不相同,1999—2002年方案形成之后,从修建基础设施开始,例如修机耕道、架设电线。2001年天旱时,整个田地的秧苗插不了,一直到芒种时才下雨。面对严峻的生产条件,农民要求划片,于是才形成决议。在2002年冬天之前,全村修建了59条机耕道,为2002年10月划片做准备。机耕道修建了之后,各个农户根据所在片区修建连接的小机耕道。机耕道修建后,拖拉机的使用普遍起来,彻底告别了肩挑人扛(部分农田连板车行走的路都没有)、用板车拉的落后生产方式。

三坪村"划片承包"是借助1997年二轮延包的时机,依靠上级政府引导和村民自治民主方式,通过重新分配土地、改变具体分配土地的方式完成的。根据村民小组民主讨论及水源(堰塘、机台等)条件,每一个村民小组划分为若干片。2002年,在镇委、镇政府的大力支持下,全体党员、村组干部及由各组村民推荐的每组4~8名代表,组织成立了专班,统一了全村村民思想,以组为单位制定了"划片承包"方案,并户户签字认可。方案有以下三个重要的"村规民约"。

1. 全村统一户平均宅基地面积为1000平方米,宅基地多余部分抵菜园地面积,宅基地面积不足的农户用零散旱地补充。

2. 以2002年当时在册人口为基数,人均分配50平方米旱地用作菜地。

3. 责任田分配按2002年户口为准,凡属户口在本村的都可以回来抓阄,全村凡未种田的农户都进行了通知。以组为单位制定出了总阄个数,每个阄以组为单位,面积不等,屋基、旱地、水田全部采取两根尺、两班人丈量的办法折中,其中水田按土质好坏、近远、水源条件折算面积,每块地注明了编号、坐落地名、面积,以组为单位每户一册,一户不漏地进行了签字。全村 600 亩堰塘也划入片区。

4.责任田抓阄后农户可立即自行调换,然后发放承包经营权证。

这样就将全村所有类型的土地(宅基地、自留地和耕地)都进行了统一分配,消除了土地分配不均造成的矛盾。"划片承包"之后,三坪村形成了现有的基本农田格局:全村共划为 32 个片区,其中一组划为 4 个片区,二组 5 个片区,3 组 9 个片区,四组 5 个片区,五组 5 个片区,六组 4 个片区,每个片区由几个农户组成。全村修通了机耕道 59 条,完善了每个片区用电线路,全村一共投入近 150 万元进行了堰塘清淤,修建大机井 23口,小井 74 口,全面解决了大旱之年无法保丰收的问题,至今无一户因为农业生产发生纠纷或上访。

三、"按户连片耕种"的内涵和做法

(一)"按户连片耕种"的含义

在二轮延包时期,基层干部把形成土地"连片耕种"的制度创新称为"划片承包"。今日负责创新和主管这项工作的杨宏银副县长把类似于三坪村的"划片承包"看作达到土地"连片耕种"的一种方式,故从结果命名为"按户连片耕种"(或者称之为"按户集中归并","按户"指的是坚持以家庭承包经营为基础,"划片耕种"与"集中归并"含义相似,指的是把分散细碎的耕地集中连片起来)。杨副县长说:"这个概括是经过深思熟虑的,因为'按户连片耕种',更为准确地概括了沙洋县现在的制度创新。""划片承包"改革了土地承包关系,按户连片耕种并没有改变土地承包关系,而仅仅是表达农户"连片耕种"这一新生产方式的特征和结果。按户连片耕种仅仅改变了农户耕作地块,形成土地连片经营的目标。例如鄂冢村通过农户相互之间土地经营权流转的方式达到土地集中"连片耕种"的目标。

（二）三种不同方式及做法

按户连片耕种工作结合土地确权登记颁证工作同步推进,土地确权要求按照二轮承包台账,明确土地四至和面积。在土地承包关系不能改变的政策条件下,土地承包权的分散细碎状态难以改变。在承包权的分散状态不能改变的情况下,只能寻求一种能够把"承包权"虚化、把经营权充分放活的具体制度方案,才能把农户所分到的零散承包地尽量合并为一两片。沙洋县政府要求按户连片耕种原则上每个农户一片,最多不能超过两片。试点工作从 2014 年 4 月 30 日至 2014 年 9 月 30 日。现将三个试点村的按户连片耕种试点工作介绍如下。

1. 官垱镇鄂冢村土地经营权流转。鄂冢村有 6 个村民小组,共 296 户农户,耕地面积为 2100 亩。经村民集体协商,鄂冢村按户连片耕种主要采取农户间土地经营权流转、保留原土地承包权的办法。目前土地按户连片耕种面积达到 1989 亩,完成率为 94.71%。

2. 马良镇童沙村土地调整。童沙村有 12 个村民小组,共 818 户农户,耕地面积为 4855 亩。童沙村根据绝大多数村民的意愿和先行先试的原则,按户连片耕种主要依据家庭人口数量重新分配土地的办法。目前土地按户连片耕种面积达到 4817 亩,完成率为 99.22%。

3. 拾回桥镇马新村土地承包经营权互换。马新村有 15 个村民小组,共 753 户农户,耕地面积为 6347 亩。马新村按户连片耕种主要采取农户间互换土地承包经营权的办法。目前土地按户连片耕种面积达到 6095 亩,完成率为 96.03%。

官垱镇鄂冢村采取土地流转方式,不流转承包权而仅仅流转经营权,即农民为了方便耕种调换位置。马良镇童沙村的土地调整方式延续了三坪村的做法,改变了土地承包关系,虽然能有效解决细碎化问题,但与当前政策法规不允许土地调整相违背。拾回桥镇马新村的土地互换模式没有改变土地承包关系,但改变了特定地块的土地承包关系,一些有征地预期的农民不愿意互换土地。杨县长对三种方式进行了仔细的比较，认为在现有稳定土地承包关系的政策要求下，鄂冢村土地经营权流转方式的政策风险最小，对农民利益的触动最少，并且创新了"三权分离"制度，是一种既不违背相关政策，又能克服土地细碎化，并保持农村和谐稳定，同时可以大范围推广的办法。

（三）试点村成功的有利条件

三个村均达到了试点的预期目标。参与划片户数、划片面积是两个重要衡量指标，从总体上来看，划片面积占总面积90％以上，绝大多数地块已经集中成片。但我们不可忽视的是三个试点村都有推动土地按户连片耕种的有利条件。其中较为重要的有利条件是地形、水利灌溉条件和土地整治项目。三个村庄的自然条件较好，地形相对平坦，水利灌溉条件好——三个村庄至今保持集体水利灌溉的模式，在整个沙洋县中，农业生产条件都是最好的，地块间的差异较小。并且作为试点村，财政资金投入较多，三个村都有试点资金，都配套了土地整治项目，进一步减少了地块间的质量差异，这给按户连片耕种提供了前提条件。但作为中西部地区的农业大县，财政资金不足以及土地整治项目缺乏，完全依靠政府财政支持进行土地平整、改善农业生产条件是不现实的。马新村是沙洋县第一个土地整治项目所在的村，拾回桥镇迄今仍然只有这一个土地整治项目。童沙村则在2012—2013年进行了全域范围的土地整治。鄂冢村大部分土地都开展了土地整治项目。

实际上沙洋县大部分村庄的农业生产条件是：小丘陵占比很重，且为水稻种植区，土地细碎化比旱作区更为严重，田块差异很大，缺水缺路的田没有农民愿意耕种，如果这种地块的数量较多，按户连片耕种就基本不可能了。另外，沙洋县集体水利模式瓦解，私人进行了大量的水利建设和投资，农业生产的利益结构越来越固化，重新调整农业生产秩序的难度进一步增加。在试点村中三种按户连片耕种方式都可以取得成功，但如果将其放在全县甚至全国范围，将面临更多的挑战。例如2014年三个试点村之一的马良镇童沙村进行了以土地调整的方式达到按户连片耕种的目标,类似于 2000 年"划片承包"的做法。然而这种做法违反了二轮延包 30 年不变的政策,存在巨大的政治风险。马良镇一个乡镇干部说:"新一轮土地确权过程若要调整土地,则无法复制童沙村的经验,除非顶层设计支持,否则谁敢进行这种制度创新? 除非市县政府支持,但是维稳压倒一切,他们是不会支持的。"试点村的成功以及沙洋县制度创新的绩效都表明按户连片耕种模式符合当前农业生产条件,有巨大的制度创新意义,但要取得更大范围、更大程度的成功,需要我们进行更多的实践试验、理论总结和制度创新。

四、"按户连片耕种"产生的原因分析

按照沙洋县农经局陈春生局长的说法,按户连片耕种是沙洋县的创新,是"规定动作"之外的"自选动作"。沙洋县在完成中央和农业农村部规定的"妥善解决农户承包地块面积不准、四至不清的问题"的基本任务外,还切实在探索如何通过农地制度创新来解决困扰农业生产的土地细碎化问题。按照杨副县长的说法,这也是如何结合实际探索"三权分置"(三权分离),如何真正地放活经营权,最终有利于农业生产现代化。

(一)内因:农民的诉求

土地细碎化是约束农民应用现代化生产方式的最重要阻碍,按户连片耕种是沙洋县回应农民强烈农业生产需求的政策措施,沙洋县制度创新是在解决实际问题中产生的,具有农民首创的草根性质。

三坪村"划片承包"之后的经济效益非常明显,大大减轻了劳动强度,带来了持续的农业增产增收。"划片承包"后确保了农业增产增收,无一旱灾损失。农民减轻了 60% 以上劳动量,农户土地集中在一块便于种植及作物安排,抗旱用水只需一泵一管,为近年来机械化作业提供了条件。没有"划片承包"的村庄,农民之间因为用水、用电、种植方便等问题经常发生纠纷,农业生产纠纷是普通农业型村庄最主要的纠纷,三坪村自"划片承包"后,零上访、无刑案、民事纠纷几乎为零,是沙洋县上访的"洼地"。

在 2002 年左右，农村机械化还未像现在这样普及。现在机械化相当发达，沙洋县 2014 年统计的综合农业机械化率为 70%，正在推进农业全程机械化(机耕、机播、机收)。农业机械化普及提出了土地集中连片耕种的要求。第一，机械化需要土地集中连片耕种，节约机械化作业时间，提高机械使用效率。机械作业连片大田(例如沙洋农场的大田)和耕种插花农户土地相比，效率能提高 30% 以上，机械使用成本自然也就大大降低了。第二，机械化要求修建机耕道，没有路则机械进不了田。插花地格局下交错复杂的农户利益难以协调，土地现在是"香饽饽"而不是负担，谁也不愿意多拿一块土地用来修路。因此，在当前机械化普及的条件下，土地连片集中耕种显得更为迫切。

(二) 外因：土地确权工作的推行

这次按户连片耕种模式由沙洋县县委县政府自上而下推动，又具体由有特定经历的杨副县长负责实施。县委书记对这项工作十分支持，认为用按户连片耕种的方式解决土地细碎化和分散化问题，有利于推进农业现代化，是解决"三农"问题的有力抓手。杨副县长经过乡镇党委书记的锻炼，又有华中科技大学公共管理学院博士毕业的背景，具有基层经验和理论素养，不仅善于自上而下地推动行政工作，又善于自下而上地总结基层经验，上升为一般理论，为变革提供了强大的理论和政策支持。对于为何要借助土地确权搞按户连片耕种，杨副县长的解释是：中央推动的土地确权是一次生产关系调整的有利契机。

"这次自上而下的土地确权为土地连片耕种提供了东风，这是时机，错过了就没有机会了。这个制度创新也只有在当前二轮延包过后 15 年(从 2000 年开始计)，城市化和农业现代化发展到一定程度才可行。在农民大规模外出务工经商的背景下，农户收入结构中农业收入占比开始下降到 50% 以下。农业现代化尤其是在机械化背景下，一家一户的小生产不断卷入社会化大生产中，机械化、植保、水利均超越了一家一户的层次，需要制度创新来回应大生产发展要求。"

由于土地确权成为一项运动,地方政府就可以借用这项运动增加一些制度创新试验,中央也鼓励地方干部要敢想敢干,要突破一些不必要的条条框框。中央从 20 世纪 80 年代开始就有解决土地细碎化的目标,鼓励农户适度规模经营,却没有给出具体的制度创新路径。中央 2013 年的一号文件鼓励农户以互利互换方式解决土地细碎化问题,2014 年的一号文件也允许地方既可以确权确股,也可以确权确股不确地。对于具体地区,各地则是因地制宜地探索解决土地细碎化的办法。

杨副县长认为,如果仅按照土地确权的现有方向,则会由于集体土地所有制彻底虚化,土地细碎化格局就被锁定。他希望借助新一轮土地确权,通过制度创新解决阻碍农业现代化生产的土地细碎化问题。他认为,目前没有相应的、普遍可复制的成功实践,希望从主政的沙洋县试点开始,探索按户连片耕种的办法,因地制宜地探索,真正做到三者相统一的土地制度改革实践。意识到这个工作的重要性,2014 年杨副县长亲自抓试点工作,按照他的说法:"一个星期一次督办,希望把工作做实,事前有安排、事中有监督、事后有总结。好事情,慢慢认识,组织起来。种下一颗种子,这颗种子会像三坪村一样,动员他们做成这件事,做好一个村民小组,给农民教育。"

从解决实际问题和上升为重大的制度创新,成为可复制的一般模式,反映了实践与理论的统一。杨副县长说,如果他不接受系统的理论教育,他不可能把三坪村这个试验重新发掘出来进行研究,这是与小岗村一样的"革命",家庭承包制解决了"谁来种田"的问题,把农业经营主体从集体变成农户,而"按户连片耕种"则是探索"如何种(好)田"的问题。他意识到,为了解决农地细碎化问题,探索以按户连片耕种的方式重启"划片承包"这一工作,抓住了中国农业现代化的基本问题——中国农民要的不是更大的土地承包经营权,而是更方便的耕作,以适应机械化和水利化,形成适度规模经营。

五、几个重要问题的讨论

（一）欠发达地区和发达地区不同的土地集中方式

中国是一个大国，区域差异巨大，东中西部的经济发展存在差异，与之对应的是农村社会结构差异。这是讨论中西部农村的一个国情、农情前提。在农民绝大部分转移的条件下和在农民绝大部分尚未转移的条件下，解决土地细碎化的制度安排是不同的。

"确权确股不确地"的模式在苏南地区、上海松江地区及江浙沿海地区，是一个行之有效的制度安排。陈锡文考察上海市松江区家庭农场，指出这是劳动力已经充分转移的条件下才可能的，按照一个家庭农场 100 亩耕地的标准，上海 300 万亩土地，只需要 3 万农户，全国则只需要约 2000 万农户，那么其他 2.1 亿农户到哪里去？显然，在中西部地区（如湖北省沙洋县）并不适合普遍建立家庭农场。"确权确股不确地"是为了应对人地分离的需求，是劳动力充分转移后采取何种农业经营方式的问题。在中西部地区大部分农民仍然需要耕种土地，家庭农场的方式并不适合。

如此，就产生了两种不同的土地集中方式：一种是绝大部分农民转移进入工商业，村集体为解决"无人种田"问题，以成片集中、便于耕种管理的土地，吸引外部资本下乡或者吸引农户成立家庭农场；一种是大部分农民仍然需要耕种土地，地方政府和村集体通过做工作、发动农民和说服农民，在不扩大经营面积的情况下，将农户分散细碎化的土地集中连片，同时也解决部分农民流转导致的插花地问题。显然后一种土地集中方式复杂得多。杨副县长敏锐地指出，以沙洋县为代表的中西部农业生产方式：

新型农业经营主体的适度规模经营和普遍农户的分散经营将长期并存。一方面，在当前乃至今后相当长的时期内，农业抵御自然灾害和市场风险的能力脆弱，这两个特点不会变。通过土地流转实现规模经营的农地面积越大，关联的农户就越多，一旦经营主体失败，不能支付千家万户的土地流转费用,形成的是社会问题,绑架的是政府。因此,理性的政府应控制土地流转规模,形成适度规模经营。另一方面,生产力发展是一个缓慢而逐步提升的过程,小农经济在短期内不可能消失。由此,我们可以判断,普通农户分散经营和适度规模经营将长期并存。农业要全面实现现代化,适度规模经营和普遍农户家庭经营都要符合现代农业发展要求,而难点在于如何使分散的家庭经营符合现代农业发展要求。通过按户连片耕种,能帮助分散的家庭经营破解承包经营土地"分散化、碎片化"的矛盾,为全面实现农业现代化奠定基础。

(二)"按户连片耕种"的制约因素

分析 2000 年左右"划片承包"中断的原因,有利于理解当前沙洋县探索按户连片耕种的环境和难点。2000 年左右的"划片承包"后来中断了,沙洋县仅仅在部分村庄成功地推行了"划片承包"。原因可以总结为两个:一是土地承包政策变动;二是地方政府中心工作转移,农业不再是中心工作。"划片承包"中断的原因也是推行按户连片耕种面临的制约因素。

一是土地制度改革的"三不准"政策。2002 年《中华人民共和国农村土地承包法》开始施行,中央提出"三个不得"(地方称之为"三不准"):不得借机违法调整收回农户承包地;不得随意调整以二轮延包面积为依据确定的农业补贴基础和农民承担的费用;不得打乱重分,另起炉灶。在这一政策规定下,三坪村"划片承包"成为违反政策法律的典型,地方政府十分谨慎,不再推行"划片承包"。以官垱镇为例,官垱镇在双冢村"划片承包"之后,鼓励其他村向它学习,并在 1999 年规定每一个村至少完成一个村民小组的"划片承包"工作。该镇农经站干部回忆说:"当时双冢村成功开展了'划片承包',解决了水利灌溉问题,提高了农业生产力,官垱镇准备在全镇范围内推行这一做法,'三不准'政策出台,这个工作就中断了。"

二是地方政府中心工作转移。税费改革乃至取消农业税,从组织上削弱了基层组织的力量,从利益上割断了基层政府与农民的制度性关联。

2002 年税费改革之后，乡镇综合改革是一个中心工作，此后中央推动新农村建设和和谐社会建设，乡、村两级干部的中心工作变为"跑资争项"和"综治维稳"。农业生产条件的改善与地方政府的运行和绩效关系不大，地方政府不再关心农民农业生产情况。即使乡镇仍在推行"划片承包"，但不配套相应的动力和能力，基层组织执行政策时就大打折扣，"划片承包"的效果也不尽如人意。

地方政府在 20 世纪 90 年代末是欢迎"划片承包"的。基层政府从农民那里收取农业税费，同时为农民提供水电路等基本服务，维持基本的农业生产秩序。从地方政府的角度来看，双冢村的"划片承包"由农民"两工"和农民自行投资，不需要地方政府财政投入。"划片承包"大大降低了共同生产费，减轻了农民负担，有利于地方政府完成税费收取这个中心任务。如果农作物遭遇干旱、减产甚至绝收，基层组织就没有道义向农民收取税费，如果基层组织回应了农民的生产需求，就有了向农民收取农业税费的正当性。这个时期基层组织与农民是鱼水关系，在回应农民需求的同时，也完成了自身的工作任务。

农业税费取消后，乡、村两级组织没有积极性推行"划片承包"。现在推行按户连片耕种，是中央规定工作之外的"自选动作"，且做好之后对农户虽然有巨大好处，然而对乡、村两级组织并没有实质的利益，反而耗费本来就紧缺的财力、人力资源。消极维持现有农田经营的细碎化格局，虽然农民多耗费劳动力，流汗流泪甚至流血，但不妨碍乡、村两级组织应对上级考核。相反，如果基层组织推动按户连片耕种，很可能会引起矛盾纠纷和农民上访。一个乡镇干部观察到："农户自发调换土地形成连片耕作，不会有矛盾纠纷，如果政府推动，农民就会与政府讨价还价，反而会造成大量的矛盾。"

（三）土地确权锁定土地细碎化

2013 年中央一号文件提出：全面开展农村土地确权登记颁证工作，健全农村土地承包经营权登记制度，强化对农村耕地、林地等各类土地承包经营权的物权保护,用 5 年时间基本完成农村土地承包经营权确权登记颁证工作,妥善解决农户承包地块面积不准、四至不清等问题。

2014 年中央一号文件提出:完善农村土地承包政策,稳定农村土地承包关系并保持长久不变,在坚持和完善最严格的耕地保护制度前提下,赋予农民对承包地占有、使用、收益、流转及承包经营权抵押、担保权能。在落实农村土地集体所有权的基础上,稳定农户承包权,放活土地经营权,允许承包土地的经营权向金融机构抵押融资;有关部门要抓紧研究提出规范的实施办法,建立配套的抵押资产处置机制,推动修订相关法律法规;切实加强组织领导,抓紧抓实农村土地承包经营权确权登记颁证工作,充分依靠农民群众自主协商解决工作中遇到的矛盾和问题,可以确权确地,也可以确权确股不确地,确权登记颁证工作经费纳入地方财政预算,中央财政给予补助。

2015 年中央一号文件提出:推进农村集体产权制度改革,探索农村集体所有制有效实现形式,创新农村集体经济运行机制;出台稳步推进农村集体产权制度改革的意见,对土地等资源性资产,重点是抓紧抓实土地承包经营权确权登记颁证工作,扩大整省推进试点范围,总体上要确地到户,从严掌握确权确股不确地的范围。

土地确权延续了保护农户土地承包经营权的制度建设方向,中央试图通过土地确权赋予农民承包经营权、"物权"、"财产权",通过土地抵押贷款融资,推动农业现代化。从以上解读可知,中央土地确权工作不是从普通农户生产方便、适应现代农业生产力出发的,而是从确定农户土地权利和发展大规模农业出发的。2013 年一号文件提出的"结合农田基本建设,鼓励农民采取互利互换方式,解决承包地块细碎化问题",实际上在既有细碎化的承包经营模式下,完全依靠农民自愿互换很难成功实现农地连片集中耕种,仅仅依靠个体农户间的自发土地流转也很难实现连片集中经营。一个村数百亩的土地分属几十户人家,想要实现土地流转,就要挨家挨户地谈判流转期限、租金、品种等内容,谈判成本、协调成本简直是高不可估。何况随着城市化背景下人口大规模外流,很多承包户不在村里居住,到哪里去找相关农户坐在一起谈判?

综上所述,二轮延包政策、"三不准"政策让"划片承包"不再合乎政策和法律,税费改革之后中心工作的转移,导致地方政府中断了"划片承包"工作。当前的土地确权政策则进一步强化了土地承包经营权的物权权能,增加了土地连片集中耕种的难度,从农业生产便利的角度看,"放活经营权"只能是一句空话。土地细碎产权格局下,农民具有物权化的承包经营权,任何一个农户都有可能强有力地坚持地块位置而不愿意形成对所有农户都有利的连片集中的耕种格局。实践表明,只有重新发挥集体土地所有权权能,才能发挥土地调整的功能,才能降低农户相互之间协商谈判的交易费用。这正是沙洋县探索"按户连片耕种"所试图达到的,寻找村集体可能发挥的作用。

六、权利话语的扩张:反思当前农地制度改革方向

众所周知,中国式小农经济的基本问题是土地细碎化,指的是"人均一亩三分,户均不过十亩"的承包地按照肥瘦、远近、水源差异等分布到六七个甚至十几个位置。这样细碎的土地是无法实现以机械化、水利化为特征的现代经营形式的,土地细碎化的弊端在生产力迅速发展背景下凸显出来,成为制约我国农业现代化的主要因素。

事实是 20 世纪 80 年代分田到户以来,统分结合的双层经营体制不断朝着"分"的方向发展,忽视了农业生产者为了耕作方便而需要集体统一经营的权利,误以为只要给农户更大的土地权利,就能使农业生产者得到更多激励从而增加投资促进生产。本文把这一土地制度改革逻辑概括为从"以生产为中心"向"以权利为中心"的农地制度改革。20 世纪 80 年代家庭承包经营制度改革是从生产效率这个逻辑开始的,当前农地制度改革的逻辑是权利逻辑:给农民更大权利可以保护农民土地权益,给农民更大权利可以让农民放心去进行土地交易。

人民公社时期集体劳动制度缺乏对社员劳动力的激励,因此农民出工不出力,典型的是林毅夫提出的"退出权"命题。家庭承包责任制激发农民的生产积极性,"交足国家的,留足集体的,剩下的就是自己的",激励农民用更多劳动和资金投资土地。现在土地确权的话语逻辑已经发生了变化,从2013年、2014年和2015年三年的一号文件可以看出,农地制度改革成为国家主导的单向度的农户权利扩张,农户的农业生产是否方便,农地制度是否能回应现代农业生产力要求不在改革者视野范围内。例如,时任原农业部经管司司长的张红宇在阐述确权意义时认为:第一,确权可以做到统计意义的准确,账实相符;第二,确权让农民吃上定心丸;第三,确权之后方便土地流转。也就是说,土地确权除了技术上的准备考虑外,通过土地确权赋予了农民更大的土地权利,激励承包户放心地进行土地流转,成为当前土地确权和农地制度改革的目标。土地确权形成新的制度安排,将成为保护交易双方的重要前提。可见农地制度改革从以生产为中心的话语逻辑——制度改革是为了促进农业生产发展,如增加产出,应用机械、化肥等现代生产要素,到以权利为中心的话语逻辑——制度改革是为了增加农民的个人权利,个人权利是否能够激励农民继续投入,农地制度改革是否回应农业生产便利的问题不是改革者关心的问题。当前土地确权的主要精神是"用五年时间妥善解决农户承包地块面积不准、四至不清等问题""赋予农民对承包地占有、使用、收益、流转及承包经营权抵押、担保权能"。农地制度改革的关键是赋予农户更大的承包经营权权能,削弱村集体原本更弱的集体所有权和统一经营功能。分散细碎产权的整合更无可能,农户就要更加忍受不便的耕作条件。

诸多学者指出,农户自发土地流转市场并不会自动解决土地细碎化问题,这是由人多地少、土地高度细碎化的基本国情和农情决定的。相关研究也表明:东亚小农经济国家均有一个重要瓶颈难以克服,就是如何把高度土地细碎化的产权集中。日韩等东亚国家均实行土地私有化,政府尽管采取鼓励土地流转的政策,却难以促成土地使用权集中和农地规模经营,农地细碎化格局难以改观。张路雄等学者设想发挥我国集体所有制优势,他们认为,如果国家实行集体和农户兼顾的政策,使集体发挥一定的作用,就可能创造一种在农业现代化过程中,在人均耕地很少的国家中,新的、更有效的、逐步实行耕地规模经营的模式。沙洋县"划片承包"和新的"按户连片耕作"的制度探索为张路雄的设想提供了一个切实可行的案例。正如杨副县长所分析的,在大多数生产单位仍然是小农和土地流转市场初步兴起时,在中西部地区关键是如何解决单个农户承包耕地的细碎化,及在农户自愿的基础上如何实现土地连片耕种。沙洋县的探索反映了我们大多数普通农户真正的地权诉求。当下土地确权如果能转化为探索各种各样的"连片耕种"实践,则正好可以利用我国集体所有制的制度优势,激活基层组织,创新农地制度,创设一种把分散土地集中起来实行规模经营的制度,克服东亚小农国家共同面临的土地细碎化问题。

因此,沙洋按户连片耕种蕴含了重大的理论和政策意义。

执笔:夏柱智

农地细碎化的成因、困境与治理路径

——基于沙洋县、武汉市的调研

长期以来,分散、落后的小农形象深入人心。细碎分布的农地状况与土地细碎化带来的耕作不便是造成这一印象的客观原因之一。这种认识有其合理性的一面,看到了土地细碎化给"耕者"带来的困境;但是失之片面,没有认识到土地细碎化是特定历史条件下农地关系作用的产物,没有认识到土地细碎化一开始并没有成为"问题",更加没有认识到土地细碎化本身是农地关系系统中的一个组成部分。换而言之,土地细碎化并不是一个自在的问题,土地细碎化的问题化需要纳入农地关系变迁的视野之中,同样,土地细碎化的治理需要在农地制度系统的框架内予以解读。据此,本文试图从历史性和系统性角度,探讨土地细碎化的成因、困境及其治理路径的变迁,以此形成对土地细碎化问题的本质认识,这项梳理对于审视、纠正当下现代农业话语主导下的土地问题认识具有重要意义。

一、土地细碎化的成因:农地关系的双重过密化

土地细碎化始于分田到户的农地制度改革。"集体所有,家庭承包",土地资源从集体手中被分配到农民手中,以形成农民个体经营的激励。在此目标下,改革遵循的是平均主义的分配逻辑。平均主义在具体操作上,即是土地的平均分配。但事实上,土地并不是标准化与均质分布的,造成土地质量差异的因素包括土壤肥力、土地类型(水田旱地等)、地块大小、地形高低、外部性状况(例如沟渠路耕作条件)等,由于这种差异在当时并没有技术化手段(如现在的土地整治)予以夷平,这就构成了平均分配的客观阻碍。平均主义的分配逻辑和差异化的土地状况决定了细碎化

的农地制度实践——通过细碎化以保证平均化。

平均主义的农地制度实践是土地细碎化形成的直接原因，土地细碎化的深层原因来自中国农地关系的过密化。长久以来，中国农民以土地维生，土地是农民的命根子，这奠定了乡土中国和小农经济的底色。在改革之初，农民靠土地刨食、农地关系紧张依旧是中国的基本国情。农地关系的经济学表达为劳动力与土地之间的效率关系。黄宗智指出，中国传统农业是过密化的，这个判断在农民未从土地上转移出去的当时，仍然有效。对于农民而言，劳动力是充足的、富裕的，而土地资源则是有限的、稀缺的，通过将无限劳动力投入有限土地以提高土地总产量是小农家庭的生存伦理。换句话说，在当时的情况下，农民最看重的是土地的产出而非劳动的效率（所谓"劳动力的边际效益"），只要土地产出没有达到极限，农民就会不计成本地继续追加劳动力投入。对土地产出率的追求决定了农民在分配土地时的诉求，即是对影响土地产量因素的重视，如土壤肥力、生产条件等，而土地连片集中、方便经营、降低劳动强度等不构成根本要求。这一要求的普遍性强化了农地制度的平均主义倾向，土地的细碎化处理成为保证以家庭为单位的土地产量最大化的不二举措。在实际经验中，细碎化的土地分配采取了等级分类、"插花"地、打折田的实践措施。具体而言，土地根据产量因素被大致分成一二三类或者水田、旱地、山地之类，农户根据随机抽签在每类土地上获得属于自己的承包地或者获得以数量换质量的打折田。如此，就形成了一家一户极为分散、细碎的土地拥有状况。

细碎化的农地格局实际是反映并符合当时的生产关系的。首先，农民尽可能地提高土地的开垦率和利用率（沙洋县的"开荒"现象很显著），甚至侵占了田间小道，以此保证了较高的土地产出，并支撑了数以亿计的农民家庭。其次，在精耕细作、肩挑手提的农作传统之下，细碎化的土地反而能够充分而有效地吸纳家庭劳动力。在富余劳动力没有从土地上转移出去、农业机械化水平低下的当时，细碎化的农地格局实际解决了农民的就业问题。换而言之,细碎化的农地格局实际上是当时过密化农地关系的表现。

不仅如此,细碎化格局其实是农地制度系统的一部分。在当时,细碎化并不阻碍农业生产,它不可避免的外部性问题在整体性农地制度安排中有其补救措施,在基层社会,包括正式与非正式两个方面。在正式方面,双层经营体制赋予了农地制度的两面性:一面是"家庭承包",是分散、细碎的小农,另一面却是"集体所有",是具有统筹整合功能的村集体经济组织。在改革之初,虽然村集体退出农业生产,统筹的功能有所弱化,但是以土地为载体,村集体和农民之间形成了均衡的权利义务关系:农民将土地的部分产出以提留的形式交给村集体,村集体为农民分散经营土地提供必要的社会化服务,如水利供给、道路建设、纠纷协调等。作为基层的农地管理制度,村集体"统"的能力的发挥,能够有效地弥合土地细碎化所可能导致的不利影响。另外,在非正式方面,村庄范围内存在普遍的互助、合作,使得生产要素(土地和劳动力)得以超越小农家庭单位和细碎化农地格局而进行重新配置。小农家庭并不是一个自足的生产单位,分散、细碎的小农经营有其不可避免的问题,如家庭劳动力的季节性缺乏、耕牛等生产资料的不足、相邻田块的放水与收割的协调问题等,由此产生了共用生产资料、换工、统一耕收的需求。经验显现,在20世纪八九十年代,农村社会普遍内生出一套合作服务体系,以应对细碎化的农地格局。换而言之,分田到户之时,农民的个体化、分散化经营实际是高度"社会性"的。

总而言之,土地细碎化是特定历史条件下农地关系的产物,它的出现源于农地关系过密化的压力与需求。同时,在劳动力过密化的作用下,土地细碎化既保证了农民家庭的土地产出最大化,也有效地吸纳了过剩的农业劳动力。不仅如此,农地关系过密化投射在村庄层面即是社会关系的过密化。村庄正式、非正式的关系形态通过正式、非正式的组织形式构成了基层农地管理与合作服务体系,与农户分散经营一起形塑了小农经济体系，并实现了对土地细碎化、分散经营的有效管理和补救。土地细碎化实际是农地关系双重过密化共同作用的结果，"社会性"的过密化反过来维持了劳动力的过密化，二者又共同强化了土地细碎化的农地格局。需要指出的是，小农经济在村庄范围内形成了一个自足、循环的系统，而土地细碎化是小农经济(农地关系)系统中的一个有机组成部分，其本身并不构成问题，土地细碎化的问题化源于农地关系的改变。

二、农地细碎化的困境：农地关系的去过密化

随着市场经济的发展，农业劳动力逐渐从土地上转移出去，农地关系发生了根本的改变，正在经历迅速的去过密化。新时期农地关系的关键不再是土地效率的问题，而是劳动力的问题。市场经济打破了城乡之间、工农业之间的相对封闭与土地对劳动力的束缚，促使劳动力资源进行整体性的优化配置，结果是利润更高的工业领域吸纳了利润较低的农业领域的劳动力，农业领域为了发展就必须进行要素配置的适应性调整。正是在这一需求作用下，细碎化的农地格局显现困境。

先来看农业劳动力结构的改变。在 20 世纪 90 年代中后期，农村青壮年劳动力大规模进城务工经商，市场经济吸纳了大量原本"束缚"在土地上的优质劳动力，农业生产的主体逐渐变为部分留在村庄的农民以及老人与妇女这类半劳力。这就意味着土地上的劳动力数量和质量均发生了改变，不仅数量减少，质量也大大降低。如此，保证农业生产顺利进行的关键便是实现留守劳动力的充分释放或者对流出劳动力的替代，这就要求农业生产中机械等资本要素投入的提高。问题是，机械化水平的提高是需要客观条件的，如土地平整与集中连片，由此，农地细碎化开始成为问题。在湖北省沙洋县，由于土地经过集中连片，机械化水平非常之高，已经普遍实现了机耕、机播、机收的轻简便农作模式，因此，哪怕当地存在较高的劳动力流出率，留守劳动力仍能在机械的辅助下完成农业生产。而在武汉市的偏远农村，由于土地细碎化程度较高，留守劳动力的价值很难释放出来，年轻人的外出导致土地大量抛荒。

再来看土地价值的改变。农地关系的去过密化过程实际是生产要素重新配置的过程,伴随着劳动力投入的减少,资本(机械)投入的需求提升,在二者的作用下,土地价值也被重新塑造。土地价值的塑造以农民分化、土地流转为基础。

随着大量青壮年劳力进入城市,首先,家庭主要劳动力外出务工,老年人和妇女留守种地,形成半工半耕的分工模式。半工半耕是新时期实现农民增收和城市化的模式,其中,"耕"的价值越来越从经济性变为保障性。土地是城市化过程中中国社会的稳定器,而这一稳定器发挥作用的现实困境在于农地细碎化格局对"轻简便"农业生产的阻碍。其次,土地的经营性价值开始凸显。实际上,随着部分农业劳动力离开土地,村庄范围内出现自发的土地流转和规模集聚,形成了占有一定比例的中小规模种植者(中农)。与此同时,在农业转型的话语下,细碎化格局构成现代农业的首要挑战,土地资本化加剧了土地规模化的需求。客观来讲,资本下乡通过大规模土地流转,有效地实现了土地整合。

在农地关系去过密化的过程中,剩余劳动力的释放需求与土地经营价值的释放需求是土地细碎化困境出现的根本原因。与此同时,农业生产环境也在发生变化。既有农地制度体系随着国家农政改革与市场化深入而逐渐坍塌。尤其是在税费改革后,以土地为纽带的国家、村集体、农民三者之间的均衡关系被打破,村集体经济组织的统合功能被弱化,无法回应农民的农业生产需求,导致农村普遍出现公共品自主供给的困境。在沙洋县的农村,集体水利在分田到户后逐渐失灵,并在 20 世纪末趋于坍塌,农业生产用水难、用水贵问题突出,基层农地制度被迫趋于创新改革,通过"划片承包"塑造新的水利体系。

与组织化农地关系坍塌相伴随的是,农民之间的合作化关系也越来越薄弱。受农业劳动力大规模外流与市场经济的影响,农民之间自发的换工、共用生产工具等互助合作行为越来越难以维系,只能求助于市场。但是外部市场又难以与分散的农地格局相对接,一个简单的例子是,大机械不会为分散的小地块提供服务。在农业生产结构变动的同时,农业生产环境也在发生改变,税费改革与市场化掏空了农村社会的"社会性",使其无法在后税费时期回应农业生产的需求。

土地细碎化问题的呈现与治理同时发生。在农民主位的框架之下,治理土地细碎化主要是通过理顺生产主体的关系进行的,即进行农地制度的基层实践创新以回应农业生产结构和生产环境的变迁,其中尤其强调村集体的统合功能。而在农业转型话语之下,国家则试图通过对农业经营主体的再造,来实现对土地细碎化的治理。以下结合经验分别对这两种治理方式进行分析。

三、基层治理框架下的土地整合

上文说到,农地细碎化格局是整体性农地制度安排的一部分,其中村集体经济组织通过发挥统筹角色的作用,能够克服分散经营的外部性问题,尤其表现为公共品供给与理顺各个分散生产主体的关系。村集体统筹功能的根源在于土地集体所有制,后者赋予了其对农地关系的管理职能。村集体是集经济性、政治性和社会性于一体的组织形态,其对农地细碎化的治理并非技术性的,而是嵌入熟人社会的、低成本的治理。随着农业生产细碎化困境的出现,一些地区的村集体自发进行了土地整合。这种土地整合,本质上是一个治理事件。

沙洋县是农业大县,境内以丘陵为主,土地资源丰富(人均 2[①] 亩,户均 10 亩)。在分田到户之初,形成了细碎化的土地分配格局。在 21 世纪之初,以双冢村为代表的部分村庄率先进行了"划片承包"改革。这一举措可谓创新,当时的触发点主要是水利问题。双冢村是有名的"旱包子",三年一小旱,五年一大旱,农民生产的主要困难就是水利问题。双冢村的水源和水利条件都不好。双冢村位于潘集水库末端,放水经过曾集镇,并且要先放水到集体泵站,再由小组集体抽水供给个体农户使用。放水线

---

① 当地习惯亩一般为 1000 平方米。

路长,上游容易"扒口",加上主渠失修,穿孔多,损失率极高,水库 1.2 的流量到了双冢泵站只剩 0.2 的流量,由此导致农民用水费用极高,平均在 150 元/亩,部分小组高达 180 元/亩。不仅如此,集体管理也遇到困难。当时对水利是两级管理,村主任管从水库到村,小组长管从村到组,管理协调成本巨大。农民用水难用水贵,成为一个显著问题,很多农户开始抛荒,外出打工。

双冢村四组有 230 亩地,共 25 户农户,实际种田农户为 19 户,抛荒面积达到 40 多亩。当时摆在村集体和四组村民面前的紧迫问题有两个:一是要把这些抛荒地解决掉,这就涉及土地重新分配;二是要改变集体供水为个体供水,比如自己挖堰,降低生产费用和管理成本。但当时的实际情形是,农民土地很分散,"我的地,东南西北,整个湾子都有",个体供水就必然要求农户承包地能集中连片。在这两种因素的共同作用下,四组在当时的村书记王彦明的带领下,率先进行了"划片承包"改革,将所有土地打乱,按户划片重分,由农户自己挖塘修渠。四组当时有 2 个水源相当不好的死角地(分别为 17 亩和 15 亩),书记和组长提出率先把死角地分给自己,剩下的地以抓阄的形式划片分配(几户一片),并且家家户户签字确认。抓阄之后,农户可以私下调换,并且由同片农户共同进行水利等基础设施建设。这项工作仅用一个星期就完成了。

由于四组在泵站上游,并且从集体供水中脱离出来,其他村民小组考虑到用水方便,这一做法便迅速推广,当年"划片承包"了 5 个小组,第二年又"划片承包"了 2 个小组。届时,双冢村全部实现"划片承包"。从农民主位出发,这一改革的核心问题是土地质量差异问题和水利等公共品供给问题。①对于土地质量差异,双冢村采取打折土地的做法。土地质量差异的标准主要是水源和土质,水源好、土质好的土地 1 亩算作 1 亩(计税面积),土质不好的地 1 亩打折成 7 分或 8 分,最差的打折成 5 分,水源差的土地免费提供挖塘地块。②将机耕道、水渠、堰塘面积进行规划预留,扣除公摊面积,按照谁受益谁负担的原则进行建设。划片前的四组有 2 条很窄的小路，只能通板车，整个组也只有一台拖拉机，划片后拓宽、新增为 6 条机耕道，分布在各个片区。水渠在划片前有 3 条，划片后得以延伸，并且新增了 4 条。堰塘在划片前有 3 口，集体时代修的，1985 年左右已经淤塞。划片后这些堰塘都进行了清淤，又新增了 9 口堰塘。当时的集体协议是，在合同期内（下一轮土地政策前），这些堰塘谁挖的产权归谁。

双冢村在"划片承包"后兴起了挖堰打井的热潮。农民自己集资，当年就改造或者修挖了 10 口堰塘，至今已改造 30 口堰塘，新增 40 多口堰塘，全村已有 80 多口堰塘。水利条件不好的地方，基本上家家户户打机井，目前已有 50 多口机井。自"划片承包"之后，双冢村形成了"一片一塘一井"的水利格局，有效地改善了农业生产用水问题。王彦明书记说，至今 15 年以来，我们还没有一次去水库调水，除去大旱（大旱必须依靠大水利），农户基本能自己解决用水问题。用水成本也极大降低，现在平均成本在 30 元/亩，算上农民自己投资修建的堰塘、机井（户均 1 万元），10 年就赚回本钱了。

"划片承包"的其他效益也开始显现，尤其表现在机械化使用之上。机械化是目前土地细碎化治理呼声的主要原因，相比农业转型话语下的机械化需求，双冢村 15 年的"划片承包"为我们提供了一个农民本位下的机械化经验范本。双冢村在 2000 年进行"划片承包"时，农业经营还处于肩挑、板车、牛耕、人力的传统耕作模式。"划片承包"后，农户种田和购买农机的积极性显著提高。当地的机械化发端于 2003 年，2010 年左右到达高峰（2003 年兴起手扶拖拉机，2006 年兴起收割机和插秧机），目前已经普遍实现了机耕、机播、机收：一个小组只有 2 头牛（老人养着卖的），平均下来，1 家基本有 2 台拖拉机，2～3 户一台插秧机，3～5 户一台收割机。

双冢村的"划片承包"推动了机械化的使用，极大地减轻了农民的劳动强度，农民种田的成本和劳动力强度都大大降低，农业的经济效益显著提高,村组内部形成了比较均衡的种田格局:家家户户 15～20 亩地,基本没有放弃种田的。由于种田比较轻松,一般农民家庭在农忙之后选择季节性打工,增加家庭收入,务农兼业构成当地普遍的农民生计模式。土地连片的效应集中反映在老年人和弱势群体之上。土地集中连片后机械的使用释放了这些边缘劳动力。对于老人而言,既能赚钱又能锻炼,种田也是一件美事。村庄中的弱势群体因为集中连片耕种也受益明显。一些意外事故家庭没有陷入赤贫,土地的收入和保障让他们在村子里仍能不失体面地生活。这样的家庭对于土地的依赖性,以及对于土地连片、方便耕种的需求,都是极为强烈的。

四、农业转型话语中的土地整合

村庄集体经济组织弱化之后,政府通过培育新型农业经营主体的方式来改造细碎化的农地格局。但是治理细碎化并不是目标本身,发展现代农业、培育新型经营主体取代农民主体才是根本目标。税费改革以来,国家不断加大对农业的投入。考虑到千千万万的小农以及细碎分散的农地格局,一个现实的问题摆在政府面前,投给谁以及怎么投入? 这个问题实属战略性难题。在国家看来,需要保证国家粮食安全,但是小农的生产能力值得质疑,"无人种田"格局需要破解;在地方政府看来,分散的小农难以对接,不仅不能带来政绩,反而带来"麻烦";而现代农业话语也开始发酵,所谓小农经济无效率,规模经营才有效率。在种种因素的作用下,小农"传统""落后"的形象被定格固化,中国农业发展的路径指向了以构建新型经营主体实现规模经营为主要内容的现代农业。而规模经营的前提是土地整合,土地集中的操作路径又指向了土地流转。当前大规模的土地流转主要靠政府推动和资本撬动合力运作。

2009 年以来,武汉市大力推动大规模土地流转,并予以政策扶持。以此为契机,城市中大量的、面临饱和的工商资本尤其是房地产资本迅速进入农村土地市场。资本下乡流转土地,规模普遍在 1000 亩以上,多的高达 5000 亩。在农民流动与农民分化的背景下,工商资本作为外来者,不愿意也没有能力与一家一户的分散小农谈判。地方政府与基层组织成为大规模土地流转的主体。一方面,工商资本下乡往往作为行政任务,通过压力性体制传导到基层政府与基层组织身上。工商资本与政府交织在一起,政府充当了资本下乡的开路者。另一方面,农民土地流转意愿的分化,以及熟人社会规则的支配,使得外来资本本身无法轻易地流转与集中大规模的土地资源,大规模土地流转的责任落在了政府与基层组织身上。在此基础上,土地的价格因素开始发挥作用,农村土地交易市场逐渐发育,农民、基层组织与工商资本通过博弈形成"租金"。资本在政府的扶持下成功撬动了农村土地市场,形成土地的规模集中。

土地规模流转之后就是规模经营。武汉市调查的经验显示,工商资本下乡大规模流转土地经营农业,几乎没有不亏本的,规模经营的效率被质疑。究其原因,一方面是农业本身利润不高,另一方面现代农业生产方式(如公司化)成本大、激励不足,因而很难获利。几年以来,部分资本不得已转型,改变生产方式,将大规模土地二次发包,退出生产环节,以降低成本;部分资本靠着国家政策扶持勉力维持;部分资本破产,政府不得已重新寻找接替者。而土地利用本身状况也很糟糕,一些资本流转了土地,就大面积荒在那里,或者改成建设用地,用作它图。所谓"进易退难",对于这些"别有用心"的工商资本,政府也难以监管。

在这样的情形下,政府也开始审慎资本下乡,一些小农或者中农逐渐恢复,但是整体性的恢复面临困难。工商资本下乡之后,无论规模经营本身有无效率,都在客观上造成了土地的整合集聚。从效果上看,资本下乡治理土地细碎化的效果似乎非常之好,远好于基层组织推动下的连片实践。但是问题来了,土地细碎化从来不单独构成问题本身,相比土地细碎化的治理效果,其目标主体才是更重要的。举一个简单的例子,资本下乡之后放弃经营的大片荒田,虽然平整、连片、规模大,适合进行农业生产,但是因为无人去耕种,也就没有了意义。

五、讨论：两种路径之辩与现代农业话语偏差

沿着上面的问题进行讨论，先来看哪一种土地细碎化治理方式更加有效。这个问题涉及不同治理主体的能力与方式。在税费改革以前，基层组织"统"的权力较大，对于细碎分散的农地格局能够通过协调或者变革生产关系予以适应，基层农地制度保持了一定的弹性，能够低成本并且比较有效地回应农民的生产需求。但是现在的问题是，税改以后，基层组织日益虚化，既缺乏资源也缺乏组织动员能力，由此导致基层组织对于农地的调配能力弱化。不仅如此，基层组织也越来越行政化，对于回应农民内生性生产需求的动力不断降低。加上农地利益格局的固化，基层组织与农民、农民与农民之间的关系调整区域复杂，基层农地制度创新的空间越来越小。

资本下乡整合土地涉及三个主体：农户、基层组织与资本。基层组织和资本合力进行分散农户流转意愿的整合，并不涉及土地集体所有制框架下的复杂利益分配，因而关系较为简单，反而容易打破各方力量的僵局；之后资本再将所流转土地根据资本经营的需求进行土地平整、基础配套建设等，土地在资本的框架下实现了整合。

接着讨论第二个更重要的问题，土地整合的目标主体是谁？在基层治理的视角下，土地细碎化治理固然存在弱化集体责任、降低管理成本的考虑，回应农民生产需求、保证农民主体性经营地位才是立足点。基层组织治理土地细碎化是为了更好地服务于农民生产，本质上是农地关系变迁的产物，它的关键在于土地利益的分配与协调，并且没有突破大的农地制度框架。而在农业转型话语下，资本下乡规模流转土地之所以能成功，主要在于扭转了基层组织土地治理的框架。但是资本的目的从来都是利润，资本下乡实现的土地整合从前提上就否定了农民的生产主体地位，剥夺了农民的经营权。考虑到恢复农民生产的可能性，无外乎两种：一种是作为农业工人参与资本经营的农业生产，在这点上，哪怕不考虑农民身份

的质变,现代农业采用机械化作业后对劳动力的吸纳能力也是不容乐观的;另外一种是农民从资本手上反包土地。经验显示,工商资本下乡采用公司制从事农业生产,亏损之后退出生产环节,将土地发包出去,部分农民重新获得土地的经营权。由于土地已经经过有效的整合,并且具备较好的基础服务设施,耕种起来的确更加便利。但是这里关键在于,并不是所有农民都有"资格"反包。资本下乡大规模流转的土地开始进入市场运作模式,以前的村社成员权不再发挥作用,相当多的情形是外地人来包地。在市场竞争模式下,普通农民是不具备优势的。

总之,依靠基层组织进行基层制度创新,能够低成本且有效地回应农民生产需求,但是随着基层组织被弱化和农地利益格局的固化,基于农民本位的基层农地制度创新空间越来越小。而依靠资本输入整合土地,由于无需搅动村庄内部力量博弈,反而显得简单有效。然而,土地细碎化治理并不能简单以效果来评价,工商资本下乡虽然能够有效整合土地,但是却偏离了农民主位。从这个层面出发,现代农业话语形塑下的土地细碎化治理存在明显的偏差。现代农业话语忽略了以下几个方面:其一,土地细碎化以及困境出现的原因,作为制度的产物,土地细碎化是符合当时生产力的生产关系安排的,随着农业生产结构和生产环境的变迁,细碎化的农地格局遭遇了公共品供给、机械化生产、土地规模经营等困境;其二,土地细碎化的困境在基层农地制度安排中有其补救机制,但是目前改革的方向直接掐死了基层农地制度创新的空间,而直接上升到产权制度层面进行变革;其三,资本下乡客观上实现了土地整合,但是在同时也消灭了小农,土地资本化偏离了农民本位,排斥了土地保障功能的发挥。

现代农业话语的偏差提醒我们,土地细碎化本质上并不是一个农业问题,也不是一个简单的现实问题,而是一个历史性问题和系统性问题。简单粗暴地将细碎化等同于落后,并且意欲消灭小农经济,是不尊重历史和人民的表现。

执笔:郑晓园

农地细碎化治理的路径分析

——以沙洋县制度创新为例

农地细碎化是当前影响农业现代化的主要因素,政、学两界都提出了农地细碎化的治理方案,本文以沙洋县探索和制度创新为例,讨论四种农地细碎化治理路径的困境和绩效。土地流转路径虽然能够有效克服农地细碎化问题,但消灭了小农经营,侵害了农民权益,引起了社会不稳定。土地整治是治理农地细碎化的技术手段,由于没有配套相应的权属调整制度,并不能有效地治理农地细碎化。以农户为主体的土地互换难以统筹,容易陷入集体行动困境。而以集体为主体的土地调整将农民组织和动员起来,有效克服农地细碎化,最大程度地保障和实现了农民权益。沙洋县探索了一种不同于传统土地调整的新型土地调整方式,通过赋予集体经济组织有限制的土地调整权利,发挥基层组织的主体性,动员农民治理农地细碎化,提高了农业生产效率。

一、土地大规模流转路径及其困境

土地流转是分田到户之后一种新的土地经营模式,内涵也较为多样,包含互换、出租、转让、转租、转包、土地入股等多种类型。土地流转最初发生在沿海及城郊地区,是农户自发的行为,主要基于对土地的不同需求,土地的承包经营方(农户)—土地所有方(村集体)—土地经营方,三者发生关系。到了20世纪末,随着农业税费负担过高,部分地区的农户开始出现抛荒现象,这就引发了两个结果:其一是抛荒农户自发将土地流转给他人使用,并由流入方承担农业税费;其二是村集体在收缴税费压力下,将农民抛荒的土地集中起来,再统一发包出去,由新的承包人缴纳农业税费,以完成政策任务。21世纪初,随着农民大规模外出打工,全国农村普遍产生了土地流转现象。

随着农业机械化的推进,农地细碎化的弊端凸显。从现代农业发展的角度来看,我国是世界上农地经营规模最小的国家之一,制约了农业生产力的发展和提高。通常认为,土地规模经营是建设现代农业的必然要求,也是世界各国发展现代农业的重要着力点,土地承包经营权流转是我国发展现代农业的必由之路。政策部门普遍认为分散细碎化的小农经营是一种落后的农业生产方式,农业现代化要以(适度)规模经营取代分散细碎经营,因此,通过土地流转形成新型农业经营主体,成为农地细碎化治理的共识。土地流转路径实际上以"消灭"小农经营来消解农地细碎化问题。

农地细碎化的根源在于均分地权的土地配置制度。以均分地权为核心的农地制度为9亿中国农民提供了农业就业和社会保障,构成了中国现代化的稳定器与蓄水池。虽然2.77亿农村劳动力流向城市,但农民家庭形成了以代际分工为基础的半工半耕家计模式,年轻子女外出务工,年龄较大的父母在家务农,农民工家庭并没有脱离农业生产和流出土地。因此,农民工进城务工并没有带来大规模的土地流转,农地流转速度明显滞后于农村劳动力转移速度。

目前,我国普通农户的数量接近1.9亿户,经营着我国农村95％的耕地面积(包括流转进来的耕地),是农业中当仁不让的最主要经营主体。承包农户承担着主要的农产品生产任务,据统计,经营耕地10亩以下的农户生产的粮食、棉花、油料、糖分别占全国总产量的95％、76％、98％、94％。按照现有人口计算,即使13亿人口中只有5％(6500万人)从事农业,平均起来每户农民的经营规模也不到120亩。这表明在相当长的一段时间内,农民仍然需要依靠农业收入,小块土地为没有进城务工的农民提供了就业保障。

农民工群体在城市一般从事"非正规"就业,随着年龄的增大,他们将难以在城市找到就业机会,也无法得到相应的城市社会保障,这个时候他们将不得不返回农村耕种土地。因此,农民工返乡是一种普遍的、客观必然性的社会现象,而不是只有在经济危机时期才会发生的偶然性现象,也不是个体因病残失业才会发生的小规模现象。农民工虽然暂时不耕种土地,但农村土地仍然承担着农民工群体的社会保障功能。如果农民工家庭的土地长期、大规模流转,当他们遭遇经济危机和城市化失败风险时,他们将不能返回农村继续耕种土地,只能落入城市贫民窟,这不仅对农民来说是极不人道的,也将导致严重的社会政治问题。

土地向种田大户集中、消灭小农经营的土地流转路径将侵害农民的土地权益,剥夺了农民工的社会保障,消解城市化的稳定器和蓄水池。这种农地细碎化治理路径虽然能够有效治理细碎化,但不一定能够解决农业问题,而且必然将产生严重的农民问题,阻碍现代化发展。

二、土地整治路径及其困境

人多地少是我国最大的国情。我国目前正处于工业化、城镇化及农业现代化的快速发展时期,土地的资源稀缺性日益凸显。基于保障国家粮食等需要,近年来国家对农村土地整治工作越来越重视。据国土资源部《全国土地整治规划(2011—2015年)》显示,"十二五"期间我国将投入约6000亿元的资金用于建设4亿亩旱涝保收的高标准基本农田。土地整治的内容主要包括调整用地结构、平整土地、道路、渠道等的综合治理等。土地整治通过土地平整的方式,用破除田埂、平整土地、合并地块等措施改变农地细碎、分散的格局。土地整治是当前国家克服土地细碎化问题的政策工具。

在土地整治中也有权属调整的内容,但当前土地政策法规明确规定不允许土地调整,基层组织并没有调整土地权属的合法性。虽然土地整治后基础设施完善和地块面积扩大了,但在全国农村调查发现,几乎所有的土地整治项目都没有调整土地田块和权属,土地整治后还是按照原来的位置、地块大小分配，因此整治出来的大田块必须重新切割，按照原来的界线分下去，土地仍然呈现细碎化格局。换而言之，由于土地整治没有配套相应的土地权属调整制度，土地整治只是一项技术工程，即使土地整治在技术上解决了农地细碎化问题，但还是被原来分散、细碎的产权给切割，并没有有效解决细碎化问题。仅仅依靠技术性手段，难以解决土地细碎化的现实状况，更无法解决非自然因素形成的细碎化问题。

笔者在沙洋县调查发现，沙洋县早期土地整治后还是按照原来的地块格局分配，自从沙洋县倡导土地按户连片耕种，基层组织动员和组织农民调整土地，土地整治后基本是连片分配，即使有的地块不好分配，农民宁愿轮流耕种，也不愿意切割地块。也就是说，土地整治与村集体的土地调整权利有机结合起来，可以有效地治理细碎化问题，也提高了土地整治项目的绩效。

三、以农民为主体的土地互换路径及其困境

实际上农地细碎化弊端的切身体会者是农民，农民也自发实践以克服农地细碎化问题。农民自发实践的方式是土地互换，即农户之间交换土地，实现土地连片集中耕种。从沙洋县来看，从分田到户至今，土地互换经历了四个阶段。第一个阶段，在分田到户时，农业生产的重体力活主要是挑粮食，距离远近成为农民考虑的主要因素，一些农户在分田的过程中就与其他农户互换土地，尽量将土地换到自己的房屋旁边。第二个阶段，20 世纪 90 年代初改革开放，农村农产品市场逐渐开放，国家放松对农村的管制，农村兴起多种农业经营，沙洋县农民兴起了挖鱼塘的高潮。挖鱼塘要求土地连片，一些农户为了挖鱼池与其他农户互换土地，甚至有农户以自己质量好的田换别人的差田。第三个阶段，20 世纪 90 年代末，沙洋县集体水利灌溉模式变成个体水利模式，农民主要依靠个体打井、挖堰塘等方式进行灌溉。为了提高机井、堰塘的投资规模效应，农民又兴起了土地互换连片的高潮。第四个阶段，农业生产机械化普及，要求土地连片，提高机械使用效率，农民通过土地互换方式实现了土地连片。

土地互换的核心是农民主体,即以农民自愿为前提,政府或村集体只能发挥协调作用,不能干预农民的行为。土地具有不可移动属性,每个农户只能与特定的农户互换土地,这要求与特定农户的土地面积、土地质量相同,且两户的土地正好与自己的土地相邻。实际上土地质量和面积存在较大的差异,很难满足土地互换的要求,因此,虽然农民都有土地互换的愿望,但土地互换的客观条件缺乏。土地互换能够在一定程度上克服农地细碎化,但以农民为主体的土地互换方式范围有限、过程缓慢。沙洋县经过 30 多年的实践,农户通过土地互换实现土地连片的比率大概只有全部土地的 10%。换言之,如果能够通过土地互换的方式治理农地细碎化,中国农村早已不存在农地细碎化问题了。

四、以集体为主体的土地调整路径及其绩效

在土地分配的过程中,为了将土地公平地分配下去,就要好坏搭配。在这个过程中,随着土地分配下去的还有土地上所附着的"权力",就是"产权",20 世纪 80 年代初分配下去的是承包经营权,所有权力归村集体。这个产权就像是一个关系束,其背后反映的是一套社会结构与社会关系。因此,在治理土地细碎化时,要处理的不仅是细碎的土地本身,还要应对其背后细碎的产权关系。从这个角度看,农地细碎化治理问题就不仅是一个技术问题,而是一个政治、社会问题。要解开农地产权细碎化困境,就要剖析当前农村人与地的关系、农民与国家的关系、农民与基层组织的关系、农民与农民的关系等。

2014 年沙洋县政府借承包经营权确权登记颁证的时机,推行按户连片耕种模式,探索农地细碎化治理路径。沙洋县提出农地细碎化治理的三种方式——土地相互流转、土地互换和土地调整。土地相互流转指按照"三权分置"制度设置,农户之间保留承包经营权,相互流转经营权,将分散、细碎化的土地流转成片。土地互换与上文的内涵相同。土地调整指的是在不改变农民承包地面积的前提下,调整承包地地块,将细碎分散的土地调整成为一片。这种土地调整方式与传统土地调整方式的不同在

于：传统土地调整主要是为了满足农民的公平需求，按照现有人口将土地重新分配；沙洋县的土地调整则主要是满足农民的效率需求，改变地块分散、细碎的状态，因此，本文将之称为新型土地调整方式。

从表面来看，土地调整和土地互换都涉及地块位置的变化和承包经营权的变化，但实际上两者根本不同。土地互换是农民个体经济行为，土地调整是集体行为，通过发挥集体经济组织调整土地的权力，将所有地块重新分配，达到土地连片耕种的目标。土地流转也是个体经济行为。从沙洋县实践来看，土地流转或互换并不能从根本上有效解决农地细碎化问题。土地调整将农地细碎化治理从个体经济行为转变为集体行为，发挥了集体产权的整合功能，将农民动员和组织起来，从根本上克服了农地细碎化问题。

所谓"按户"，指的是将一户分散、细碎的土地连成一片，按户连片耕种模式的核心是回应小农户的生产需求，这与大规模土地流转路径根本不同。沙洋县的三种农地细碎化治理方式不改变农户的承包经营权面积，不改变分配关系，只改变农民的生产关系。这有效防止了地方政府和村集体借农地细碎化治理侵害农民土地权益的行为。

五、新型土地调整方式的运行机制

（一）新型土地调整方式的操作方式

1. 集体所有权强化：组织是保障。

新型土地调整方式是重新发挥集体在农业生产中的统一经营功能，在这个过程中，村集体发挥主导作用。新型土地调整方式的内核是强化集体所有权的组织功能和土地调整功能，为农地细碎化治理提供组织保障。村集体的功能主要有以下两个。

一是动员和组织农民，协调各利益主体的关系。集体主导并不是指村干部说了算，集体主导并不意味着剥夺农民的自主权和权益。集体主导主要是将农民组织动员起来，通过一定的组织机构和程序，让农民积极、主动地参与到土地调整过程中。

二是土地调整功能。村集体能够调整农民的土地利益关系和实现产权整合功能,根源在于集体拥有集体所有权,农户对特定地块没有占有权。村集体以土地所有者身份行使所有权,这是集体所有权的实现方式。集体所有权的实现并不是集体成员真正拥有所有权,而是所有权的权能应是集体成员共同意志的体现,所有权权能的实现形式由他们说了算,不是由集体之外的主体或集体成员的代理人实际控制的。

一些人认为集体所有权实质上转化为了村干部的特权,或者为政府介入提供了便利的通道。人们往往注意到土地调整可能对农民权益的侵害,但是忽视了土地调整所产生的经济效益。实际上土地调整保障农民权益占多数,侵害农民权益占少数。集体本身就是由农民成员构成的,两者是一体的。集体所有制本身并没有内含侵犯农民权益的特性,而是由集体所有权行使机制不健全导致的。实践中,各地普遍存在的问题是集体土地所有权的"异化",比如由集体之外的主体(例如地方政府)来支配成员集体拥有的资产,或土地的集体所有权"异化"为干部的支配权。问题的解决方式应是通过严格土地调整条件和规范土地调整的民主程序的办法来规范基层干部行为,落实集体成员对集体财产民主管理的原则,以健全集体土地所有权行使机制。

按户连片耕种政策的推行不同于一般的政府指令性任务,强调农民主导原则,县乡政府、经管部门与村组干部是重要的参与者,农地是否调换、如何调换的决定权最终在于农民。各级政府和基层组织搭建交流平台,多次组织村民代表会议,由农民自主协商调整方案,保障了农民参与的广泛性与深入性。土地调整不仅涉及农民之间的利益关系调整,还离不开县政府各部门、乡村两级干部的指导和协调作用,集体将这些主体组织和协调起来,形成合力,促进土地连片工作的顺利开展。

2. 承包地面积不变:稳定是前提。

制度创新即是改变既有利益结构的问题,必然会引起农村社会的不稳定。在维稳压力下,农民上访和社会不稳定往往被当作基层组织的第一要务。如何保持稳定是新型土地调整方式必须要考虑的前提。当前随着国家惠农政策的增加,以及粮食价格的上涨,土地价值上升,成为香饽饽,农民都有获得土地的强烈积极性。如果村集体调整土地,那么无地和少地农民将会要求地方政府和村集体重新分配土地,在村农民肯定也会剧烈反抗,从而引起农民上访和农村社会的不稳定。土地分配问题是当前农村的敏感问题,犹如一颗定时炸弹,谁也不愿意引爆这颗炸弹。新型土地调整方式创新了传统土地调整方式,规定承包地面积不变,防止无地、少地农民借机向地方政府和村集体要地,从而维护了农村社会稳定。

更为重要的是,这种农地细碎化治理方式以农民为本位,保障和实现了大多数农民的利益,即使利益受到损害,"被强制"的农民都没有去上访,这是制度创新得以稳定运行的根本。根据沙洋县数据统计,自2014年开展"按户连片"集中耕种工作以来,并未出现农地细碎化治理引发的农民上访。在治理农地细碎化问题的同时却没有引起部分农民要地问题,满足了大部分农民的需求,这或许是新型土地调整方式能被广泛接受的原因。

3. 治理策略:理性计算与情感纽带。

沙洋县的农地细碎化治理虽然有利于农业生产,但在政策推进过程中也遇到了诸多问题,需要执行者合理变通、有效应对,其中关键的策略在于理性计算与情感纽带。理性计算策略是指在遇到有农户不愿意土地调整时,村庄干部通过成本收益的合理计算,帮助这些农民理清土地连片后的直接好处,进而打消他们的顾虑。土地连片实际上是农民土地利益关系的调整问题,地块差异,如面积、质量、水源条件等,有些农民需要进行"折价"处理,也有较多农户选择"不计较"。因为经过"计算",他们发现连片后会相应提高经济收入,如节省了运输成本(如运秧苗、稻谷等)、提高了打药效果(实现区域内统防统治)、降低雇请机械费用(同样是10亩土地,集中在一片位置与分散在五片位置的收费存在差异)、减少管理时间(相对增加了农民外出务工的时间)等。在考虑生产经营问题时,农民对直观经济计算的接受能力较强,土地连片能够克服农地细碎化,增加农民收入,这也是村集体有效动员农民的根本原因。

情感纽带策略是指在引导农民土地调整的过程中,村组干部运用村庄熟人社会的关系逻辑开展工作,他们称之为"一把钥匙开一把锁""各个击破"方式。土地调整的范围一般都在同一个村民小组,属于典型的熟人关系范围圈。一些农民基于面子、人情的考虑,也不再斤斤计较。因此在土地调整过程中,村组干部会依靠亲缘关系、地缘关系,降低交易成本。本次沙洋县土地调整并非政府的常规工作,没有专项工作经费,但要完成的工作量并不小。因此,必须充分调动农户积极性,利用乡土资源推动土地连片工作。

(二)"少数服从多数":新型土地调整的原则

土地利益具有非对称性,土地调整过程中必然会损害部分群众的利益,无法达成帕累托最优。通过"少数服从多数"解决利益不均衡问题和少数农民不同意问题,可以形成帕累托次优选择,实现公共利益最大化。在农民承包经营权得到法律强有力的保护,以及不允许土地调整的政策条件下,"少数服从多数"原则虽然合理,但并不合法。有些农民认为"土地既然承包给我了,就是我私人的,我有权利不跟别人对换",农民可以以上访的方式反对土地调整。因此,在实际操作过程中,"钉子户"是土地调整面临的最大难题。基层干部必须花费很多时间和精力做通"钉子户"的工作,很多村庄往往因为"钉子户"问题无法解决,而无法实施土地调整。本来按照集体所有制的制度设计,"少数服从多数"具有合法性,但随着制度变迁,现在并未得到农地制度的支持。因此,需要强化集体所有权在农业生产领域的权利,赋予其在"多数服从少数"情况下强制土地调整的权利。

(三)新型土地调整方式的动力机制

新型土地调整需要农民、县政府和乡村两级组织的合力推动,那么这三个利益主体的动力来源于哪里？农地细碎化治理符合农民需求，农民有推动新型土地调整的动力。但土地调整并不符合政策法规，需要政府通过制度创新将其合法化。地方政府要推动农地细碎化治理，需要满足两个条件，一是动力问题，二是合法性问题。对于前一个问题，沙洋县地方政府的动力来源于制度创新，希望以此制度创新得到上级政府的肯定。对于后一个问题，中央政府推动的土地确权为沙洋县政府推动按户连片耕种提供了契机，沙洋县将土地连片耕种包装为土地确权的一个环节，依靠土地确权获得合法性。当前乡、村两级与农民的利益关联丧失，乡、村两级没有回应农民需求的积极性，乡、村两级也没有制度创新的积极性。因此，沙洋县的土地连片工作是通过行政压力推动的，这构成乡、村两级的动力来源。

六、总结与思考

本文以沙洋县的制度创新为例，讨论四种土地细碎化治理路径。基本结论是大规模土地流转、土地整治、以农户为主体的土地互换都无法回应小农户的农地细碎化治理需求。沙洋县的新型土地调整方式实现了以农民为本位，是有效的农地细碎化治理方式。

从制度创新的角度来看，农地细碎化治理需要强化村集体的产权整合功能，为土地整治配套权属调整制度。当前强调强化集体所有权，发挥村集体的组织和协调功能，不同于计划经济时期农村的产权控制。而是在当前集体所有权已经基本虚化的情况下，赋予集体适当的土地权利，发挥其应有的功能。这是在新的历史时期对集体所有制的产权重构和适应性调整。

对于解决土地细碎化问题，农民有较强的需求，但如果没有政府引导和集体组织，单靠一家一户是很难完成的。在全县范围内完成这项工作并非易事，沙洋县通过创新土地调整方式，发挥集体经济组织的动员和组织功能以及土地调整功能，利用农民的迫切需求和乡土资源解决利益协调问题,同时保持承包地面积不变,在发展生产的同时保持农村社会稳定。本文认为,当前的土地确权工作是开展农地细碎化治理的较好契机,应从各村现实出发,依托基层组织,有效地破解农地细碎化困局。

湖北省沙洋县的农地细碎化治理制度创新走的是一条渐进式改革之路,以地方政府为主导,以基层组织为主体,以动员农民参与为核心,使改革、发展与稳定相协调,避免因农地调整步伐过快引发的各类问题。农地细碎化治理是一项利农惠农的好政策,但涉及千家万户农民的切身利益,需要进行体制和机制创新。沙洋县的探索为我们提供了试验场,将给农地细碎化治理和农地制度改革以理论启发。作为一个中部丘陵地区的产粮大县,其制度意义更大,值得继续关注和研究。

执笔:席莹、王海娟

中篇　分报告

　　农地制度改革和农业现代化发展的方向应该是克服农地细碎化问题，回应9亿农民的生产需求，构建以小农为主体的农业经营体系。

农民本位：农地制度创新的基础、空间与方向

——官垱镇调查报告

　　随着生产力的发展,农业朝着社会化大生产的方向发展,农地细碎化的弊端凸显,对农地制度创新提出了要求。沙洋县 20 世纪 90 年代末为解决水利问题而产生的农地制度创新——"划片承包",也与社会化大生产的发展相适应,成为按户连片耕种模式的早期探索。官垱镇采取土地互换方式推进按户连片耕种,在行政力量的引导下,一定程度上推进了土地连片集中。但以农户为主体的土地互换方式遇到了一致行动难题,无法从根本上推进按户连片耕种。按户连片耕种借用了土地确权的契机和土地整治的时机,回应了农民的需求,具有制度创新的空间。但官垱镇的按户连片耕种政策受到了"四化同步"工作的吸纳和扭曲,改变了最初的政策目标,与农民的需求错位,得不到农民的积极响应。按户连片耕种模式需要保持"农民本位"的主体性,回应仍然占人口大多数的普通农户的农业生产需求,才会获得持久推进的动力。

一、概况

　　湖北省沙洋县地处江汉平原腹地,是全国重要的粮食基地。官垱镇位于沙洋县西南部,距离沙洋县城 5 km 左右。官垱镇已经被纳入湖北省 21 个"四化同步"试点乡镇。该镇共有 24 个行政村和 1 个社区。全镇总人口为 4 万人,农村人口为 35000 人,农村劳动力为 25000 人,外出务工 8500 人。根据二轮延包面积的数据,该乡镇土地面积为 7.5 万亩,但实际的土地面积估计达到 15 万亩,人均实有土地面积为 3～4 亩。官垱

镇的自然地理特征为丘陵地带,以东西方向的汉宜公路为界,北部地势相对较高,多岗地,水利条件整体偏差,南部地势较低,依靠众多的湖面,如郑家套、舒家套以及西荆河等,具备优良的水利条件。

二、农地制度创新的基础：土地细碎化

（一）土地细碎化的负面影响不大

从1981年分田到户至今,土地细碎化并非一以贯之的"问题",而是随着农业生产条件和农村外部环境的变化,经历了一个逐渐"问题化"的过程。1981年分田到户时,绝大多数村庄都是根据所在村组的条件,按照土地质量差异对土地进行等级划分,并通过抓阄的方式平均分配土地。如此一来,一户的土地就可能分散在村庄的各个角落。分田到户时的这种彻底的平均主义方式,现在看来未免显得过于"仓促",但对农业生产的负面影响不大,还具有一定程度的合理性。

第一,农村剩余劳动力并未大量转移出去,充足劳动力供给基础上的过密化生产缓解了田块分散带来的耕作不便。

第二,以人力和畜力为主的生产力水平限制了能耕面积和规模生产能力,相反,在集体水利体系之下,由于耕作能力的限制,土地的分散将有效地分担劳动力的负担和强度。

第三,在当时的生产力条件下,因为农业投资不足,对土壤的改造能力有限,土地自然属性的差异具有绝对的重要性。因此,按照地类划分土地,既满足了农民的平均主义心理需求,而且也是分散农业生产风险的重要方式。

第四,分田到户以来,村组集体仍然是农业最重要的公共品——农田水利的主要提供者,集体组织体系可以维系农户与农户之间相对均衡的关系。

因此,土地细碎化在特定的情景条件下具有一定的合理性。这种合

理性可以解释为何在 20 世纪 80 年代初分田到户时普遍采用了这种平均主义的方式。政府缺乏引导固然是重要原因，但这也凸显了在地方经济社会的特定情境约束下，农民选择的合理性和必然性。从这个意义上来说，可以将小农经济视为一个系统，这个系统以村庄为基础维持着内部诸要素之间的平衡，农地的细碎分布嵌套在其他生产要素和组织要素之中，与农业生产系统并不冲突。

（二）土地细碎化的弊端凸显

进入 20 世纪 90 年代以来，随着农业生产内外部条件的变化，小农经济系统原有的平衡逐渐瓦解，伴随着其他要素的变化，土地细碎化逐渐成为问题。

第一，随着国家汲取资源的压力增加，农民负担加重，农民种田的积极性下降。一部分农民被迫离开村庄，抛弃土地。20 世纪 90 年代末期，抛荒现象达到顶峰。沙洋县的普遍办法是，由村组将抛荒的土地强制分摊下去。

第二，由于水利体系年久失修，农业生产费用增加，集体水利陷入困境，农民为了有限的水利资源时常陷入矛盾和纠纷之中。同时，村集体的治理能力也受到考验，如何约束水利中的"搭便车"问题，维护水利秩序成为乡村干部极为头疼的问题。农田水利从集体模式向个体模式转变，农田水利灌溉成为农业生产的沉重负担，土地的细碎分散导致个体水利成本高昂，水利灌溉成为农业生产过程中花费劳动量最多的生产环节。

第三，进入 21 世纪以来，越来越多的人流出村庄外出务工，农村剩余劳动力逐渐向外转移，村庄由劳动力过剩进入劳动力稀缺状态，劳动力的有效利用逐渐成为问题。另一方面，经过长期的改造和投入，土壤性质差异逐渐缩小，土地细碎分布的初始动力之一逐渐弱化乃至丧失。

第四，以机械化为代表的社会化服务体系，进一步凸显了土地分散细碎的负面效应。机械化对规模效应的追求与一家一户的分散性和自发性农业生产之间存在张力，农户为了适应机械化，需要付出大量的交易成本和协调成本。

如上所述，土地细碎化的问题是多种因素共同推动的结果。这些因素虽存在着时间的先后，但表现出一种相互强化的状态。

（三）农地制度创新的需求

农地细碎化的弊端凸显，实际上反映了土地分散细碎分配方式的问题，产生了农地制度创新的需求。农地制度创新的需求通过特定的主体表达。具体来说，这些主体又可以进一步分为三个层次：第一，农民，农民是农地制度创新的动力之源，是制度创新需求的直接表达者和受益者；第二，基层政府，农地制度不仅关乎农业生产的效率问题，而且关乎基层治理问题，农地制度缺陷主要通过转化为治理问题而得到基层组织的回应；第三，国家，国家是农地制度的设计者和规定者，其宏观的制约框架和政策方向不仅约束了基层政府的探索空间，也影响和塑造了农民的土地观念。

因此，农地制度创新，是农民、基层政府与国家三者之间相互作用、共同塑造的产物。农地制度能否有效创新，关键在于地方政府能否回应农民的制度需求。

三、农地制度创新的早期探索："划片承包"

沙洋县官垱镇是"划片承包"的重要源头。2000 年 10 月，双冢村率先开始推行"划片承包"，迅速受到官垱镇和沙洋县政府的重视。沙洋县在双冢村召开了动员大会，并号召各个村庄学习，双冢村的经验逐渐得到推广。据了解，在上级政府的要求之下，官垱镇所有行政村都有至少 1～2 个村民小组实现了"划片承包"。其中，双冢村和原贾店村实现了全覆盖。

（一）"划片承包"的背景

从调研来看，双冢村之所以最早推行"划片承包"，实际上是多种客观条件逼迫的结果。"划片承包"的主要目的是化解水利困境，而基层政府的治理压力,则是其介入的主要动力。水利困境实际上包含水源和水路两个层面的问题。

第一,水利资源。双冢村地处汉宜公路以北的区域,水源条件较差,由于对接大水利的成本过高,该村逐渐退回到村庄小水利。由于村庄内部缺少小水利运行的水源基础,需要重构小水利的水源基础。当地小水利主要体现为"机井+堰塘"模式。在大水利条件下,村社内部既有的堰塘因为长期没有使用的必要而淤塞,甚至由于人地矛盾的压力而改造为水田。同时,在农田细碎插花分布的情况下,农户打机井的成本与收益不相匹配,因此,"划片承包"的目的,实际上就是解决私人化水利的基础问题。通过将分散的地块划分成片,调动农户开挖、改造堰塘和修建农田道路、机井的积极性。受益主体的明晰,使得农户对水利投资产生更确定的预期。

双冢村在划片之前,首先对堰塘的位置进行了规划,形成了以堰塘为中心划片的方式。从这个意义上讲,双冢村是"水源中心"模式。黄金村十二组推行的划片承包,基本上也属于这种模式。这种模式主要存在于汉宜公路以北水源条件更差的村庄。

第二,水路问题。土地细碎化形成的插花格局带来大量的过水问题和责任分散问题。过水,不仅涉及小组与小组之间,而且涉及农户与农户之间。上游农户可能"搭便车",出其不意地挖口子来偷水,由此造成大量的用水纠纷。过水也导致了农业生产协调的问题,影响了农民生产安排的自主性。

要注意的是,水源的稀缺和不足会进一步造成对水路的压力。原双冢村王书记讲:

"潘集水库到泵站的渠道由村里管,而泵站到小组的渠道由各个小组来管,形成两级管理。但是,到了农忙的时候,两级就都没有人了……用水纠纷也多。农户之间、农户与组长之间都会产生纠纷,一个组长往往做不到一年时间就当不下去了。农户认为你没有把水放好,收费的时候就习难你，不愿意交钱。"

农民将集体水利称为"吃大锅饭"，由于共同生产费用按照田亩面积分摊，用多用少都一样，因而浪费严重。村民说，即使知道明天可能有雨，今天也会将田里的水放满。一些农民也不注重农田的保水工作。水资源的浪费无形中又抬高了用水成本。

农民自发创新推动"划片承包"的动力是解决水利灌溉问题。贾店村在划片之前，每户筹资 300 元，村集体保证各家各户水电路全通，若水电路不通，"划片承包"是不可能搞成的。双冢村则是通过规划，由受益主体投资建设机耕道和沟渠。此外，沙洋县政府随后帮助双冢村解决了用电线路问题，保证每个用水片区专表专线。

原双冢村王书记讲：

"五组北边，当时水源最差、面积最大的 2 片地是孙长辉的 32 亩和巴贵东的 24 亩。这两个人都是当时村里的干部。当时，老百姓说：'你把这两片地处理好了，就划片抓阄。'我做他们两个人的工作，让他们同意拿出这两片地。我说：'靠近潘集水库，你挖个堰塘，就成了黄金宝地。'他们相信了我的话，且在那边各打了一口井，如今，孙长辉一年可以搞七八万元。"

第三，水源和水路问题导致用水经济成本和交易成本增加，这一方面导致土地大量抛荒，对村干部工作形成压力；另一方面，则是大量的用水纠纷与合作困境导致了村级组织的治理困境。

原贾店村危书记讲：

"划片，主要是从抽水的角度考虑，但好处不限于水利。当时没有办法，村干部一年到头都在做工作收水费。以前，水费和农业税是一起交的，后来，水费和农业税分开了，分开后，农业税好收些，但水费就不好收了。农户因为田有高有低，低处的田更保水，就不积极交水费。"

农业生产成本的提高，以及农业生产秩序的瓦解，导致了大量的土地抛荒。2000 年,双冢村土地抛荒面积达到 230 亩,占全村土地面积的十分之一。如果直接将抛荒的土地分下去,每户只能分到一点点,显然不利于耕种,只有将全村民组的土地打乱重分。当时县乡政府对于"划片承包"的积极性很大程度上来自于解决抛荒地的需求,这是政府逻辑不同于农民逻辑之处。重要的是,在税费形成的捆绑式权利义务关系之下,基层政府有回应农民需求的积极性。

(二)"划片承包"的绩效

第一,"划片承包"的效益,最直接体现在经济效益层面,极大地降低了农民的生产费用,缓解了当时农业生产的危机,增加了农民种田的积极性。

原贾店村危书记讲:

"村里统一抽水统一管,浪费性大,1 亩要 200 元的共同生产费。划片之后,一亩只要 20 元左右。农户管理更好。"

原双冢村王书记算了一笔账:

"该村自 2000 年划片以来 15 年时间,每户对农田水利投资平均在 1 万元左右,包括挖塘、打井等。划片之后生产费用从平均 150 元下降到 20～50 元。这 15 年来,仅生产费用,每亩地少了 1800 元。算上其他水利设施投资的钱,也赚了 8000 元。"

从现在看来,"划片承包"的绩效,显然远远超出了水利的层次。在"划片承包"之初,"划片承包"主要是围绕水利进行的农地制度创新。这是直接的动因,但是,若论"划片承包"的绩效,则有诸多积极效应。

第二,随着农业生产条件的改变,"划片承包"日益产生出外溢效益,即方便耕种和方便管理,适应且加速了机械化的普及。

原双冢村王书记讲:

"以前看田,一个早上都看不完。交通也堵得厉害。你的板车来了,我的板车也来了,还怕牛抵脑!体力劳动强度大,要抢水,怕水漏了,水到田里了,也要抢时间,把水护住,怕水从田里漏了……现在我一个人耕种14.6亩田,插秧只需要三个半天,轻轻松松。以前,要半个月时间。2000—2005年,天门市那边的人过来帮忙插秧。2000年的价格已经达到每天120元。收割机一天可以割20亩左右,人工的话,每天不到1亩。抽水,只用一个闸。过去,时间都在路上走了,把牛从东头赶到西边。现在生产时间缩短了,生产成本也降低了。"

现在的双冢村由原双冢村和赵垸村合并而成,原赵垸村4个村民小组合并为双冢村十组到十三组。赵垸村当时没有推行"划片承包",现在两村之间的机械化水平呈现出较大的差异。

双冢村2003年、2004年开始有拖拉机,2006年、2007年开始有收割机和插秧机。现在,一个村民组就2头牛,是老人用来卖肉牛的,不是用来耕地的。插秧机,两三户合买;收割机,两三户合买;耕田机,每户都有。但是,原赵垸村那边的机械化水平就差多了,尤其是插秧机,相对于双冢村90%以上的普及率,原赵垸村的只有60%左右。

(三)"划片承包"的制度意义

新旧世纪之交,沙洋县农民首创的"划片承包"属于典型的基层自发探索,这一制度创新既合乎农民的现实需要,也得到了基层政府的积极回应。

不过,"划片承包"建立在土地打乱重分的基础之上,打乱重分存在一定的难度和风险,尤其是随着中央"大稳定,小调整"方针的出台,双冢村经验逐渐暗淡。鄂冢村当时学习双冢村经验,在六组推行了"划片承包"。该村的严书记讲:

"当时本来想全村搞划片承包,打乱重分,但是国家政策是'大稳定,小调整'。六组当时是90%的农户签字同意划片。当时也是偷偷搞的,也是怕违反政策,才要农户签字。10%的不同意的少数服从多数。全部调整,基本上成片,比以前更集中一点。农户的面积未变,地块变了,便于耕种和管理。田没有平整,高一块,低一块,怎么能打破界线呢? 2002年,我参与选举的口号是:全村搞'划片承包'! 当时老百姓有这个呼声,很支持。最开始地方政府还是鼓励通过'划片承包'来解决水利灌溉问题,当时鄂冢村不存在水利问题,因此没有推动'划片承包'。后来发现其他村推行'划片承包',有其他的好处,耕种更为方便,因此也开始推行。但这个时候就遇到国家政策了,就搞不成了。'大稳定,小调整'的意思是,不能把田块按照人口和户头打乱之后重新分田。六组的情况,按道理说,也没有违反政策,毕竟没有打乱界线,也没有按人头重新分地。但是有农户认为上面政策明明是'大稳定,小调整',怎么就打乱了位置呢? 他们这么说,村干部调整土地就没有合法性了。六组一个小组问题不大,如果全村推行,就怕造成影响,怕违背政策,村干部就放弃了。"

"划片承包"依托强有力且富有责任的村级组织才能实现,村级组织是"划片承包"的直接推动者。村级组织不仅需要承担村庄中"大社员"的压力,而且要冒一定的政策风险。从土地细碎化治理的角度来看,打乱重分基础上的"划片承包"实际上比较彻底,尤其是"划片承包"的成果经过完善二轮延包确权的机会获得了法律确认。不过,随着中央政策逐渐收紧,而且后税费时代以来的乡村干部缺少再次介入农地制度调整的积极性和动力,沙洋县农村生产关系进入了一种自发调整状态。许多地方政府力推的大规模土地流转,沙洋县目前的比例仅为 10%。调查发现,在小农经济内部,一直跃动着自我改变和自我优化的因素。因此,沙洋县农民的早期探索并没有随着时间的延续而淡化,"划片承包"的方式虽然没有全面铺开,但已经深深嵌入村庄社会,形成了示范效应和典型效应,并激发着农民进一步的探索和尝试。

四、土地互换:概况、意义与限度

(一) 土地自发互换情况

在"划片承包"之外,沙洋县农民实际上很早就有土地互换的传统。土地互换一定程度上缓解了土地细碎化带来的生产不便。

白洋湖村三组在1981年分田到户之时，就发生了大量的土地互换行为。白洋湖村三组组长讲：

"三组有2个湾子，上面的湾子到下面的湾子种田不方便，抓阄完后的当天晚上，农民就自己找对象互换土地，生怕被别人抢跑了。一个阄，面积就相差1～2分，当时要交农业税费，农民对面积的多少也不在乎！当天晚上就在活动，你抓哪里？我住哪里？我们这么积极和居住有关系，三组是最散的，田的面积也最大。"

像白洋湖村三组这样的情况，在当时属于极少数。除此以外，还存在为挖鱼塘而互换土地的行为，例如鄂家村20世纪90年代是挖鱼塘的高峰期，很多农民为此互换土地。不过，从整体来看，土地互换都是一些零星的行为。农民互换土地的增加，主要发生于税费改革之后。当时，互换土地有以下两个动力。

一是集体水利模式瓦解之后打井挖堰的需要。在没有实行"划片承包"的村庄，农民只有依靠自己应对水利困境。水利逻辑主导下的互换发生于2000年前后，例如，张庙村六组，该小组土地面积共170亩，农民自发调整互换的只有20亩左右，主要集中在2000年。这种因素产生的土地互换在税费改革之后有一个迅猛增加的过程。

二是机械化进入和推广的要求。沙洋县农业机械经历了一个逐渐发展的过程，各个村庄机械化程度的差异，固然与水利条件、地形地势、土地连片情况有关，但是，随着农业经营主体的老龄化，农民对机械化的需求逐渐刚性化。而种植面积为三四十亩的中坚农民，对于机械化的需求则更为迫切。随着机械化时代的到来，水利逻辑汇入机械化逻辑，进一步强化了农民互换土地的动力。

张庙村六组杨组长讲：

"我们巴不得土地集中耕种，有的水稻收割时间早，有的水稻收割时间迟，收割时机器不能过去，我过去了，损坏了别人的水稻，要赔偿别人的损失。别人种的早,你就要种的早,不然拖拉机就进不去了。农忙时,要赶季节,没有太大的协调空间! 看到别人放水,我就连夜都要把地耕好,不然,第二天就被别人卡住了。用牛的时候,可以从田埂上走,这个问题不严重,现在使用拖拉机,必须从别人的田里过,这个问题就严重了。"

由于水利条件极为方便,白洋湖村如今大多数村庄仍然实行以小组为单位的集体水利,该村农民自发互换土地的动力主要来自机械化。白洋湖村的土地自发互换主要集中在 2010 年之后。白洋湖村三组在分田到户时土地互换面积达到 150 亩,2010 年以来的互换面积也将近 100 亩。白洋湖二组自发互换也集中在这四五年时间内,面积达到 100 亩左右。

白洋湖村三组傅组长讲:

"两块田夹着,逼着你要换,每年伤透了心。种田慢了,机器进田不方便。抽水,生怕别人把我的口子挖了。我想种早秧,别人又种冬播,只能与别人换地,不然路、耕作、机械也不方便。机械化了,不连片的弊病增加了。互换连片后,土地都在我这范围内,我该怎么安排,就怎么安排。"

(二) 土地互换的政策实践

沙洋县试图借助这次确权推进按户连片耕种,在很大程度上回应了农民的需求。从操作方式来看,以笔者所在的官垱镇为例,该镇遵循的原则是"以流转经营权为主,以互换承包权(或承包经营权)为辅,不得打乱重分",在具体的调查过程中发现,这次工作推进方式实际上采取土地互换方式。

鄂冢村是 2014 年沙洋县推行经营权流转的试点村。该村的老组长吴家军说:

"靠土地互换,农村关系很微妙,搞不起来的,很难,必须要有人组织、有人号召,但确实是相当麻烦的事情。"

按照农民的说法,能互换的、好换的土地,都已经换过来了,剩下的都是不好换的地块。农户的自发互换主要是一种双方交易行为，即只有在双方都能受益，且相对利益较为平均的情况下才能达成。可想而知，土地自发互换的面积非常有限，尤其是对于汉宜公路以北的村庄，由于水利条件较差，土地互换的难度更大。

在这种情况下，政府强力介入，引导农民互换，确实在一定程度上进一步推进了土地连片。双冢村十三组组长赵国武说：

"机械化能轻松种田，农民原先就有土地互换的想法，只是没有人组织和协调。2013年赵垸村4个小组都搞了土地平整，水利条件好了、路也修好了，路、渠一搞好，土地互换就容易些。"

双冢村十组组长赵国权讲：

"以前，无人牵头，两户之间很难换到一起。之前，没来土地确权，就不搞，这次才认识到了……上面有这样的政策，我们牵头有合法性，上面没有政策，农民都不理你，会说：'你说话算什么话，为什么要听你的？'"

因此，政府的介入，将原有农户双方之间的交易行为转化为一种治理行为，从而有助于解决涉及两户以上农户土地互换的情形，一些原来做不通的工作，在这种形势之下能够做通了。双冢村十组组长赵国权讲：

"现在很多农户要通过5～6户之间的互换才能实现1户2片田，这种情况居多。例如，熊云虎，在其2亩田旁边打了井，我想，要他调走肯定是不愿意的，井都打在这里了。只好协调另外的3户与他互换。开始，这3户都不同意，他们的田都靠近公路边，互换了，对这3户都没有好处。我去做工作：'他的井都打在那边了，不可能让他换到别的地方，你们就让他在一片吧。'这3户才同意了，只有靠我们做工作，他们才同意。"

（三）土地互换的限度

官垱镇目前推进土地连片耕种的主要方式就是引导农民互换。如上所述，相对过去农户的自发互换行为，这次固然能够在之前的基础上有所推进,但是在现实的操作中,受诸多客观条件的限制,土地互换的绩效不宜夸大。土地互换的难度在于,农田的插花往往具有非对称性,这意味着连片耕种的实现往往涉及多个农户,这个协调难度无疑是巨大的,在这个过程中,只要其中一个环节双方不能达成共识,互换的链条中断,便难以成片。

双冢村王书记讲:

"(土地互换是)形式主义,断不了根,不可能达到100%。土地互换涉及千家万户,不可能换得那么平均。只能尽可能成片,搞个2片就不错了。集体出面,也只是个组织形式,主要还是靠农户自愿。我们那时候还可以采取强制措施调整土地,现在工作方式和工作方法都发生变化了,完全依靠农民的自愿很难实现土地连片。"

在打乱重分的方式下,可以通过对一些条件较差的土地打折,解决生产条件的差异。在互换中,集体主要是一个协调者和引导者的角色,互换是否能够成功,最终还是在于农民的意愿。互换意味着承认现有的土地利益秩序,利益的让渡只有在其中一方农户自愿的情况下才可能得以实现。还要考虑到,农民土地面积的多少对于连片需求的影响。面积较小的农民往往地块分散程度较低,对于连片的效益具有较低的敏感性,而面积越大,对机械化操作和时间投入越是依赖,因而也具有更为强烈的连片需求。农民土地利益的分化使得农民依靠协商自愿难以实现土地互换。

在沙洋县的其他乡镇,例如毛李镇以及高阳镇的一些村庄,通过采用"统一互换"的方式实现连片耕作。从形式上看,这种方式属于打乱重分,但这种打乱重分实际上只是针对地块而言,人口与土地的数量关系并未发生变动。我们在官垱镇调研时发现,不少基层干部和群众也认为土地调整更容易实现土地连片耕种。

鄂冢村二组组长何绍春说:

"我对镇里的杨主任说,重新打乱了分,保持面积不变,肯定能够搞得成。土地调整主要是上面没有政策支持。如果有政策支持，百分之百可以成功。分田到户的时候，土地还分一类田、二类田。现在，种的时间长了，地块之间的差别就不大了。冲田有冲田的好处，插秧时候不操心水。垱田有垱田的坏处，不好抽水。但冬播的时候就反过来了，差异并不是绝对的。土地的远近，只要通了路和渠道，就都是一样的了。"

五、农地制度创新的空间

取消农业税费以来，在农民进城、资源下乡的背景下，农民问题被逐渐置换为农业问题，农民问题似乎不再重要，这是一种基于将来时考虑的规范认识，并不能代替对中国现实的分析和判断。当前的政策部门对农业的思考脱离了普通农户的需求和利益基础。在这种视角之下，政策部门形成了对于小农经济落后性的偏见，即小农经济缺乏生命力。问题是，小农经济的效率实际上植根于特定的社会系统和制度系统，并不能从抽象的层面理解小农经济的效率，而是需要在一定的生产关系的条件下认识小农经济形态所蕴含的活力。

沙洋县政府目前正在推进的按户连片耕种模式，属于农地制度创新，其目的是通过细碎化治理优化土地资源的空间配置，进一步释放小农经济的生产能力。那么，当前的农地制度探索的空间有多大呢？从地方政府的角度来看，既要面临中央政策的管控和约束，以及由此形成的政治风险，又要面对农民的需求、意愿和压力。

(一) 政策空间:政府能做什么

沙洋县推进按户连片耕种，实际上借用了土地确权这一政策契机。应该说，县政府注意到了种地农民的真实诉求，但这一做法与当前的土地制度改革方向相违背。为了避开政策风险，县政府在词汇的选用上着实下了一番功夫，在按户连片耕种路径选择上，也借用了当前的确权话语，即在"三权分置"的框架之下重点围绕经营权的流转和互换而展开工作。这可以视为对"放活经营权"的活学活用。由此，按户连片耕种这一自选动作，在形式上融入了确权的规定工作之中，并借此释放出巨大的政治能量,形成对乡镇和村级组织的压力。通过这种方式,既化解了自选动作的合法性问题,也为基层农地制度创新提供了政治动力。

(二)社会空间:农民需要什么

农民的需求其实很简单。双冢村十三组的组长赵国武说:

> "我们农户目前只考虑种田便利与否问题,没考虑其他问题,土地好耕种、好管理就行了。至于土地确权、土地流转,与我们的关系不大。即使土地缺2分、3分,也无所谓,不在意要把2分、3分的土地确权到承包经营权证上。"

赵组长的这一说法是种地农民心理的真实写照。在没有征地预期的情况之下,土地的生产效用压制了土地的资本化价值。

土地承包权和经营权的划分对于农民而言并不具有实际意义。在调研中,农民对于土地互换之后到底是以现有土地还是以原有土地确权,并没有特别清晰的概念。土地"三权分置"的有效性基础在于土地的资本化价值,但在农业型村庄,土地没有资本化的空间,农民迫切需要的是与其农业生产紧密相关和配套的农地制度。

当然,农民的需要也是有差异的。田块分散的农户,对土地连片的积极性较高,但是对于一些经过划片或者自发互换已经成片的农户,他们有着进一步的需要,即减少田块,扩大田块面积。实际上,过小田块的干扰也是妨碍农户田块成片的主要因素。因此,农民对于土地连片的需要虽然非常强烈,但是这种需求又建立在一定的条件基础之上。如上文所述,官垱镇经过"划片承包"和自发互换,连片率已经达到60%,在这个基础上进一步推进,虽然满足了一部分农户的迫切需求,但也可能打破既有的均衡,而且需要依赖极为高昂的协调成本,相对于这些成本,以现有土地格局为基础的土地互换面临边际效益递减的趋势。因此,这项工作能否做得彻底,从而获得持久的效应,也是对地方政府的考验。

(三)治理空间:政府可以怎么做

就官垱镇而言,其面临的任务是如何进一步推进土地连片。仅仅依靠农户的自觉和政府的引导，显然不够，这些仍然是在软件上下功夫。农地细碎化，不仅是地块分散的问题，还是地块过小的问题。从农业生产和水利体系的要求来讲，地块小并不是什么问题，小田的产量更高，而且并不对农田水利产生负外部性。水利的逻辑主要是土地集中的要求。但机械化就不一样了，过小的地块会造成效率损失，以至于收割机过来，诸如1分、2分的地块只能采用"搭售"的方式进行。

在调研中，问及农民对于划片、连片的态度，不少农民将连片与土地平整联系起来。这与官垱镇所处的形势有关，由于官垱镇是沙洋县土地平整项目的重点区域，该镇的土地平整项目从2008年开始逐渐推进，且在这两三年实现全覆盖。土地平整不仅可以较为彻底地解决土地生产条件差异问题，而且可以实现小田变大田，促进机械化的进一步推广，进一步降低农业生产的成本。因此，农民对土地平整和并块有更为迫切的期待，对土地连片的积极性反而较弱。

但是，从现实的情况来看，土地平整与土地连片之间的结合并不具有必然性。事实上，土地连片无论采用何种推进方式，都是以小组为单位推进，但是土地平整在具体的操作过程中，其工程对象的确定，主要着眼于工程技术指标和经济效益。因此，在官垱镇这样的丘陵地带，土地平整往往并不能实现对村民小组单位的全覆盖，普遍的情况是，在一片平整区内，各个村民小组土地只有一部分（往往是相对平整的区域被平整，而那些地势高差相对更大的土地往往因为成本过高、难度较大而未平整）得到平整，如此一来，各个小组的土地就被划分为了平整区和非平整区。这样一来，小组内部土地性质的差异反而进一步加大，导致成片的协调和治理难度增加。因为没有全部平整，小组内部就不可能通过抓阄的方式统一分配，从鄂冢村和双冢村的经验来看，这两个村涉及土地平整的小组，若不按照原有的地块着落分配，则必然涉及某些农户从平整区退出，在这种情况下，固然有一部分农户愿意为了连片而全部调整到非平整区，但同时也有一部分农户不愿互换。此外，小组内的局部平整还可能导致平整区土地生产条件的非均质性,即靠近非平整区的平整区土地由于没有便利的道路条件,从而进一步加剧了土地平整之后连片分配的难度。

基于上述分析,官垱镇在接下来的工作中,可以土地平整作为契机推进土地连片耕作。同时,尽可能地实现以村民小组为单位全部覆盖,从而为小组内部地块的打乱重分奠定基础。土地平整不应该简单走向大规模流转,更不能直接将土地整治项目交由农民自己实施,而是与土地权属调整结合起来,回应普通农户的需求。

六、农地制度创新的立场：农民本位

官垱镇作为湖北省 21 个"四化同步"试点镇之一,其未来的发展方向是土地的大规模流转,农民随之进入社区。因此,官垱镇目前的土地连片工作,不仅受到了"四化同步"工作对乡镇干部工作精力的挤压,而且也受到了"四化同步"目标的扭曲。在农民和基层干部看来,这次政府推进土地连片工作,被认为是为下一步的大规模流转做准备,进而也是为农民进社区做准备工作。

官垱镇"四化同步"配套的社区目前共三个,分别建在沙洋县的开发区、高桥镇以及官垱镇。当地农民对于进社区普遍缺乏积极性。年轻人虽然要结婚买房,但无法实现在当地的就业。中老年人,则更不愿意。

官垱镇某干部的农民立场：

"40 岁以上,我可以进社区,但不能拆宅基地,要放农具、拖拉机,拆了宅基地,回家种不了田了。一个老太太,80 多岁了,儿子媳妇要把土地都流转出去,老太太不同意,'你们把田流转出去了,我怎么生活,我就跳河死了算了!'"

黄金村朱书记讲：

"进社区,老人生活无着落。老百姓要考虑生老病死的事情。增减挂钩,又不给钱,最主要是拆农户的老房子。你让老百姓买了房子,但你要拆房子，就很难了，农业生产都好说，关键是老年人生活问题。我建议乡镇书记，社区车库不卖，租给老年人，方便拆迁。村里买房的有 10 多户，全镇共 60 户左右。农民搬进去一个月之后，就要拆除村里的房子。老百姓认为，土地连片工作就是为了进社区，推行土地流转。"

黄金村九组的组长讲：

"政策越好，说起来是好事，但压力也越大，确实蛮难。进城是趋势，但农民始终买不起房子。我有 2 个儿子，种了 30 亩地（分 5 片，有 10 亩田在一起），我勤劳辛苦节俭，但是也只有 20 万元的存款，我这种现象，在我们村里很少，就只有两三户……进社区，生存是最大的问题。现在打零工也不容易了，土地起码能够保温饱。老百姓的想法是，你进你的社区，我种我的田！你给我一套房子在武汉去饿死啊！人是要生活的。要是以村为单位，搞新农村，我看 80％ 的都赞成，因为可以种田……别人都说官垱镇农民的机遇来了，我看是官垱镇农民倒霉的机会来了。田一流转，农民怎么生存啊！打工，一天 120 元，从早到晚，好辛苦啊！田，10 亩，油是自己种的、酱是自己做的、菜是自己种的，保生存……村书记建议乡镇书记每户搞一点菜园地。乡镇书记说，'那不就失去了进社区的意义了啊！'"

双冢村王书记讲：

"四化同步，与实际脱节，口号喊得凶！我生存怎么办？把我弄到城镇住了，喝水吃饭怎么办？天方夜谭，我不可能十几公里来回种地啊！得不偿失。20 万元，我买套房子，起什么作用？没有实际利用价值！生存吃饭是前提。60 多岁，在城市虽然退休了，在农村，还是半个劳力，不可能靠子女吃闲饭去。在农村，鸡鸭都可以养，还有蔬菜、粮食。住到社区，都要靠子女去啊！问子女要不要买房，他们说，'我回来，去哪里就业，去哪里上班啊！还不如去大城市，买不了房子，就回农村，在附近打工就行。'"

农民对于大规模流转和进社区的消极看法影响了土地连片耕作政策

的执行。在农民看来，政府推行土地连片工作，无非是为流转土地和迁入社区做准备。本来是为了农民利益的政策，因为"四化同步"政策的扭曲，并不能得到一些农民发自内心的欢迎和认可。这样一来，农民认为，土地连片工作主要是政府的想法，与农民关系不大。政府目标与农民需求之间错位，一定程度上损害了按户连片耕种政策的实践绩效。

在后税费时代资源下乡背景下，沙洋县县政府推进的土地连片集中耕作是少有的单纯针对种田农民的制度创新动作，这一点非常值得认可。但官垱镇的经验提醒我们，要进一步理顺农民与政府之间的关系，且将农民，尤其是仍然依靠农业、占人口大多数的农民的利益落到实处。这就要求农地制度创新具有独立性和主体性，它不仅要求在政策制定过程中要具备农民本位视角，而且也对政策执行过程提出了要求，防止土地连片政策受到其他政策的吸纳和扭曲。当前的涉农政策和惠农政策纷繁多样，但这些政策的代价往往是农民参与的进一步弱化和农民主体性的进一步消解。沙洋县推进的农地制度创新并非建立在政府资源输入基础上，只有充分调动农民参与的积极性，"按户连片"工作才能获得持久推进的动力。

执笔：杜鹏

农地细碎化治理的利益主体及成本收益分析

——拾回桥镇调查报告

农地细碎化是农业发展的主要制约因素,农民农业生产"流汗流泪甚至流血"。农地制度改革和农业现代化发展的方向应该是克服农地细碎化问题,回应 9 亿农民的生产需求,构建以小农为主体的农业经营体系。按户连片耕种模式探索农地细碎化治理方式,促进了生产力发展,但也遇到了一些问题。中央抽象地赋予农民土地权利的政策反而锁定了细碎化格局,不允许土地调整的政策消解了农地细碎化治理的可行性路径。县乡村基层组织与农村农民的制度性关联瓦解,没有回应农民生产生活需求的积极性,基层治理能力的不足也弱化了农地细碎化治理能力。中央政策应该准确掌握普通农户的需求,重构县乡村基层组织与农村农民的利益和责任连带机制,强化基层治理能力,组织和动员农民参与农地细碎化治理。

一、引言

现在我国农业生产面临的突出问题是分散小农与大生产的矛盾,即落后的生产关系阻碍了先进的生产力发展。20 世纪 80 年代初分田到户时,土地按人均分,且根据肥力、水源和远近搭配分配,使得土地呈现分散且插花分布的细碎化格局。在依靠人力和畜力耕种的时代,这种土地分配制度不仅比较公平,也比较科学,如一块田的面积最好不超过两个人一天能插秧的数量。但是随着打工经济的兴起,大量青壮年劳动力的转移,以及农业机械化的普及,地块小且不连片的细碎化土地,无法使用大型机械,或小型机械使用成本过高,使得农民在种田过程中不仅流汗流泪甚至流血。小岗村十八个红手印推动的家庭联产承包责任制改革,解决了"谁来种田"的问题。那么新一轮的土地制度和农业经营体制的改革,需要解决的是"如何让农民更轻松地种田"的问题。

近年来中央的土地政策采纳权利话语,不断强调稳定具体的土地承包关系。自土地二轮延包一刀切的规定 30 年不变,到 2002 年《中华人民共和国农村土地承包法》规定村集体不得调整土地和留机动地,再到 2007 年《中华人民共和国物权法》将土地承包经营权规定为用益物权,十七届三中全会提出稳定农民的土地承包关系并长期不变,再到十八届三中全会提出"三权分置"及土地确权登记颁证,等等。在土地细碎化条件下赋予了农民更多的权利,中央推动的土地确权就会产生土地细碎化的锁定结果。这为实行土地私有化制度的国家所证实,土地私有化意味着所有者拥有完整的产权形态,但通过明晰产权和市场机制,并不能解决土地细碎化的农业生产困境。

2015 年沙洋县在完成中央推动的土地确权工作基础上,率先探索按户连片耕种制度,以解决土地分散和土地细碎化难题。沙洋县耕地面积为 95.26 万亩,耕地块数为 107.8 万块,总户数为 12.38 万户,户均承包耕地面积为 7.7 亩,户均耕地约 8.7 块,每块地约 0.88 亩。"按户连片耕种"是指在落实土地集体所有权,稳定家庭承包经营权的前提下,以灌溉水源为基本参考依据,由村委会领导,充分尊重农户的意愿,通过村民小组内部的土地经营权流转、土地承包经营权互换和土地调整三种办法,使农户耕种的土地连成一片,最多不超过两片且不插花,在每户耕种土地面积不变的条件下,实现土地最大程度的规模经营。沙洋县试图在克服土地细碎化难题后,再进行土地确权登记颁证的探索,具有重大意义。

沙洋县在 2015 年 5 月 28 日召开了全县土地确权暨按户连片耕种动员大会后,借土地确权采取运动式治理的方式推动按户连片耕种工作,制定的目标是到 2015 年 9 月 30 日前土地连片率达到 90% 以上。由于中央政策规定不得打乱重分和调整农民的土地，沙洋县为了规避政策风险，按户连片耕种工作采取的是"一主一辅一不得"，即在村民组内以土地经营权流转为主，以土地承包权互换为辅，不得打乱重分。对于按户连片耕种，克服土地细碎化问题得到农民的高度认可，但工作的推进也面临一些阻力。为何都认为土地集中连片耕种是大好事，而工作的推进却那么难？为何有的村组能做成功，有的却做不成？笔者以沙洋县拾回桥镇的调研为基础，描述土地按户连片耕种的经验，讨论克服土地细碎化的利益主体及其成本收益，并在此基础上分析当前土地细碎化治理的症结及其对策。

二、农地细碎化治理的两个基本前提

讨论土地细碎化治理，首先要明确讨论的基本前提，笔者认为主要有以下两个。

一是农地细碎化的现状以及土地细碎化在机械化时代给农民种田带来的困扰，阻碍了先进生产力的发展，农民有改变土地细碎化的强烈需求。农业机械化耕作对应的是规模化作业，需要有一定规模的连片土地的统一经营。地块小又不连片，不仅机械使用的成本会上升，而且可能无法使用机械。土地细碎化表面上是人和地的关系，实质上是人和人的关系。在依靠人力和畜力肩挑人扛的农耕时代，土地细碎化的现实并不影响人与人在土地利用上的相对独立性。但是在生产力高度发展的机械化时代，农业生产的社会化程度提高，需要地块相邻的农户之间在耕田、插秧和收割等整个农业生产过程中相互协调，统一经营管理。在这种情况下，农户之间对于土地利用不具有独立性，人与人之间属于一种相互牵制的关系，交易成本非常高昂，只要有一户不合作，集体行动就无法达成。

老山村成立路雄专业合作社，农业局奖励了一台直播机，但由于直播机的使用需要地块至少在1亩以上，而村里的地块太小，导致直播机无法使用而闲置。马新村十五组信息员周明方说："有人因为没有抢在邻居前面耕好田，别人把秧苗都插好了，机械没法从别人田里过，只好把耕田机拆卸抬进地里,耕完田后再把机器拆了抬出来。"再比如,靠近路边的田种的是晚熟稻,靠近里面的田种的是早熟稻,收割时别人的水稻还没有成熟,要么收割机毁坏别人的水稻,从别人的田里过,要么就只有等别人的水稻成熟后再收割,要么就只有人工用镰刀割了。在农村社会中,社会关系是复杂的,村民之间有矛盾时,对方可能故意"卡你",让你无法用水或使用机械。所以土地相邻的农户之间处好关系就非常重要,现在相邻农户在生产中一起收割和耕田,然后相互请客吃饭,热热闹闹,看似是喜剧,实则是为了建立关系,是一种无奈和悲剧。马新村会计车爱军说他种了14亩地,一季水稻请人帮忙需要还人情,光请客吃饭就要花费500元,而土地连成片后,这500元就节省下来了。在生产力高度发达的机械化时代,土地细碎化使得农民在种田过程中,不仅流汗流泪甚至流血,无法自由自在地轻松种田。

二是农业现代化的主体是9亿小农,土地细碎化治理的目标也应该为户均不过10亩的小农经营服务。我国目前仍然有9亿农民,其中2.77亿农民工和6亿多农村常住人口,6亿多农村人口中就有2亿多农村劳动力,仍然依赖土地获得农业收入、就业和社会保障。而我国只有21亿亩耕地,劳均耕地面积只有约10亩。即使我国城市化率达到发达国家70%的高水平,我国仍然有约5亿农民。即使农村劳动力只有1亿,届时劳均耕地面积也只有约20亩。因此,一家一户的小农分散经营和规模经营将长期并存,土地细碎化治理和现代化农业社会服务体系应该为小农服务。而国家的土地整理项目和农业综合开发项目,属于一种比较彻底的土地细碎化治理方式,受到农民欢迎,农民现在都盼着国家进行土地整理,等待土地整理后再将土地集中连片分配。但问题是土地整理后,在政府的主导下往往都将土地流转给以工商企业为代表的新型农业经营主体,发展大规模集中经营,替代小农成为农业经营的主体,这是方向性错位。土地整治项目为新型农业经营主体服务,而不是为普通农户服务,并且为排斥农民提供了有利条件和契机。

我国农村已经自发形成"老人农业＋中坚农民"的超稳定结构,具体到每一个村老人和中坚农民的数量是变动的,但是从社会总量上来看,"老人农业＋中坚农民"已经成为一种超稳定结构和自生自发的社会秩序。但由于土地细碎化和水路不通等基本农业生产条件不配套,有的中坚农民从不同农户那里流转了三四十亩地,分了五六十块,且处于不同的方位,远的能相隔两三公里,光记地块都被搞晕了,土地越细碎,流转的土地规模越大,农业耕种效率越低。对于流转方,由于土地过于细碎,不仅土地租金很低,甚至想流转都没有人要。而对于老人农业而言,土地过于细碎,且不通机耕道的话,农业生产过程中的打田、插秧、灌溉、收割等环节极有可能都要肩挑人扛,不仅劳动量大,而且劳动强度大,年龄大的老人就吃不消。我国土地细碎化治理的目标是要在以小农为主体的前提下,实现按户连片耕种,即在农户家庭土地总量不变的前提下进行土地集中和适度规模经营,优化一家一户的分散经营,建设低成本、低风险、高收益的现代化小农经营体系。

三、拾回桥镇的按户连片耕种工作

(一) 拾回桥镇按户连片耕种工作概况

拾回桥镇位于沙洋县西南部,北距荆门市城区 60 公里,东北距沙洋县城区 40 公里,集镇北靠汉宜公路,桥河穿镇而过,注入长湖。目前全镇辖杨场、香店、周店、王桥、五八、丁新、丁岗、刘店、七里、老山、瓦庙、古林、马新、塘坡、大新、东风、桥河等 17 个行政村,工商街、北街路、接龙桥、新河街 4 个社区,共有村民组 226 个。总耕地面积为 83436.53 亩,分为83408 块,总户数为 8496 户,其中二轮延包耕地面积以外的黑荒田有3038 亩,户均耕地面积为 9.8 亩,户均地块为 9.8 块,平均每个地块面积为 1 亩。拾回桥镇处于江汉平原向鄂西山区过渡的地带,具有地貌类型复杂多样的特征,有塝田(高田)和冲田(低田)之分。境内水源充足,有杨场、黄塝、老山、罗垱冲 4 座小型水库,1 座中型水库(金鸡水库),干渠可惠及西北部数个村庄,漳河水库三干渠二、三支渠流经该镇。拾回桥镇的大规模土地流转只有不足 2000 亩,土地流转率仅为 2.4%,远远低于全国平均水平。农户之间自发的非正式流转较多,村内中农较多,形成老人农业和中坚农民互为补充的农业经营结构。

马新村、桥河村、老山村和周店村是拾回桥镇按户连片耕种工作的示范村,塘坡村、杨场村、古林村和刘店村是全镇进度最慢的村,塘坡村和杨场村由于村庄派性斗争导致村庄治理瘫痪,古林村马上要实施 1000 万的国土整治项目,村民想等土地整理后再按片重分土地。目前,全镇有 5 个小组打乱重分,均为村民强烈要求土地调整,其余都是采取互换或流转的方式。对于村干部而言,他们主观上不愿意采取土地调整的方式,而更愿意采取互换或流转的方式,让村民组内的农户自发去协商,可以省去很多麻烦。土地调整要求村干部发挥主导作用,要协调更多农户之间的利益,还要重新丈量土地、编号、抓阄分地,同时还要面临政策风险以及不稳定的因素。

而土地互换或者流转方式需要极为严格的条件,由于需要地块面积和大小差不多,且土地相邻等因素,一对一的互换才有可能,仅仅靠农民自愿互换来实现小组土地按户连片不可能。而沙洋县政府为了规避政策风险,希望采取土地经营权流转方式实现按户连片耕种,也是不现实的。这种不符合农村实际的土地经营权流转方式难以让农民理解,村干部和村民将政府主推的土地经营权流转方式误解为土地承包经营权的转让。拾回桥镇土地承包经营权转让的交易量很大,如马新村有接近 100 户村民外迁进城后将土地承包经营权转让,流入户则多是四川、云南、贵州等偏远地区的农民,购买了宅基地、房屋和土地后,并把户口迁过来。

笔者这次调查以马新村、桥河村和老山村 3 个村为重点。马新村是去年全县 3 个试点村之一,全村有一大半土地在 2006 年土地整理项目区范围内,这次土地连片通过互换微调可以实现,工作难度相对较小。另外接近一半非土地整理项目区的土地,有 3 个小组强烈要求村里进行土地调整,其余五六个小组工作难度大,故而未做成。起初被选为试点村时,马新村村干部有抵触情绪,不愿意做,觉得太麻烦。由于马新村是全县试点村,拾回桥镇采取运动式治理的方式来推进按户连片耕种,全镇15个农口部门的干部全部下村,与村组干部一起组成15个专班,每个专班由1名镇干部、1名村干部和1名小组信息员共3人组成,每个小组由1个专班负责。另外,在推进工作的过程中,有些农民提出要修了渠和机耕道后才愿意连片,为此县政府特批了10万元经费,外加奖励5万元,新修了11条机耕道和1000米长的U形渠,以及拓宽和硬化了1500米的排灌两用水沟,才做通了一些组的工作。马新村作为试点村,可以说是集中了大量的人力资源、组织资源和物质资源,但是工作效果却不尽如人意(具体可详见齐燕写的马新村调查报告)。

桥河村是一个远近闻名的蔬菜村,8个小组全部种植蔬菜和养鱼,只有余下5个种植水稻的小组需要做按户连片工作。桥河村书记从1996年就担任村支书,桥河村在他的带领下实现了产业结构调整,他在村庄有一定的威望,加上村里有集体果园60亩、集体林地96亩、机动地28亩(由村小学改造的田)以及鱼池200亩,由村委会统一发包收取承包费200元/亩,村集体每年有五六万元的收入,这为开展按户连片耕种工作提供了物质资源基础。桥河村新修了4条机耕道,协调供电所新增了6台变压器以改善基本农业生产条件,完成了按户连片耕种工作。

老山村有21个村民组,只有第十三组按户连片工作做成功了。老山村十三组是在老书记许明才的积极参与下才实现"按户连片"工作的,十三组只有13户农户,水源分布比较均衡,土地相对比较平,加上居住分散,这是其工作能成功的客观原因。十三组表面上是采取互换的方式,但实质上还是土地调整,许明才称之为"交叉互换"。具体的做法是十三组的13户,将全组的土地选择13个中心点,每户以自己最大的一片地作为自己理想的中心点,确定好中心点后,从南至北依次连片划分每户土地,不分土地好坏,划够一户土地承包面积后,再分下一户的土地,直至分完,确定中心点就相当于是确定每户分地的顺序。

在确定中心点的过程中,出现两户选定的中心点是在一个位置,这两户在两个位置各自有两块地,而且面积都差不多,都争着要将那片岗田地作为中心点。最后徐明才和村干部一起去做工作,其中一户后来答应去要那片冲田,前提是村里帮忙向政府申请资金在那里修一条排水沟解决冲田排水问题。以许明才为例,他家有 20 多亩地,需要和 10 户交叉互换土地才能土地连片,全组只有 13 户,他这一户的交易链条就涉及 11 户。当然这个小组在土地连片工作中,不是采取互换的逻辑,而是采取土地调整的方式,但为了符合政策,事后又按照土地互换的方式签订了合同。许明才告诉我们:"一对一互换绝对不可能实现全组土地连片,必须要土地调整。"对于只有 13 户的小组尚且如此,几十户的大组依靠互换只会更加困难。马新村、桥河村和老山村作为镇里的示范村,实现按户连片耕种的也只有 1 个或几个示范组,从侧面可以反映土地经营权流转或互换工作成效不尽如人意。

(二) 按户连片耕种绩效

由于马新村是 2014 年的试点村,"按户连片"后已经种了一季水稻,可以对土地连片前后的农业耕种绩效进行对比。具体而言,相较于以前土地分散化种植,按户连片耕种的作用有以下几点。

1. 降低劳动量和生产成本,马新村全爱军说,土地连片后不仅少走了很多冤枉路,更重要的是灌溉可以实现"三个一",即"一根管子、一个潜水泵和一根电线",再也不用扛着管子到处跑了。

2. 降低劳动强度,机械化作业程度高,延长了老人的农业耕作年龄。

3. 减少土地利用中出现的过水过田纠纷,实现自由自在的轻松种田。马新村九组全大叔说:"土地连片后再也不用等别人了,想怎么种就怎么种。种了年把,也没得皮扯了。"

4. 有利于建设和维护堰塘、机耕道等农田公益基础设施。由于土地连成片后,农户土地都集中在一起,投资修建和管护堰塘、机耕道等公益设施,就能最大程度上实现公共品外部性的内部化,而且相邻地块的农户数量大大减少，协商交易成本降低，能最大程度上克服搭便车难题。

5.土地集中连片，有利于农业产业结构调整。马新村十五组有28户共396亩地，通过去年土地按户连片耕种后，有15户转向稻虾连作(注：在水稻田里养虾)。稻虾连作对于土地有一定要求，首先水源要好、地势较低、地块面积大，至少需要4亩以上土地连片。土地按户连片后，农户的土地集中在一起，就可以自己投资把地块较小的田埂挖掉，小块并大块。去年种植稻虾连作的农户，纯收入有3000元/亩。

案例一。马新村会计全爱军，有14亩田，分8块田，以前分了四五片，这次通过按户连片耕种工作调整后只有两片，其中7块田、12亩多在家门口，是一片地，另外一块田1亩是沙土地，单独一片。他说以前田非常分散，都不在一块，每次灌溉都要来回搬运潜水泵，拉几百米的管子，扛着管子到处跑，还要来回迁几次电线，而且在浇水时放电线是比较危险的，因为电线破损，没注意就容易触电。一季水稻就要放三到四次水。每次放水还要看水，防止渗水、漏水，还要防止别人"扒口"偷水。现在土地连片后能实现"三个一"，一根管子、一个潜水泵和一根电线。电线固定在机井旁，潜水泵只要安上，管子只需几十米，早上去把潜水泵电机打开，水就从高田自然流向低田，反正都是自己的田，也不用看水和防止偷水，实现自流灌溉。而且潜水泵可以放在田里，不需要每天搬回家。过去14亩田灌溉一次至少要三天，现在只需要早上把电机打开就行了。

案例二。2005年马新村九组的土地经过土地整治项目平整，由于当时机械化尚未普及，加上平整后的土质有差异，平整后的大块土地在分配时还是被农民切成小块。全大叔的13亩土地在土地平整前有8块，土地平整后有4块，其中两大块好田各有4～5亩，两小块各有1～2亩。在刚开始推行"按户连片"工作时，他是不愿意的，因为自家有两大块好田，怕分到差田。刚开始他不理解："政府多管闲事，我们各种各的田，不要你多管闲事。你管我种几块田，非要让我们搞到一片。"村书记是他那个组的包组干部，前前后后找了他不下10次，他一方面是碍于情面，再加上土地连片也不是坏事,也就同意了。通过互换,他家现在四块地都连成一片而且不插花,现在是 12.8 亩(由于互换,地块面积大小不可能完全一样)。虽然将两大块好田给了别人,但是现在土地连成一片,而且靠近路边,离家又近,种起来很方便。种了一年时间,他现在觉得还是连片好,不用扛着潜水泵和管子到处跑,也不用再等别人了,也不会发生矛盾纠纷了。

拾回桥镇自 1981 年分田到户后,就再没有调整过土地。经过 30 多年的耕种,农户之间自发互换土地连片的比例达到 20%～30%,也有部分农户已经对农地做了投资,如修渠、打井、挖堰塘等,加上水源分布不均衡,土地有塝田、冲田、低洼田等地类差异。在"按户连片"工作推进的过程中,存在少数既得利益群体,农户也都怕集中分到差田。"农民有小私心,心里却念连片的好,懂大政策"。案例二中的全大叔就是典型,刚开始不愿意集中连片,怕利益受损。但是"由于这是县里的政策,政策来了,大势所趋,老百姓还是听政策的话"。连片后全大叔发现连片还是有很大好处的,完全抵得上损失的两块好田和 2 分土地。他说土地集中连片虽然是大好事,但是工作不好搞,关键是有不合作的农户,没有办法,"需要大政策过来"。群众利益有分化,做群众工作,不仅要靠说服,还要靠教育,有时还要靠点强制。

四、土地细碎化治理的利益主体

农民对土地细碎化治理有强大的内生需求,沙洋县采取运动式治理的高压手段来推进按户连片耕种,为何只有极少数村组做成了,大部分村组工作无法推进? 我们可以从相关利益主体的行为逻辑进行分析,由于按户连片耕种工作是沙洋县借中央土地确权之势下的"自选动作",在笔者看来,沙洋县的土地细碎化治理和按户连片耕种工作主要涉及中央政府、沙洋县政府、乡镇、村干部和农民等五方利益主体。

(一) 中央政府

粮食安全是事关国家稳定和国家自主性的大事,是国家的战略性利益。中央自从土地二轮延包开始,一刀切地规定土地二轮延包期为 30

年,并将这一规定写入 2002 年的《中华人民共和国农村土地承包法》,在承包期限内集体不得调整土地和预留机动地。接着进一步将土地承包经营权写入了 2007 年的《中华人民共和国物权法》,债权性质的土地承包经营权开始变为物权性质。在十七届三中全会上中央政策提出"要稳定土地承包关系并长久不变",再到十八届三中全会提出"三权分置"和"土地确权"。这一系列法律和政策出台的目标是一贯的,都是在保护国家粮食安全的名号下,稳定农村具体的土地承包关系,给农民吃定心丸。中央在全国推行的土地确权就是"确权确地确四至",禁止土地调整,目的就是稳定农民的地权,明确土地权属,赋予农民更加完整的土地产权,以便于农民增加土地投资,提高农业经营效率,保障粮食安全。

而对于土地细碎化问题,中央则是希望让市场在土地资源配置中起决定性作用,通过农村自发的土地流转市场(互换、转包、经营权流转三种方式),来克服土地细碎化给农民耕种带来的不便。中央政策明令禁止集体调整土地,打乱重分,以防止村干部通过预留机动地等方式侵害农民的权益。由于土地具有不可移动的自然属性,土地利用会产生外部性,土地的社会属性兼具私人性和公共性,根据制度经济学产权理论,具有公共品性质的物品,不具有排他性和竞争性,无法克服"搭便车"和"钉子户"难题,市场就会失灵。中央给农民更多和更大的权利,只会进一步固化农民土地产权细碎化的格局,产生锁定效应。依靠农户自愿和市场机制,无法解决土地细碎化问题,形成"反公地悲剧"。农民要的不是抽象的权利,而是耕作的便利,中央误解了这一需求。

(二) 沙洋县政府

中央土地确权是沙洋县政府的中心工作,按户连片耕种工作并不是沙洋县的中心工作。沙洋县按户连片耕种工作借助中央土地确权之势来做额外的"自选动作"。土地按户连片耕种工作是由杨宏银副县长牵头负责,在整个沙洋县乡村干部中,刚开始只有他一人有热情,其余县乡村干部都没有动力去负担这个"自选动作"。最初,他制定的土地连片率目标为 50%,后由于国土部下达文件将土地抛荒率和新增建设用地指标挂钩后,县委书记才对土地细碎化治理有动力,县委书记将土地连片率指标提高到了90%。因为季节性抛荒也算入土地抛荒的范围,土地集中连片后,农民种田更加方便,也有益于季节性流转,可以缓解季节性抛荒问题。对于沙洋县政府而言,在土地"按户连片"工作中实质关心的是建设用地指标,而非回应农民在农业生产中的困难和需求。

农业税费取消后,县财政部门不再从农民那里收取税费,而是主要转向城市开发建设及其带来的土地财政,县级政府是城市开发建设的主力军。由于农业税费取消切断了县政府和农村农民的利益关联,也就切断了县政府和农村农民直接的责任连带机制,成了"悬浮型政权"。只有在涉及大旱、大涝等"政治性"事件时,县政府才会关注农村工作,这是应急性的危机应对,而在一般年份县政府主要关心的是"招商引资"搞发展。

(三)乡镇

乡镇和县政府的行为逻辑一样,农业税费取消后,乡镇与农村农民的利益和责任关联一并被切断,乡镇也不再关心农民在生产生活中的需求。对于中西部普通农业型乡镇而言,乡镇财政的收入主要源于农业税费,农业税费取消后乡镇财政出现"空壳化",主要依靠中央的转移支付维持运转。同时,在"稳定压倒一切"和"不出事"的行为逻辑下,处于压力型体制末端的乡镇还肩负着维稳的巨大压力和作为矛盾的兜底者。沙洋县县政府推行的按户连片耕种工作虽然采取运动式治理的方式,前后召开了乡村干部调度会16次,向乡村干部施加了很大的行政压力,但是沙洋县政府并没有给予一分钱用来配套资源,而乡镇是没有财政资源的。此外,中央明令禁止土地调整,推行按户连片耕种工作,就涉及调整村庄的利益结构,就会面临不稳定的因素,出现农民上访等矛盾,处于基层体制末端的乡镇面临问责的压力。所以,乡镇在土地细碎化治理工作中有压力无动力。

(四)村干部

村干部和县乡的逻辑相同的是,农业税费取消后,村干部的工资补贴不再从农业提留中收取,而是由国家的转移支付和财政补贴发放,村级组织官僚化是趋势。村干部的行为逻辑主要是向上负责,主要执行行政任务。在收取农业税费时期,村干部在向农民收税费时,农民可以借机向村干部提出挖沟修渠等改善农业基本生产条件的要求,否则就以不交农业税费相要挟。现在村干部的利益不再来源于土地,不需要向农民收取税费,对农民在生产中的需求也不再关心,农民也失去了要求乡村干部回应生产和生活需求的手段。在村级组织官僚化趋势下,还出现"富人治村"或"老板治村"的新趋势,这些返乡创业的老板都不是种地的农民,不了解也不关心小农的生产需求。拾回桥镇 2014 年 11 月 28 日村庄换届选举,17 个行政村就换了 10 个村书记,新上任的村书记大部分都是返乡创业的老板,从来没有过担任村组干部的经历。土地细碎化治理是一件吃力不讨好的繁琐工作,做得好或不好,对于村干部并没有多大的影响,虽然身处压力型体制中能感受到压力,但他们和乡镇干部一样有压力无动力。而且很多村庄的村干部也没有足够的治理能力来调整村庄的利益结构,推进"按户连片"工作。

(五) 农民

抽象地说,农民对于土地连片都是很欢迎的。但是在具体工作中就会遇到很大的阻力,因为农民的利益是分化的,这涉及村组利益结构的调整和再分配,就会触动少数既得利益者。如少数已经自发互换成片的,或者已经对田地做了基础设施投资的,或者现在的田水源好、靠近路边又离家近,担心分到比较差的一片田,再或者修机耕道需占自家的地等。虽然村组所有成员都从土地连片和修机耕道等改善农业生产条件中获益,但是每一个成员从这个过程中获益的程度不均衡,修路占地等义务的分配也不均衡,就会使得少数农户产生"相对剥夺感",就可能会产生钉子户。在中央不得调整土地的大政策支持下,少数既得利益者在集体行动中的抗争就具有了合法性。对于大部分农户而言,现在土地肥瘦、远近已不是土地分配的主要矛盾,关键是水和路成为土地连片的主要矛盾。只要通了机耕道,远近就无所谓了。

五、土地细碎化治理的困境及其对策

通过对中央、县、乡镇、村庄和农民等五方利益主体的行动逻辑进行分析,我们就明白了为何土地细碎化治理只有少数村组做成功了,以及为何大部分村组都没有做好。具体原因可以总结如下。

(一)中央政策拖了后腿

由于中央政策明令要求村集体不得调整土地,使得沙洋县政府"按户连片"工作为了规避政策风险,采取了一条非常复杂的制度探索模式,即"一主一辅一不得",通过农民自愿互换和经营权流转的方式,在土地兼具私人性和公共性等二维属性下,很难实现土地集中连片。

(二)乡村干部有压力无动力

土地按户连片耕种工作并不是中心工作,而运动式治理只有在中心工作的条件下才有效,处于一线的乡村干部普遍有压力无动力,乡村干部合谋通过"做点"及"虚报数据和制造假合同"的方式来策略性地应付上级政府的高压行政考核。

(三)基层治理能力不足,群众没有被充分动员起来

随着村级组织的官僚化和富人治村的双重趋势,大部分村干部都不是种地农民,属于返乡创业的老板,没有任何担任村组干部的经历,甚至对村民不熟悉,村民也不熟悉村干部。加上经过合村并组,以及湖北省撤销村民小组长,村组的规模越来越大,而村组干部的人数越来越少,村民组由熟人社会向半熟人社会转变,基层组织的治理能力在弱化。村组干部在村庄中没有威望,治理能力不足,就很难充分动员群众。这次土地按户连片耕种成功的小组基本上都是群众被充分动员起来的和村干部有能力的村组。

土地细碎化严重阻碍了生产力的发展,也是农民现在在农业生产中面临的最大阻碍。农民要的是耕种的便利,而不是抽象权利。为更好地

治理土地细碎化问题，中央应该调整政策，回应农民的需求。将土地细碎化治理作为中心工作，重构县乡村基层组织与农民的利益和责任连带机制，并整合资源，构建以农民为主体的农业生产体系。

执笔：张雪霖

运动式治理的限度及其原因分析

——拾回桥镇马新村调查报告

拾回桥镇马新村作为 3 个试点村之一,沙洋县运用运动式治理方式,集中各种资源推动该村的按户连片耕种。马新村采取土地调整和土地互换两种方式推进按户连片耕种,促进了农业发展。但由于基层治理动力和能力不足,农民集体行动困境无法化解,运动式治理存在限度。农地细碎化治理以及按户连片耕种的推进需要强化基层组织的治理动力和能力,将好事办好。

一、马新村基本情况概况

马新村是沙洋县拾回桥镇下辖的一个行政村,也是拾回桥镇最大的行政村。全村人口为 3085 人,755 户,有 15 个村民小组,土地国测面积为 6800 亩,在二轮延包以外的面积有 4000 多亩,实际耕地面积最少 10000 亩。拾回桥镇在 2005 年进行了合村并组,由原来的 39 个行政村合并为 17 个行政村。马新村由原来的马新村和伍合村合并,由原来 24 个村民小组合并为现在的 15 个村民小组。在合并村民组的时候,一般是把同一村的小组合并在一起。虽然小组在行政上合在了一起,但土地并没有进行合并,农民仍然保持着对合并前小组的认同,集体所有制的单位、人情、生产、生活单位都在原来的小组。

马新村居住非常分散,一般少则一两户,多则五六户形成一个湾子。马新村在 2006 年进行了一次土地平整,当时投入 2000 多万元平整了 3000 多亩土地。具体到各个村民组,就是二组一半、五组一半、六组一半、八组一半、九组全部、十组一半、十一组一半、十三组五分之四、十四组一半。没有进行土地平整的村民组是一组、三组、四组、七组、十二组和十五组。马新村在地形上以平原为主，少量低地和丘陵主要分布在未进行土地平整的小组。在土地平整的时候，按照一渠一道（一条水渠，一条机耕道）的标准在平整区修建了水渠和机耕道。非平整区的机耕道和水渠条件并不是很好，一些水渠常年不用被废弃。平整区的土地在土地平整之后进行了重新分配，一户一片。按户连片耕种主要是针对非平整区。

二、运动式治理：集中资源

沙洋县全县范围内推行土地按户连片耕种工作之前，于 2014 年 8 月份在马良镇、官垱镇和拾回桥镇三镇各选择一个村进行试点。马新村是2014 年的试点村之一。在开展试点的过程中，县乡政府都给予了很大的重视，镇政府专门成立土地确权专班，由乡镇主管农业的宣传委员总负责，镇农口部门人员组织了 15 个专班，每一个专班负责一个组。马新村有 5 个村干部，每个村干部包 3 个组，每个小组的专班人员组成是村干部、乡镇干部、信息员。

在征求农民意见的时候，农民普遍提出修建机耕道、水渠，解决电力问题等要求，提出只有修建机耕道才会同意连片工作。马新村并没有集体经济收入，对于村民提出的要求，由上级财政支持的方式进行解决。沙洋县以县长特批的方式，前后共给了马新村 15 万元的财政资助，用于修建机耕道、水渠、排水沟等基础设施。在这次土地连片工作中，马新村总共修建了 11 条机耕道、1500 米长的排水沟、700 米长的 U 形渠。基础设施建设搞好之后，才进行了连片工作。马新村土地连片耕种试点工作在2014 年 12 月基本结束。

马新村土地连片耕种工作是典型的运动式治理。工作开展的过程中，由每个组的专班下到组里进行宣传，填写《征求意见表》，征求农民的意见。首先是召开党员会议和村组干部会议，小组长（即信息员）和党员对于组里的情况比较熟悉，他们经过讨论形成初步的调整方案，再召开户主大会,征求户主的意见,形成最终的土地调整方案,进行连片工作。

马新村的村书记是 2013 年才回村的富人,之前在荆门市居住,之前工作为在外承包工程。回来之后,担任村副主任。村书记对于村庄里面的人都不熟悉,在做工作的时候村民不认识他,他也不认识村民,只好让信息员去做主要的工作。

三、按户连片耕种方式:土地调整与土地互换

马新村的连片主要采取土地调整和互换承包经营权两种方式。马新村村书记说他们尝试了三种方式——土地流转、土地调整和互换承包。村组干部和村民把经营权流转理解为土地租赁,将土地承包权转让理解为土地流转。农民不同意经营权流转,一组的组长说:"只是经营权流转不行,确权的时候必须都换过来,不然以后别人要回来怎么办?"

(一) 新型土地调整方式及其实践

马新村四组、七组和十四组进行了土地调整,村集体把土地统一收上来,每户的承包面积不变,按户重新分配地块,以实现土地连片。村书记说,政策不允许土地调整,但是为了维护稳定,只要村民组有 80% 以上农民同意和签字,就可以进行土地调整。乡镇的态度是暧昧的,没说可行,也没有说不可行,他们的态度是只要矛盾不出村,农民不去上访就可以。

在进行土地连片工作的时候,四组开了三次户主会,农民提议土地调整。四组有 26 户,共 307 亩土地(这里的亩是当地习惯亩,为 800 平方米),其中有十几亩机动地。当时签字同意土地调整的有 23 户,符合 80% 的要求。四组在马新村处于边缘性位置,距离灌溉水源特别远,从泵站抽水到四组,中间要经过二组、三组、五组的土地,需要一个小时才能流到四组。碰到干旱季节,需要前面几个组灌溉了之后才能轮到四组。并且从泵站到四组,中间有 20 个鱼塘,有七八十个出水的口子,每次灌溉,都是全组出动,沿路看水防止别人偷水,并且把出水的口子堵上。四组的机耕道也很少,天气晴的时候,机械可以从地里走,如果下雨较多,土地泥

泞,机械不能从地里走,农民只能把收割的粮食用肩挑人扛的方式运出来。村民要求修路、修渠、修机耕道,然后再划片。村干部与村民商量好,修机耕道占的地由农民平均分摊。并且由于二轮延包测量土地面积的时候,测量不准确,所以这次用 GPS 丈量土地的时候,测得的土地面积大都比二轮延包的面积多,所以修建机耕道并没有减少农民承包经营权证上的面积。

四组把土地重新丈量编号,把每户的面积搞清楚,并根据居住地的远近,把面积分好。开户主会议,以居住地为标准划片。有一个位置是一个死角,附近没有灌溉水源,大家都不愿意要,抽到的农户不同意,村干部去做那个农户的工作,承诺给他打一个机井,他最终同意。但是也不是所有人都同意以居住地为标准划片。有一个叫杨明海的农户,自己种了 14 亩田,虽然田离他的家比较远,但是由于他 2012 年花了 2000 元在地里打了一口井,他要求把土地调到自己的机井旁边。四组调整了 260 多亩地,剩下了四五户因为不论怎么调都是调到水源条件不好的地方,这几户不同意。村干部觉得工作已经达到了 80%,完成了行政工作目标,剩下的几十亩地不好协调,就没有继续做工作。

七组是移民组,为丹江口移民。共有 68 户,200 多人。他们过来的时候,按人口、劳力分地。七组的田亩数与其他组不同,他们是按标准亩(也就是约 667 平方米)来计算的,由于政策倾斜,他们在计税的时候两亩算作一亩来缴纳农业税费。七组账面面积是 299 亩,实际折算为标准亩面积是 698 亩,折合成当地的习惯亩是 582 亩。七组是小亲族结构,与当地的原子化结构不同。七组有 3 个家族,一个曹姓家族,两个董姓家族。在居住和分地时,都是按家族划分。相当于一个村民组里面又分了 3 个小组。在这次土地连片的时候,曹姓组村民提出土地调整。因为最初分地是按照土地肥瘦、水源好坏、距离远近分配的。现在青壮年都外出务工,家里就剩下老人,老人想和子女的地分在一块,便于管理。村民要求修机耕道,占地由农民平分。七组距离泵站也比较远,堰塘只有几个,水源条件不好。村里给七组修了一条机耕道,并且向移民局打报告,申请移民两渠一道工程。土地调整没有产生什么矛盾。七组的土地调整能够真正开展下去,与他们是移民身份和移民局的重视有关,移民是当地政府维稳的重点群体,村干部从维稳的角度考虑会尽量满足村民们的需求。

十四组由原来的马新村二组和三组合并。2006 年土地平整时,原二组的土地在平整后土地调整,原来三组的土地没有调整,按照原来细碎化的格局分配下去,这次调整了三组的土地。现任马新村村书记在 1998 年的时候在原三组当过组长,对三组情况比较熟悉,由他在三组主持分地的事情。村里给老三组修了两条机耕道,一条排水渠。

(二)土地互换方式及其实践

根据村干部的介绍,马新村只有四组、七组和十四组采取土地调整的方式,其他组采取的都是互换承包经营权的方式。马新村一组的组长在给村民开展工作的时候,向村民宣传的是"互换划片"。一组由原来伍合村一组、二组和三组组成,原 3 个小组的土地各自独立,分为 3 片。所以这次调整土地的时候还是在原来的小组内进行。原来的一组,全是高岗田,都在一片。老二组,靠近河边,土地质量差别比较大,被称为"三冲九洼"。原来分田的时候,土地分为三个等级,高田、团团田和低洼田,团团田是低田,低洼田是河边的田,一下雨全被淹到。老二组靠近河边,用水是靠泵站从河里抽水,灌溉很便利。二组的田不怕旱,怕雨水多淹田。二组在分田到户的时候根据地利分为三个等级,当时抓阄分田,有很多插花地。原来是高田的人不愿意调为低田,不同等级的田之间很难调,这次调地的时候,主要是在同等级内部,把田调在一起。二组有 20 多户,低洼田有四五十亩。低洼田的产量非常低,在税费负担重的时期,低洼田被大量抛荒,村集体根据好田搭配坏田的方法分给村民。我们访谈的现一组组长在结婚前,家里有 12 亩土地,分高、低、低洼田 3 片。结婚之后从父母那里分得 7 亩田,分为两片,都是高田。在税费时期捡了河边的低洼田十几亩,也分为两片。在这次调整的时候,高田调整在一起,整成一片,低洼田调整在一起,整成一片,共有两片。根据小组长的介绍,这个组有十几户在之前已经有农民通过私下调整的方式把土地调在了一起,所以这次工作主要是动员剩下的六七户农民进行调整。根据组长介绍,一组里面的老一组村民的田都是高田,在分田的时候都在一片,这次不用进行土地调整工作。原三组,田也是分三个等级,但是每家的田都是 4 片,因为土地在河边,土地地势高低决定了它是否会被水淹,是丰收还是绝收,等级之间不可能互换,调整过后,变为 3 片田。根据土地不超过两片的要求,一组的连片率超过 50%。

四、按户连片耕种模式的绩效

按户连片耕种模式解决了土地细碎化所带来的耕作不便利问题,也是在集体大水利模式瓦解之后,解决了一家一户个体小水利的问题,这也是为了适应机械化的需要。土地连片的绩效是非常明显的。连片之后,耕田、灌溉、收割都是在一片到两片地里面进行。对于农民来说,不仅生产成本降低了,还有劳动强度的降低、操心指数的降低和安全指数的上升,也减少了村民之间的矛盾纠纷。土地连片耕种对于节省劳动力也非常重要。连片之后,可以广泛应用机械,原来两个人做的事情一个人就可以完成,多出来的劳动力就可以外出打工。由于现在种田的以老年人居多,机械化使得老人种田变得轻松。

在 1983 年分田到户的时候,根据土地肥瘦、水源好坏、距离远近分田被认为是非常科学和公平的,这是原刘店村支部书记说的话。当时的生产条件比较落后,生产上采用牛耕和肩挑人扛的方式。当时家庭劳动力比较多,土地细碎化对于农民的生产负面影响不大,土地质量是土地产量的重要影响因素,因此根据质量分配土地才能保证公平。经过这么多年的种植,土地的质量差别缩小。由于年轻人大都外出务工,留村种田的都是 45 岁以上的中老年人,土地的分散化给生产带来诸多不便,他们对于应用机械化和土地连片耕种有很强烈的需求。在土地肥瘦上计较不大,水源问题不怎么计较,主要计较有没有机耕道和水渠。因此在这次连片工作开展的过程中,村民要求修建机耕道和水渠后再开展连片工作。拾回桥镇有 8 万多亩耕地,能实现自流灌溉的占 70％,剩下的 30％ 土地对于水利条件的考虑会多一些。

连片耕种之所以能够开展,反映了在农村种田的农民的诉求。为了推进连片工作,村里新修了机耕道和水渠。桥河村十三组的一户农民,60 多岁,种了 12 亩地,还喂了一些鸭子,由于地在其他人耕地里面,没有机耕道,只能肩挑人扛。在村里面修机耕道的时候,他主动、无偿地把自己种的 23 棵树砍掉,把地腾出来修机耕道,这样他就可以解决进出和应用机械的问题,再也不需要肩挑人扛了。还有一个农民说:"只要把路(机耕道)修好,把屋拆了我都干。"

土地连片之后,劳动强度和生产成本的降低都是非常明显的。在耕田环节,就可以应用机械一次性地耕完。如果土地插花,就需要跟邻近田的人说好话,赶在别人耕田之前把田耕完。马新村十五组组长告诉我们,有人因为没有抢在邻居前面耕田,别人秧苗都插好了,只好把耕田的拖拉机拆卸抬进地里,耕完田之后再把机器拆卸抬出来。土地分散的弊端可见一斑!

在灌溉方面也可以极大地节省劳动力和劳动时间。马新村向会计说,在土地连片之前,他的土地有三大片,也就是分三个方向有地块。土地连片之后,只有两片,8 块地,其中有 7 块连在一起,一块田有 1 亩多,与别人的田插花,他给那块地旁边的邻居一些钱,让那个邻居在灌溉的时候帮自己把那块地也灌溉一下。在自己家附近的这一大块田,则只需要一个水泵就可以把所有的田灌溉完。原来抽一次水需要 3 天,现在一天就可以完成。

在收割环节也很明显地看出减少了劳动量并且方便了很多。原来收割 14 亩的水稻需要 4 辆拖拉机,收割机一个斗的粮食需要用两台拖拉机运输,由于路程远,需要另外两台拖拉机来轮换,拉回自己家里。现在由于田地在自己家周围,收割机收割后直接把粮食倒到晒场上,不需要借别人的拖拉机。原来收割的时候需要相互帮忙,要找 4 个人来帮忙。请别人收割需要给别人烟酒和请吃饭，一次花 500 块钱左右，收割一次花一天时间。收割完之后还要去给别人帮忙。现在自己的田一次性收割完成，不用相互帮忙，省去了帮别人的 3 天时间，也省去了请别人吃饭的花费。一年种两次，省去了 1000 块钱的支出。

连片对于个体农户水利条件的改善也比较明显，激发了农民的投资积极性。不用拖几百米的管子到处跑。由原来的几台电机变为一个电机。抽水时候的浪费情况也比以前减少。划片之后，农民对于合作修建水利设施的热情也比较高。马新村十五组周组长说，土地连片后，有些地方是渠道没有延伸到的地方，群众就凑钱请挖机修渠，合作改善灌溉条件。

通过土地连片集中耕种可以解决老人种田的问题，极大地减轻了老人种田的劳动强度和生产成本。马新村十一组一位 74 岁的老人告诉我们，他的大儿子今年 55 岁，种了 30 多亩田，在十几个地方。现在大儿子种田需要老父亲帮忙。如果土地连片，大儿子种五六十亩都没有问题。同时土地连片也顺应了现代农业的发展趋势，解决分散的小农如何种好田的问题，土地集中连片，农民种田形成适度规模经营局面，并且在越来越多的人外出务工的背景下，土地连片后耕作便利，留在村里面的中农也会有动力流转土地，避免抛荒。

通过土地集中连片，农村正在进行自发的产业结构调整，发展多样经营。马新村十五组，去年土地连片后，28 户村民有 15 户开展稻虾连作。之所以在连片后进行稻虾连作经营，是因为养殖面积必须够大，土地起码要 4 亩以上连片才会形成规模效应。十五组村民李昌明原来有 4 块地，与该组的周志国及另一位村民换了几块地之后，土地连成片，拿出六七亩地搞稻虾连作经营试验，收入一万多元。一亩地搞稻虾连作经营比原来只种水稻增收一两千元。

土地连片还能够促进土地流转。对于那些年纪大了种不了田的农民，土地连片方便土地流转，提高土地租金。我们调查的老山村一个 66

岁的村民,自己有40多亩地,租出去36亩。由于土地没有连片,土地分了很多块,最小的2分,最大的8分,2分的地块,机器进去之后都没法掉头,今年耕田的时候耕了2天都没有耕好。如果田块大、土地连片的话,这些田自己就可以种而不用租给别人,等到自己耕种不了的时候可以更加方便地流转出去。

五、按户连片耕种需要进一步改进的问题

(一)基层组织动力不足

按户连片耕种对农村而言是一件大好事,县级政府具有很强的工作动力和积极性,农民作为直接的受益主体也具有很高的积极性,但乡镇干部和村干部缺乏积极性。推行按户连片耕种,虽然大部分农民受益,但会改变既存的利益格局,导致部分农民的利益受损。按户连片工作的推动涉及复杂的利益协调问题,中间产生了很多矛盾和纠纷。乡镇政府从维稳的角度考虑,要求各村在工作推行的过程中,稳定是前提,必须保证矛盾不出村。因此,村组干部在做这个工作的过程中遇到困难便放弃了。

(二)基层组织治理能力不足

要突破农民集体行动困境就需要村组干部有决心做这件事情,动员村庄中的积极分子,在村庄中形成连片工作的群众氛围,对不愿进行土地连片耕种的"钉子户"形成舆论压力,把农户的利益进行村庄层面的整合,实现村庄公共利益的最大化。

拾回桥镇在2005年进行过一轮合村并组,行政村普遍很大,一个村有一二十个村民小组,有两三千人,村干部却只有四到五人,工作量非常大。马新村有15个组,由原来的两个村24个组合并而成,有人口3000多人,行政村人数增加,但村干部数量减少,村干部的治理能力极大弱化。村组干部在群众中缺乏威望,又没有一定的集体收入或是集体资源,这也是他们动力不足的原因之一。目前"富人治村"和"老板治村"增多,他们对农业生产不关注,也对农民不熟悉,难以有效开展基层治理工作。马新

村的村书记 2013 年刚刚回村任村干部,之前一直在荆门承包工程,去小组里面做工作的时候,与村民互相不认识。湖北省的村组小组长已经被取消,地方政府为了工作的方便又设置了信息员。信息员在农村发挥的作用与小组长相同,农民习惯上仍然称呼信息员为小组长。但小组长已经没有体制性身份和财政补贴,其工作积极性、治理能力和治理合法性极大地弱化了。

由于土地连片成为当年土地确权中的中心工作,来自行政体系的上级压力促使基层干部去做这件事情。乡镇每年有很多的中心工作,这些工作都要迎接上级的检查,乡镇花很多时间在做准备工作以迎接上级的检查和督查。沙洋县政府在推行土地连片工作上很有决心,每个星期都要召开由乡镇领导和村级干部参加的会议,向乡镇传导做这件事情的压力。但基层干部的体制性治理能力不足,只能是凭借个人的能力威望推行这个工作。马新村能够推行一部分工作的一组和十五组,其小组长都当了几十年的小组干部,在小组中建立了比较高的威望。

（三）集体行动的困境

农民是土地连片最直接和最主要的受益者,但农民基于个人利益理性考虑导致了集体行动的困境。在这次土地连片工作中,那些土地处于交通便利或是水源条件较好地方的农户,担心土地连片后自己的条件会变差,不同意土地连片。一部分农民反对,完全依靠个体农民的力量难以推进土地互换。自分田到户至今,农民基于理性考虑,容易互换的土地,农民都自发互换了,剩余的难互换的土地需要基层组织的组织和协调。但乡镇干部和村组干部缺乏做工作的积极性和治理能力,无法动员和组织农民走出集体行动困境。

按户连片耕种涉及农民利益结构的调整,实质上是一项基层治理工作,需要基层组织有较强的治理能力。但由于集体行动困境,以及基层组织治理动力和能力不足,推动按户连片耕种存在很大的困难。虽然马新村作为试点村,在开展土地连片工作的时候,集中了全镇的力量和资源在做这件事情,可以说是以运动式治理的方式开展土地"按户连片"的工作,即便如此,也受到了基层治理动力和能力不足的限制。因此,农地细碎化治理以及按户连片耕种的推进需要强化基层组织的治理动力和能力,将符合农民利益的大好事办好。

执笔:齐燕

按户连片耕种的历史变迁与现实意义

—— 曾集镇调查报告

由于基层组织的动力基础和组织保障,2000 年左右曾集镇"划片承包"比例达到 60％～70％,为当前的按户连片耕种提供了重要的借鉴意义。由于少数反对群体的存在,政策支持力度过小,乡村两级基层干部的动力不足,当前的按户连片耕种工作进程缓慢。按户连片耕种具有重要的现实意义:降低农业生产成本,减少农业生产矛盾,促进基础设施的建设和管护。按户连片耕种促进了以普通农户为主体的适度规模经营和现代发展,具有普遍的推广价值,需要中央政策的支持,以及防止资本借机下乡损害普通农户的利益。

一、按户连片耕种的提出与调研背景

为了解决农民因土地"分散化、碎片化"而带来的"种地难、种地苦"的问题,以及推动农业现代化的发展,沙洋县根据中央和省、市的统一安排部署,抓住农村土地承包经营权确权登记颁证工作的契机,主动作为,在全县范围内推行土地按户连片耕种的做法。按户连片耕种是在落实土地集体所有权,在稳定家庭承包经营权的前提下,以灌溉水源为基本参考依据,由村委会领导,充分尊重农户的意愿,通过村民小组内部的经营权流转、承包地调整和承包经营权互换三种办法,使农户耕种的土地连成一片,在每户耕种土地面积基本不变的条件下,实现农户对土地最大规模的经营。基于对毛李镇三坪村 1997 年开始的"划片承包"的调研和经验总结,2014 年 8 月下旬,沙洋县在鄂家村、童沙村、马新村三个确权颁证试点村,实施了土地按户连片耕种,均取得了成功,并于 2015 年在全县范围

内全面推行。

　　华中科技大学中国乡村治理研究中心研究人员杜姣、班涛、王向阳一行三人于 2015 年 9 月 14 日至 18 日赴曾集镇展开土地按户连片耕种的实践与效果调研,集中在曾巷、雷巷、孙店、万里、太山等五个行政村,以个案访谈的方式揭示典型个案的普遍性意义。本报告主要围绕按户连片耕种的历史和当下实践来展开,重点展现其中的具体做法、蕴含的实践机制和推广价值,分析当下土地按户连片耕种实践所面临的困境,希望为推动农业现代化的发展提供相应的政策依据。曾集镇辖 22 个行政村和 2 个居委会,面积为 215 平方公里,总人口有 47000 多人,农业人口有 40185 人。承包耕地面积近 10 万亩[1],实际面积达 15 万～16 万亩(包括自留地、菜园地、口粮田等未计税面积;旱改水;水源条件差的高岗田;水库未淹没区)。全镇属丘陵地形,以种植水稻和油菜为主。农田大多处于大水利末端,共有金鸡、潘集、安洼三个中心水库以及三个小型水库。

二、按户连片耕种的历史探索之"划片承包"

　　20 世纪 90 年代末,曾集镇的部分村庄及小组陆续出现了"划片承包"的探索。这一时期的"划片承包"是在村干部和农民强烈意愿的共同推动之下实现的。对村干部而言,随着税费负担的加重,农村土地撂荒现象日益突出,村集体面临着巨大的税费收取压力。将土地"划片承包"成为他们解决土地耕种主体流失和缓解税费收取压力的可行选择。伴随共同生产费收取困难程度的增加,农村中大水利难以得到有效的管护,与此同时,农业机械的逐步引进和推广,因分田到户时期带来的土地细碎化和分散化的弊端日渐显现,农民也表现出强烈的"划片承包"的诉求,以降低劳动生产成本,增大种田收益。本调研组此次深入的曾巷、孙店、太山等村庄在村干部和农民的双重合力之下于 2000 年前后进行了土地"划片承包"的有效实践,取得了重要成果。

---

　　[1]　本报告所用亩皆为当地的习惯亩,1 亩大约为 1000 平方米。

（一）"划片承包"的个案呈现

1. 曾巷村。

曾巷村位于曾集镇南 7.5 公里处，面积为 6.56 平方公里，沈后公路贯穿全境，下辖 9 个村民小组，耕地总面积为 3864 亩，其中水田面积为 3174 亩，林地面积为 330 亩，水域面积为 856 亩。全村有 544 户，其中耕地承包户有 329 户，总人口为 1469 人，以水稻和油菜种植为主。税费时期，该村一亩地的税费负担最高达到了 400 多元。在沉重的税费负担下，很多农户弃地而逃，土地撂荒比例达到近 40%，村集体面临着巨大的税费收取压力。与此同时，在村农户面临土地过于分散和零碎的农业生产处境，这极大地增加了农业生产成本。2001 年，受邻镇官垱镇双家村"划片承包"模式的启发，曾巷村组织村干部、小组长去双家村参观学习，吸取经验，并回村宣传，将户数规模小且农民相对团结的八组作为试点。

八组有户籍户 32 户，其中土地承包户有 26 户，耕地有 190 亩。当时，一户农户土地最多的有 33 块，最少的也有 8 块，且分布在各个方位。在听取群众意愿和诉求的前提下，八组形成了初步的划片承包方案。即：①先由农户在"划片承包"方案上签字认可；②将水田按照水源和地理条件划为东西南三个片区；③将所有水田（含农户自己开垦）面积丈量汇总；④按当时在家种田的农户（外出有愿意回家种地的农户也可以）平均分配，在规定时间内不要土地的农民作自动放弃处理；⑤农户宅基地、禾场、园部、菜地统一丈量后按最高指标数用旱地补平；⑥将集体所有的机台、泵站、堰塘定价，由所在片区的农户根据土地面积分摊，长进短出；⑦每个片区架 1 条 4 线抗旱电路，修一条机耕路。

之后由八组推选有责任心的 6 位农民，在村两委的指导下全程参与"划片承包"工作，将所有可以种植水稻的田块按编号、位置、原耕种人、测量面积全部丈量登记在册后，再逐一核对，然后确定每个片区的种植农户和面积。划好片区、明确每个片区应该种植的农户数后，宣布参加抓阄的户数，以抓阄的形式确定每个农户的种植片区，实行编号抓阄，实时登记，当场公布。其中东片为 10 户、南片和西片为 2 户,剩下的 2 户因只愿耕种一两亩土地直接搭配在里面。抓阄后农户按照指定的片区进行面积分户,各片区推选一位片长开展面积分户工作,按照地力条件、堰塘用水进行划块,将质量较差的土地进行折亩计算,最后登记农户划块的块数和面积,按照习惯亩归口国策总面积的要求计入农户承包面积。值得提出的是,在"划片承包"前,村组就对该组的水利等基础设施进行了评定,确定了以水源和机耕道为主的公共基础设施改造方案,将开挖堰塘以及机耕道修建所占的公用耕地面积从所在片区的耕地面积中扣除。抓阄分片后,由所在片区的农户共同出资、出力进行农业生产公共基础设施的全面改造。

八组试点成功后,2002 年、2003 年两年曾巷全村除九组外全部实行了"划片承包",各个小组"划片承包"方式因居住、水源、道路等客观条件的不同而略有差异,比如七组,农户居住分散,采取了按户划片的方式,将居住在一块的农户划为一片,土地集中在住房附近。通过"划片承包",该村基本实现了 1 户只在一个片区进行种植的统一模式,极大地改善了农民农业生产的基础设施条件,并减少了农业耕种成本。

2. 孙店村。

孙店村全村有 25 个村民小组,共 3300 人,有 860 户,其中土地承包户有 727 户。土地承包面积有 7363 亩,承包户实际面积有 9000 多亩。孙店村是 2005 年时由潘集、老孙店、范集三村合并而成的,这三个村分别为现今的一至六组、七至十八组和十九至二十四组。二十五组为 2009 年搬迁而来的移民,属移民组。2002 年左右,潘集村和老孙店进行了"划片承包",连片率达到了 100%。

潘集村为现在的一至六组,一共有 140 多户,其中承包户为 110 多户,上报承包面积为 1670 亩,实际面积有 3000 多亩,户均耕地面积为二十多亩。由于土地资源较为丰富,当时在"划片承包"时,主要采取以下方式:①给残疾人无偿分配 5 分口粮田;②耕地面积按照农户自报的原则进行划片分配,所分到的耕地都集中在一片,不存在插花现象。其中一至三组旱地在每户平均分派。四至六组为水旱搭配,即水田越多,旱地分到的就越多。旱地不纳入计税面积。当时,农户惧怕沉重的税费负担,一般都不敢多要土地。比如一名 50 多岁的农民,只要 7 亩多土地,并与儿子分户,担心土地负担传递给子代。平均每户耕地面积在 20 亩左右。农户分完之后,剩下的土地由小组长承担,其中一名小组长不得已承包了 70 多亩。在土地"划片承包"之前,潘集村通过申请农田改造项目,全面整改了水电等方面的农业生产公共基础设施,根据农户的数量配备了机台、变压器。由于潘集村临近潘集水库,只要电力供应到位,就可提灌。

原孙店村有 400 多户,共有 3000 多亩耕地。"划片承包"时,根据水利、道路等生产条件的好坏,将耕地分为三类,并按照好中差共有的原则在小组内部进行划片,耕地面积按户平均分配。之后根据片区面积确定其所容纳的农户数量。最后采取抓阄的方式确定农户所在的片区,以及在具体片区中的土地位置。在一个片区内,农户的土地一般为两小片,其中好地一片、中差地一片。"划片承包"后,全村大力进行水利改革,改修和新修堰塘,增加了堰塘整体的蓄水量。

3. 太山村。

太山村位于曾集镇东南方,有 412 户,共 1712 人,分为 15 个村民小组,有耕地 4533 亩。2002 年,村干部为了提高农户种田的积极性,以五组为试点推行"划片承包",并改善农业生产条件。五组户籍农户为 35户,其中 12 户因沉重的税费负担弃地而逃,全组有 380 亩耕地,抛荒面积达 50 多亩。五组划片承包工作步骤如下。

首先,在小组召开户主会,征求农民对"划片承包"的意愿,90％以上的农民都表示同意,并签了字。接着将农民耕地统一收回,包括计税面积和农户开荒地。将修路所占的耕地面积预留并从耕地总面积中扣除,具体的资金和劳动投入由分到这块田的农户承担。同时,在每户的耕地上架上电线,且预留 2000 平方米的堰塘面积。基础设施完善之后,再进行抓阄分地。分地的原则由农民通过会议讨论确定,最终形成了按户与按人口相结合的方案,即当时在村人口不论性别、年龄分得一亩口粮田,剩下的田地按户平均分配,最终户均耕地为 17～18 亩。太山村五组的整个划片工作经历了一个多月,划片期间,小组长每晚睡觉时间不足两小时,前后开了不下十次会议。在架电线的过程中,有些农民因靠近公路旁国家所架的电线而不愿交钱,村组又缺乏资金,最终架电线的 3000 多元都由小组长垫付,至今还被拖欠着。

(二)"划片承包"的动力基础和组织保障

从上述三个村庄或部分小组对土地"划片承包"方式的有益探索,可以发现:不同村庄,甚至是同一村庄的不同小组在具体的"划片承包"方案上都存在差异,农业基础设施条件(尤其是水利条件)、人地关系比例、农户居住格局是基础性的影响因素。总的说来,基本呈现为两种"划片承包"方式:一种是先划片,然后确定片区中农户数量;一种是划片到户,即先确定农户规模,再进行针对性的划片。比如曾巷八组,因农业基础设施在组内基本实现了相对均衡的分配,且农户居住集中,所以采取了先划片再确定农户片区位置的方法。原孙店村采取先将土地划片再分到户的方式,一个原因就是漳河水库灌区不能直接对农户放水,必须要以片为单位。曾巷七组则主要是因为农户居住比较分散,而采取了划片到户的方式。

2000 年左右,曾集镇有很多村庄或小组都进行了"划片承包"的尝试,除了上述所提到的成功案例之外,亦不乏失败案例。上述案例之所以能够成功,有以下三个原因。

首先,村干部和农民双向意愿的强烈推动,这意味着土地"划片承包"具有强大的组织动力基础和群众基础。于村干部而言,严峻的税费收取压力迫使村干部寻求激发农户种田积极性的策略。于农民而言,村级组织共同生产费收取困难导致了大水利体系的瓦解,生产用水极不方便。再加之农业机械的推广,土地细碎和分散化的弊端日益凸显。

其次，村级组织具备动员农户筹资兴修水利、道路等改善农业生产公共基础设施的手段。这一时期，农户需要向村级组织上交农业税、三提五统以及共同生产费。尤其是共同生产费，是根据承包面积由农户共同摊派的，不考虑土地生产条件的好坏。这就使得村级组织在正式进行"划片承包"之前可以进行农业生产基础设施的全面改造和改善，从而缩小了不同地块生产条件的差异，为"划片承包"奠定了物质基础。

最后，需要有强大且强势的干部队伍做后盾。"划片承包"涉及各具体农户，面对多样化的农民诉求，就意味着村干部具有团结积极分子、凝聚群众力量来平衡农户间利益以及对付钉子户的能力。如果村干部自身无法保持公平公正以及缺乏做事的决心，那么于千家万户有益的划片承包工作最终都会因为少部分人的反对而走向瓦解。

曾巷九组，于2002年左右尝试过"划片承包"，开展了两次都没有成功。第一次，一位农民因为抓阄所得的土地位置不好而反悔，以抓阄时是其父亲代抓、他未亲自签字为理由，主张重新抓阄。这位农民是村里的小混混，他四处在组里放风，游说几位同他一样抓阄抓得不好的农民。其中一个农民就跑到当时的村书记跟前，说别人都不愿意搞划片，就只有他搞，那他也不想搞。刚开始村书记态度比较强硬，发狠话说："你愿意搞得搞，不愿意搞也得搞，你是抓阄同意了的。"这个农民抱着一瓶农药相威胁，若是强制让他耕种抓阄的田，他就喝农药，死给村书记看。村书记怕出事，就没有继续坚持。当时组里也没有敢于说话、坚决支持划片的农民站出来说公道话。这一次"划片承包"就没有得到执行。现任村会计说，有第一次不成功，就会有第二次不成功。因为第一次给了第二次可以反悔的示范。九组在第一次"划片承包"失败后不久，农民看到其他小组划片后生产条件得到了很大的改善，于是又开始积极筹划第二次"划片承包"。然而，因为有些农户抓的阄比第一次还差，村里就弥漫了一层怨气。九组组长就是其中的一位，抓完阄后，直接对在场的农民说："我要种我原来的地，要搞你们自己搞吧。"这一次"划片承包"便随着组长的退出而终结了。自此之后,九组就再未进行划片耕种的尝试。农户间,可以进行互换的就进行了互换,无法互换的,就各自打各自的井,各自拉各自的电线。如今,九组农户的土地依然是东一块、西一块,农业生产极不便利。在农业共同生产费取消加大了向农户筹资修建公共基础设施难度,以及二轮延包以来农户已经对所耕种土地进行固定生产设施投资的情况下,现今要想农户进行划片耕种,无疑面临着更大的困难。

就 2000 年前后这一时期而言,村集体和农民都有强烈的"划片承包"的意愿,这直接构成了土地"划片承包"能够得以推进的动力。此外,村干部的决心和战斗力则是"划片承包"能否得到落实贯彻的组织保证。只有同时具备这两方面的条件,"划片承包"这一益于亿万农民的好事才能最终成为现实。曾集镇部分村庄和小组"划片承包"的探索,基本实现了农户连片耕种的需求,并为当前沙洋县推动的按户连片耕种工作提供了重要的借鉴意义和价值。

三、按户连片耕种的当下实践

(一) 按户连片耕种工作的筹备和部署

沙洋县在鄂冢村、童沙村、马新村 3 村试点的基础上,于 2015 年在全县范围内全面推行按户连片耕种工作。5 月 27 日成立了由县委书记揭建平任组长,县长谢继先任第一副组长,县直 21 个相关部门主要负责人为成员的农村土地承包经营权确权登记颁证工作领导小组,副县长杨宏银兼任县确权领导小组办公室主任,由县政府外侨办主任曾维国和县经管局局长陈春生兼任县确权领导小组办公室副主任,具体组织领导实施全县土地按户连片耕种工作。同时,镇、村两级相应成立了工作专班,对土地按户连片耕种工作进行组织领导。

曾集镇的确权专班由书记、镇长、分管农业的副镇长、财政所所长与办公室主任组成,书记担任组长。5 月 28 日,镇政府召开按户连片耕种座谈会,除镇里干部参加之外,另外选取了 8 个村支书和 2 个村会计。6

月 3 日,召开按户连片耕种经验交流会,由 2000 年左右开展过"划片承包"的太山村与曾巷村村支书介绍经验。6 月 5 日,召开按户连片耕种试点选定会议,最终确定万里村六组为试点,并在六组召开户主会,向农民发放按户连片耕种意见稿,乡镇专班、包村干部、财政所专管员配合村组工作专班宣传政策,引导农民进行按户连片耕种。一个星期后,总结万里村六组的按户连片耕种经验,以之为模板,于 6 月 15 日在镇政府召开全镇村支书、会计共同参加的按户连片耕种推广会议。之后,各村组成立与乡镇相对应的确权工作专班,开展按户连片耕种和确权颁证工作。

(二)万里村六组按户连片耕种试点

万里村共有 622 户,有 2119 人,分为 17 个村民小组,有 6319 亩土地,其中水田为 5352 亩,剩下的 900 多亩为旱地,人均耕地较多。2002年,在二轮延包之前,除四组和九组外,其他各组都进行过"划片承包",改善农业生产条件。当时划片的基础为水源条件,一个小组按照灌溉水源分成几片,片区内根据耕地面积确定农户数量,道路及沟渠等基础设施由同属一片区的农户协商解决,共用一个电表,按照各自的田亩面积摊派水电费。通过划片,农户基本实现了土地的相对集中,土地分散化程度有所降低,但并未完全连片。

2015 年 6 月,万里村六组被定为按户连片耕种的试点后,就开始进行动员活动,召集小组长、党员与群众代表开会,传达政府政策即"以经营权流转为主,互换承包经营权为辅,不得打乱重分",并商讨具体方案。半个月后,全村以六组的连片耕种方案为模板进行推广。

按户连片耕种工作启动后,村集体开始在村庄公共场所刷标语、拉横幅,为宣传按户连片耕种工作造势,营造氛围。每个小组召开户主会,村里的三个主职干部分别参加。万里村此次共集中连片 410 户,其中 301户是承包权互换,109 户为经营权流转。进行承包经营权互换的农户需要在村委会签订土地互换合同,经村委会签字盖章,之后承包权证才能过户。农户之间调整的土地无需重新丈量,因为耕地资源较多,相差几十平方米并不会在意,直接按照二轮延包时承包经营权证上的面积进行互换。相对于经营权流转方式,农户更愿意采取承包权互换的方式。在他们看来,承包权互换后土地权属主体的变更,可以省去很多麻烦,也减少了以后扯皮的可能,而且能够自主地进行沟渠路等基础设施的投入。

万里村能够较为顺利地推动土地按户连片耕种工作,有其特定的客观物质基础、动力基础以及组织基础。

首先,是客观物质基础。万里村全村共用一个机台,两条水渠将农户耕地全部包围,可流经其中的每片土地,水源条件分布均匀,村庄整体土地灌溉都非常便利,减少了农户对互换之后农业生产条件变差的担忧。而且,该村人均耕地较多,对于土地调整中少量的面积差距不会太敏感,土地连片的好处也有利于弥补因少量土地减少所带来的收益损失。

其次,是具有较为强烈的动力基础。村中存在一定数量的土地种植面积在二三十亩的中农群体,包括该村三名村干部在内。由于长期生活在村庄,土地构成了他们收入的重要组成部分,他们有将土地连片以进一步提高土地耕种效益的需求,减少农业生产劳动时间,以腾出更多时间外出务工。这部分中农群体构成了按户连片耕种的绝对支持力量。

最后,是强大的组织基础。该村村支书平常为人公平公正、勇于贡献,在农民心中享有极高的威望。同时,还善于运用工作方法,积极动员村庄内部具有威信和号召力的党员、老干部。而且,还动员村中的混混,以防他们成为连片工作中的反对力量。种田大户也在其重点团结对象的范围之内。以上各群体共同组成了以村书记为核心的按户连片耕种政策的支持者,推动了此项工作在全村范围内的开展。

(三) 按户连片耕种的实践困境

自 20 世纪 80 年代实行家庭联产承包责任制以来,曾集镇的土地连片工作就已经陆陆续续在村集体的组织或农户私下交换的方式下进行。截至 2015 年,这部分自发行为所达到的连片率已有 60%～70%。而借由土地确权颁证工作的契机所推动的土地按户连片耕种进程缓慢,有其客观原因。

从农户角度而言。虽然连片有益于减少农业劳动成本,提高土地种植收益,然而30多年村庄社会的变迁和发展带来了村中农户群体利益的分化和诉求的多样化,具体表现为连片意愿的程度差异。根据对此次"按户连片"承包的态度,大致可分为积极支持型、无所谓型和反对型三种。老年人和种植规模较大的中农是此次按户连片工作的主要支持群体,大概占70%。对当前连片耕种持无所谓和反对的农户在村庄中大概占30%。

随着体力的下降,老年人越来越无法承受因土地过于细碎和分散所带来的繁重劳动。

比如雷巷村五组农民易某,60多岁,家里就只有他和老伴,现种有4.3亩地,分为五六块,分布在四五片地方,东南西北都有。平常抽水接管子都要四五百米,片与片之间都要走上半个多小时。说到连片耕种,他激动地直说:"我举双手赞成。"

雷巷村五组之前没有搞过划片耕种,土地极其分散,插花现象严重。组里绝大多数种田农户都是像他这般五六十多岁的年纪,甚至是七八十岁的老人。土地的过于分散和碎片化所带来的劳动强度使他们越来越无法承受。

土地种植规模较大的中农,也表现出强烈的将土地连片的意愿。这部分中农中,有很大一部分是因为各种原因而无法外出务工,只能在家种地。土地收入构成了他们家庭收入的主要来源。为了维持家庭消费以及家庭最基本的再生产,他们需要以一定的土地规模为支撑,实现土地耕种的规模效益。就如万里村一农民所说,在土地分散的情况下,规模越大,收益越差。

孙店村二十四组农民郭光贵,今年50岁,除了种自家的12亩田之外,还租种了其他农民的10多亩田。孙店村二十四组以前没有搞过"划片承包"，土地非常分散。郭光贵家的 12 亩田分布在 4 个地方，别人的 10 多亩田分散在 2 个地方。他说，田块过于分散，使得他"做事全在路上跑""天干的时候，每天都要到处抽水，抽完这块，去那块"。就连他用拖拉机载着高压枪打农药，打完这 20 多亩地，也要两三天。有时，还会因为田面积太小，给自己的田打了，同时也给别人的田顺带打了。

无所谓型，主要是自家田亩数量不多，对土地收入的依赖性较小，这部分农户通常只种一季水稻，冬季抛荒。这些人通常是村里的中青年人，农忙结束后，他们要么进城为子女带小孩，要么进城务工。

雷巷村四组李远行家，他老婆 45 岁，家里种有 8 亩地，有 10 块，分布在 4 片地方。据他老婆介绍，平常地里用水时，都要从堰塘里用大泵抽水，最远的要接两三百米的水管。不过由于他家目前并无特别的负担，大女儿已经出嫁，只有一个小女儿在武汉读大学。李远行是电焊工，一年的收入有好几万。到现在，家里的几亩田种不种都无所谓。她说："田划到一片，肯定好管理，省时间，但不知道别人愿不愿意，不过我家只有几亩地，搞不搞无所谓。"如今稻谷都已经收割，过两天她就要去城里帮她大女儿带孩子去了。

当然，村中仍然有反对的农民。这部分农民往往是自家土地已经基本成片，没有继续进行连片的需要。

比如雷巷村五组一位妇女，40 多岁，种有自己的 10 亩多和别人的 5 亩多田，总共只分成两片。她自家的地独立成片，都在道路边上，屋前屋后不说，还有三口堰，用水最远也只需两盘水管。她得意地跟我们说道："像我的田这样条件的，全组没有几户。"也因此，一提到现在推行的连片工作，就激动地叫道："我坚决不换！坚决不愿意。"

与此同时，已经在自家分散的地块上进行了固定生产设施投资的农户，也是连片工作开展过程中遇到的一大阻力。为了解决灌溉问题，在土地分散的状况下，很多农户在自家耕地中打机井、挖堰塘。土地比较分散的农户甚至打三四口井，打一口井大概需要六七千元。与已有固定生产设施投资的农户互换土地，就面临着相关补偿问题，这是想要互换的农户所不愿支付的。

值得提出的是，20世纪80年代，可以通过村级组织或私下互换实现连片的基本都已经连片，即上文提到的60%～70%的连片率。剩下的，几乎都是无法通过农户自愿的方式来进行连片的土地。此外，因农户利益分化造成的连片意愿的差异化，意味着完全依靠农户个体是无法形成统一性的和强大的推动连片工作的合力的。这种合力，最终都会因为少部分农户的阻拦或不同意而走向瓦解。

曾巷村九组农民邓杨成，40岁，有15亩水田，分为30多块，分布在多片地方，东南西北各个方向都有。为了土地连片，他曾经尝试过与土地临近的农户互换，他提出用自己2000平方米的土地换临近农户1300平方米的土地，但仍因其2000平方米土地的地理位置和水源条件太差而遭到拒绝。

农户私下互换土地往往都是因为土地的"高高低低、大大小小、远远近近①"而失败。也因此，对将土地连片有强烈意愿的农户，向我们表达了强烈需要上面给予乡镇干部压力以强势推行连片工作的要求，直说："搞土地连片，全靠农民自愿调整，是搞不成的。只有上面给予政策压力，有形势逼迫，就和20世纪80年代的分田到户一样，你分也得分，不分也得分。现在就是要搞连片，让你搞也得搞，不搞也得搞。"

乡镇及村组干部推行"按户连片"工作的动力不足。沙洋县力推的按户连片耕种工作，对乡镇干部及部分村组干部来说，并没有直接的利益相关性。土地按户连片耕种，从本质上说是一件完全有益于农民农业生产和生活福利全面提高的民生工程。然而，对乡镇干部没有直接的好处。而且，土地按户连片耕种工作只是沙洋县政府承接土地确权颁证工作的

---

① "高高低低"是指田有高岗田和冲田的差异。高岗田因所处位置较高，灌溉相对困难。冲田是灌溉等条件较为便利的土地。"大大小小"是指土地有大有小。"远远近近"是指土地离堰塘、渠道、水库、机耕道以及居住地的远近。

附带物,从官僚内部的组织动力来说,其不具有绝对的政治强制性。再者,县里提出的在 2015 年 9 月 30 日之前连片率达到 90％以上的要求,完全突破了现实可能性。由此造成乡镇干部及村干部的消极行政行为。土地连片工作,涉及每一个具体的农户,牵涉村中各种利益群体。甚至,从一定意义来说,此次的土地连片是一项对农户土地利益进行调整的工作,必然会遇到各种问题和困难,且只能逐步解决。因此,要在短时间内达到 90％的连片要求,显然不具有现实的可能。而且土地"按户连片"工作本身还遭遇了国家政策瓶颈。在沙洋县强调连片原则为"以经营权流转为主,承包权互换为辅,不得打乱重分,坚持农民自愿"的前提下,无疑会增加具体连片工作的复杂程度和困难程度。在过于强调维稳的背景之下,怕惹事、怕出事更是乡镇及村组干部的心态。加之,乡镇干部全身心地投入中心工作之中,连片工作很难再在其中找到合适和恰当的位置。因此,上述种种原因从某种程度上决定了土地按户连片耕种极易成为乡镇和村干部共谋之下的应付性工作。

因此,总体说来,即使绝大多数人存在强烈的将土地连片的意愿,在没有乡镇干部的极力推动和村干部强势推行的情况下,依靠农户自发调整是很难实现土地按户连片耕种的目标的,这也是曾集镇连片工作进度缓慢的原因所在。这即意味着必然需要强力的政策支持力度作支撑,激发和调动乡镇以及村组干部的组织动力,才能使土地按户连片耕种成为现实,进而全面提升农民的生产生活福利。

四、按户连片耕种的现实意义

不论是 2000 年前后的"划片承包",还是如今的按户连片耕种,从本质上来说,都是希望通过将分散化的土地进行连片的方式来使农户方便种田和轻松种田。这是对当前我国因 20 世纪 80 年代为了公平原因,将土地好中坏均衡搭配给农户的分田方式所造成的土地分散化和细碎化状况的应对。如果说 2000 年前后是为了解决土地大量撂荒而导致的税费难以收取问题,以及农村大水利破坏给农民带来的灌溉难题,那么现今所提出的土地按户连片耕种则更多的是应对青壮年大量外出务工所带来的老人农业以及中农农业，老人农业和中农农业都有强烈的运用机械等需求，前者主要是基于体力的考虑，后者则更多的是基于效益的考虑。因此，总体而言，这两种土地连片方式都是现实推动的结果，符合时代的要求，也使其具有强大的群众基础。土地连片耕种的现实意义可以从降低农业生产成本和劳力成本、减少农业生产矛盾以及有利于农业生产基础设施的建设和维护等三方面来理解。

（一）降低农业生产成本和劳动量

20世纪80年代分田到户所造成的农田细碎化和分散化直接影响了农业机械化，尤其是农业大机械的推广和应用。2000年后，各种农业机械逐步在沙洋县得到使用，并在农业生产方式上发生了一场革命，肩挑人扛的耕种时代已经日渐远去，劳动力获得极大解放，基本实现了机耕、机播和机种。然而，农村生产关系的滞后，严重阻碍了农业大机械的进一步推广和应用。农业大机械的使用，需要以成片化的土地规模为前提。据调查了解，沙洋县，尤其是其中的丘陵地区，大机械的推广一直无法得到全面的展开，而主要是小型机械的使用。地块的过于细碎和分散无形之中也增加了机械使用成本。

曾巷村九组的邓杨成，种有自家土地15亩，分成30块，坐落在东南西北各个方向。他说，本地的收割机在成片的土地上收费只要80元/亩，而他的要100多元/亩，因为需要跑的路多，耗油多，两片地之间就要跑半个小时。田块面积在300平方米以下的，通常是按照块数收费，一块地是30～50元。同时为了水源灌溉，土地分到四五个地方的农户，几乎打了三四个机井，每挖一口机井就要六七千元。

更为重要的是，土地的分散化极度加大了农业生产的劳力成本。

仍以曾巷村九组的邓杨成为例，他除了种自己的15亩地外，还在七组租种了15亩地。七组之前搞过"划片承包"，这15亩地连成了一片。对耕种这两类15亩地的情形，邓杨成颇有感触。他说，种七组的50亩地仅相当于种自己的这 15 亩地。七组的这 15 亩地，只要架一个水泵，最多两个水泵就可以了。他自己的有时需要 8 个水泵，来回抽多次水。七组的 15 亩地，水泵放在那里，只要看一下就行。自己地里的泵水抽完了，还要把管子收回来，再搬到其他田块里。如果土地可以连片，只要一台水泵、一根电线、一条水管就足够了。体会到连片的好处后，他直说若是村干部更强势一些，镇干部多给村干部一些压力，就好了。否则全靠农户自己私下调解协商，事情肯定是搞不成的。另外还有雷巷村四组的蒋玉烈，他今年 60 岁，种有 10 亩地，分为 20 多块，分布在五六个地方，全是插花田。他说，如果土地连成一片，就只要挖一个堰塘，水可以直接从自己田里往下流到下一块田。现在他则要不断抽水、迁移水泵，并抱怨种田没意思，多花点钱倒无所谓，主要是人太辛苦了。有时半夜就要起床，怕别人偷走自家的泵和线。

万里村的农民真实体会到了土地连片前后的差异，以及连片后所带来的好处。

付永林，53 岁，家有 5 口人，耕地 14.5 亩，分为 3 片，通过与 3 个邻居协商，土地集中到了自己房屋前，只有一片。原来 3 片相距有 500 米路，一亩田的水电费为五六十元，现在则是将水抽到最高一块田，再往其他田流，灌溉很省事，一亩田的水电费减少到 30 元。

首先，原来土地分散时，在每年 7 月抗旱时用水纠纷多，大家都从一个机台抽水，用电比较紧张，不少人都起早摸黑地抢水，农民之间经常发生争吵与打斗。为了保证灌溉，不少农户都打了机井，打一口机井需要六七千元，在地下 60 米处才可以抽到水，使用的电费也更高，农户投资很大。其次，原来土地分散时在施肥与打农药、拖运谷子时拖拉机要走很多趟，一半的时间都耗在路上，不仅浪费了人工，也增加了柴油开支，现在集中连片后只要一次把农具运到田里就可以。连片后请收割机的花费也能节省，原来分散时收割机不愿意进来，价格也要的高。最后，集中连片后可以自由选择农作物，付永林在十几亩土地春季种水稻，秋冬则养龙虾，实行稻虾连作，一亩田的纯收入达到 2000 多元。

万里村村主任付春华，46 岁，有耕地 12.6 亩，在土地分散时收割费要 1200 多元，现在连片后只需 800 多元。划片前种植水稻时施肥需要三天，划片后只需一天，直接用拖拉机把化肥运到最中间的一块田即可。划片后插秧机与拖拉机也省了很多油耗。划片前水管有 300 多米长，最长的达 500 多米，现在十几米就可以。划片前在抽水灌溉中午最热的时候要在堰塘边照看水泵，这一片地灌满后要将潜水泵挪到其他地块，种田很辛苦，现在划片后抽水时只需把水抽到最高一块地，再流向其他田块即可，中午可以在家休息，种田很舒服轻松。划片前夫妻两人只可以种 10 亩地，划片后种植 30 亩都是很轻松的。

万里村农民金玉兰，42 岁，家有 3 口人，有 8 亩多地，分布在 5 个方位，距离最远的两块地相距 1 公里路。连片前耕一块田拖拉机在路上走的时间就要半天，拖拉机一半的柴油都耗在路上，连片后两天即可耕完土地，拖拉机第一天可以直接放在田里，第二天接着耕剩下的田。冬播时周围农民提前插了秧，自己就没有路将拖拉机开进去耕田。划片前大家都会积极抢水，抽水需要 3 个泵，水管 800 多米长，现在则只需一个泵，十几米水管就可以浇完所有田地。划片前收割 1000 平方米需要 100 元，小块田地收割机不愿意进来，还要求他们帮忙，收费也不按平方米算，金玉兰有两块田各 300 平方米、400 平方米，各收了 30 元、40 元。

农村中诸如此类的案例不胜枚举。因此，土地连片耕种，不仅有利于减少农业生产的经济成本，而且极大地解放了农业生产所需的劳力投入，提升农民种田的幸福感，同时有利于减少抛荒现象。

（二）减少农业生产矛盾

土地分散化所造成的插花现象，使得相邻权问题在农户之间表现得非常突出，尤其体现在农户土地耕种过程中负外部性的大量溢出，由此引发了农户间因土地耕种而产生的各种纠纷和矛盾。当土地过于分散时，农户的土地耕种必然需要与相邻土地的农户打交道，在进行农业生产各个环节时需要相对统一安排,极大束缚了他们的自由,也增加了各自的交易成本。土地连片从某种程度上有益于实现农业生产外部性的内部化,即农户可以自由安排自家的农业生产。曾巷村八组一名妇女这样说道:"连片之后,人自由哩,水不过人家田,想什么时候插秧就什么时候插秧,想多种就多种,再不受别人的制约。在一起种田,总有些摩擦,连片之后,矛盾就会少些。"

通过曾巷村搞过划片的一至八组和未进行划片的九组之间的比较,我们可以明显感受到连片对减少农业生产纠纷方面的重要意义。据该村村会计说,村里的矛盾纠纷主要集中在九组,大概能占到全村矛盾的1/3。矛盾纠纷又主要出现在农业生产中的水、电、路三个部分。比如,有心机的农民会四处借泵,到了晚上就在自家的田里放潜水泵,一块田放一个,一天抽四五亩。没有心机的农民,到第二天就没水了。理性的农民,还会选择让村干部来调解矛盾,而"气急败坏"的农民,则直接将别人的泵拿掉,丢在一边,然后两家大打出手。与此同时,还会影响到农民的日常生活用电问题。九组就经常出现生产用电用不了,生活用电也用不了的情况。有时候一个星期都没电。有的农户可能放好几个大泵,同时抽水。当每个农户都这样做时,则会增加用电频率,从而超出变压器的承载量,最后导致自动跳闸、断电。但是,越是不来电,越是恐慌。一旦来电,用电也越集中,陷入恶性循环之中。之所以会引发诸如抢水、抢电的事情,除了水源灌溉以及电力供给条件有限之外,还有就是土地的过于分散。农户为了争取播种或插秧等最佳时机,不得不同时在每一块田中放上潜水泵抽水。如果一块田一块田地灌溉,则可能造成部分水田错过最佳时机。与此同时,分散的地块也影响了农户个人水源等基础性设施的投入,打一个机井大概需要六七千元。为了应急需要,农户往往只是在自己田块相对集中的地方打机井,其他块数较小且分散的水田从某种程度上说,只能依靠公共堰塘或水源灌溉,从而容易发生对公共水源的争夺。随抽水而来的抢电问题,也就出现了。

农户之间因过多的地块相邻，也会在收获季节产生纠纷。相邻的两块田，一块田的谷子成熟早，另一块田的谷子成熟晚。较早成熟的要先收割，但是机器又必须从晚成熟的这块田里经过。这块田的主人好说话还好，不好说话的，可能又会产生一系列的纠纷。

比如曾巷村九组曾经就发生过一起因插秧苗时间不同而引起的纠纷。两户土地相互插花的农户，靠近外面的田块秧已经插完，里面的一户还没开始，而插秧机需要从外面这块田里经过。外面一户农户不肯，双方就吵了起来。"自古历来，我都是从他家田里过的，他不让我过，我非得过"，于是就把外面这户农户的秧苗给拔了，最后两家是闹得不可开交。

此外，还有因秸秆焚烧引发的纠纷。还是发生在曾巷村九组，由于该组的土地极其分散且细碎，一次一个农户在焚烧自家的秸秆时，不小心把邻地的秸秆也烧了。为此，这户农民以"自己家秸秆另有用处"为由，不依不饶。

在曾巷村，与九组形成鲜明对比的一至八组，则极少有因土地耕种引发的矛盾和纠纷。因土地成片，农户可自由进行农作物的生产安排，而不用受制于邻地的情况，排灌和农事管理更加方便，减少了因跨田作业而产生的各类矛盾纠纷。从村庄治理角度来说，这也极大地减轻了村干部治理和管理村庄的压力，有利于农村社会的稳定与和谐。

（三）有利于基础设施的建设和维护

农户耕种土地的连片，有益于村集体组织进行农业生产基础设施的统一规划和建设，包括沟渠路等与农业生产紧密相关的配套设施。尤其土地集中在一片的农户，他们也愿意进行农业生产基础设施的投资。比如曾巷村八组，搞"划片承包"时，根据土地地形、水源条件等将土地划分为东西南三片：东片土质最好，水源条件也好；西片次之；南片最差，土质差，水源、道路也差，但在面积上做了相应的补偿。分布在南片的几户，最后通过自己凑钱打井、修路、牵电线等，农业生产条件得到了全面的改善。同时，在一个大片区内，不再是像之前容纳有很多土地零碎的农户，而是只有几个土地连片的农户。这极大地减少了相互之间的监督成本，也有效防止了搭便车的行为。片区内的公共基础设施在大家的共同努力下得到了很好的维护。而且，土地连片后，农户也愿意在自己成片的土地上投资基础设施，比如打井、挖堰。于是，在调查过程中，我们明显发现土地有进行连片或划片的村庄或小组，农业公共基础设施的利用效益都比较高。而没有进行连片或划片的村庄或小组，则很多公共堰塘、沟渠等几乎都处于瘫痪和无法利用的状态。这进一步加剧了农民农业生产的困难。更有甚者，还出现了将公共堰塘私人化的现象。

仍以曾巷村九组为例，该组之前有一口大堰塘。部分农户为了缓解自己与别人争夺水源灌溉的压力，直接将大堰塘分成了一个一个的小堰塘，最后被分成了 9 个小堰塘。各个堰塘之间不能相互取水，这已经成为不成文的规定，公共堰塘最终沦为私人堰塘。与之类似的，则是农户对公共基础设施及资源的过度榨取，却极少给予维护。比如有的农户，本来自家的堰塘还有水，自家田里也不缺水，但是又担心公共堰塘里的水被别人抽干，于是仍然一个劲儿地往自己堰塘里抽水，堰塘里的水都灌满了，就任水往外流。就如曾巷村会计所说："农民都有这样的想法，我节约，是给别人节约。最后造成公家的堰塘没有保障，自己的堰塘绝对是有保障的。"这即所谓的公地悲剧现象。

若是将土地划片，并让农民土地连片，则有利于落实公共基础设施的管护主体。当一个片区内，因土地细碎化而带来的耕种主体变多时，往往出现大量的搭便车行为，且是无法得到有效制裁的情况。责任的分散化，最终导致的结局是没有任何人关心公共基础设施的管护问题。

除了农业公共基础设施的建设和管护外，还有农户私人性设施的投入。土地连片后，农户也愿意对自家的土地进行长期性投资，比如堰塘、机井以及机耕道等，投入这些设施所花费资金以及所占据的土地在与之能够带来土地规模种植效益相比较的情况下，农户是可以忽视的。曾巷村九组的邓杨成，就非常渴望自己的土地能够连片，水源、道路等条件差一些也不要紧。只要能成一片,他愿意自己进行相应的生产性投资,该修渠的修渠、该挖堰的挖堰、该拉电的拉电、该修路的修路。而且,从一定程度上说,土地连片后,也方便了农户的生产性投资。在土地分散的情况下,可能需要几口堰、几口井、几根泵、几根线。在集中连片的情况下,则可能只需要一口堰、一口井、一根泵、一根线。这其实也是减少了农户的生产性投资,规模效益也会相应得到凸显。

比如万里村的张青,50多岁,就切实感受到了土地不连片的苦楚。他通过私下流转进城务工的亲戚朋友的土地,共耕种土地60多亩,分布在七八个地方,距离最远的两块地相距有两三公里。现在打了3口机井,打一口井需要六七千元,还垮掉了一口。3个潜水泵,水管长达1000多米,一亩田水电费就要七八十元。收割时需要等旁边几户都收割后才可以从别人田里经过。插秧时也需要与周边同步,否则没有道路。冬播时只能与周边几户一样都种同一种作物,别人种完后自己才可以种,否则水要流经别人的田地,因为难以协调,现在冬季只能抛荒。他于是发出这样的感叹:"耕地在没有连片集中的情况下,规模越大,效益越差。"与此同时,因土地分散所带来的田间管理难度也相应地增加。

五、结语:以小农为主体的适度规模经营与农业现代化

随着经济社会的发展,农村社会的生产关系越来越不适应新兴生产力发展的需要。土地细碎与分散化给农民生产生活所带来的不便程度日益增加,弊端日渐显现。更为重要的是,农民对土地连片耕种的需求也越来越强烈。打工经济的兴起,使得农村青壮年劳动力大量外出,村中剩下的主要是老人群体和因各种原因无法离开村庄的中青年人。他们构成了村庄社会中的主要土地耕种群体。于老人而言,种田既是其养老的重要手段,也是其生活的重要方式。他们可以从土地的耕种和劳作中体会到意义和价值,进而获得老人的尊严。在农业生产领域机械化大幅度普及的情况下,老人只要身体状况还可以,那么种地就不是一件很困难的事情。一位六七十岁的老人,在有机械帮助的情况下,种上一二十亩地的现

象在农村并不少见。然而土地细碎化和分散化的现实,却阻碍了机械化的推进,从而加剧了土地耕种的劳力成本,使得老人无法承担。对在村的中青年人而言,他们同样对土地的连片规模种植具有极大的依赖性,这样才能最大可能地获取规模效益,以弥补不能外出务工所带来的机会成本。

沙洋县土地连片耕种的历史探索与当下实践,无疑具有极大的现实意义,有力地回应了农民最紧迫的需求,符合当前我国经济社会发展所处的阶段。我国还属于发展中国家,这意味着在以后相当长的时间内,我国农村人口仍然无法完全实现向城市的转移,还有相当一部分人依旧需要回到农村进行生产和生活。土地,则是他们在农村生产和生活的重要物质支撑,这也意味着不会缺乏种田的主体,小农仍有长期存在的合理性。在以推动资本下乡实现农业规模经营和现代化的浪潮之下,沙洋县土地按户连片耕种的实践开辟了一条以小农为主体的规模经营和现代化道路,具有普遍的推广价值。然而,在推动土地按户连片耕种的过程中,仍然存在农户意愿强烈而乡镇及村干部动力不足的状况。因此,这就需要上级提供相应的政策支持和压力,来调动和激发乡镇干部及村干部的积极性,以更好地推动这项工作的开展。

同时,笔者在调查过程中发现,为了提高上级所要求的连片率,出现了企图通过引进资本下乡大规模流转土地达成连片的想法甚至行为,这是需要警惕的,以防其成为排斥老人农业和中农农业的力量。

执笔:杜姣

治理"钉子户":农地细碎化治理的关键

——曾集镇万里村调查报告

按户连片耕种减少劳动、资金投入,降低了农业生产成本,提高了土地产量和租金,增加了农民的农业收入。与此同时减少矛盾纠纷,维护社会稳定,并方便中老年人耕种土地,有利于解决老人养老问题。按户连片耕种的核心问题是"钉子户"问题,部分村组织通过动员大多数村民形成公共舆论,采取必要的强制措施,使用私人强制手段等方式解决这一问题。但由于基层组织缺乏治理"钉子户"的动力、相应的权力保障和治理资源,农地细碎化治理普遍遭遇"钉子户"问题。上级政府不仅要提高基层组织的积极性,还需要配套相应的治理资源,包括合法资源,通过制度支持和合法性有效治理"钉子户"。

一、万里村按户连片耕种的两个阶段

万里村,位于曾集镇东南方,下辖 17 个村民小组,有 622 户,共 2119 人,现实际种田的农户为 548 户,现有耕地 6319 亩(习惯亩,下同),其中水田 5352 亩,旱地 967 亩。万里村在二轮延包前的 2002 年因为农业税费负担重,一亩地的税费达到 400 多元,当时一亩地的水稻产量为 1000 斤左右,一斤稻谷的价格为四五毛,因此农民缺乏种田的积极性,抛荒的面积达到耕地总面积的四分之一,村干部面临巨大的收缴税费的压力,因而在村民与村干部的合力下进行了一部分的"划片承包"。

具体的划片原则如下:一个小组按照水源分成不同的片,一个片有一个片长,由共用这个水源的几户村民轮流担任,片长主要负责从大水库往

堰塘抽水,从这几户村民手中收缴水电费以及组织大家修渠、清淤。当时复合肥还没有广泛使用,土质差异较大,为了公平,每一户除了靠近水源的一片田块外,土质较差的育秧田、房前屋后的树荫田以及鸡口田依据每户的田块面积进行分配,事实上每户土地的片数大都为三四片,因而2002年的"划片承包"实现了一定程度的田块相对集中,但还需要完善。

2015年6月初开始在全村进行按户连片耕种的动员工作,在村庄公共场所刷标语、拉横幅,为宣传这一政策营造舆论氛围。先在村委会召开党员、村民代表与小组长共同参加的动员会,村干部向他们宣传政策,再在小组内召开户主会,村干部配合协助小组长,向农户发放连片耕种征求意见表。

最开始在村主任包的六组与治保主任包的八组进行试点,按照上级政府制定的原则——以流转为主、互换为辅,坚决不能打乱重分,每户不能超过两片,在实践中依据一片区域水系、堰塘能够灌溉的田亩数分成几个农户。一个星期后以六组、八组的经验为模板推广到全村,现全村连片耕种率达到91%,通过这一次做成功的比例为60%~70%。万里村的按户连片耕种模式以土地互换为主,土地流转为辅,这一次进行按户连片的农户总数为410户,其中301户进行了土地互换,109户为土地流转。

之所以大多数农户愿意选择进行承包经营权互换,一方面是因为,万里村人均耕地约为3亩,并且这个亩的单位为习惯亩,一般为1000平方米,折合成标准亩户均耕地约为17亩,人地关系比较缓和,对于土地位置调整后承包权证过户后面积的少量增减,村民之间较好协商。另一方面是因为,互换比较契合农户对于土地的权属观念,如果经营权流转,农户就会认为这块土地不属于自己,种植起来不能放心,担心在自己打机井、挖堰塘等兴建基础设施,改善农业生产条件后,原来的农户将土地要回去,从而产生纠纷。

二、按户连片耕种的益处

沙洋县于2015年5月27日起推行按户连片耕种政策,目的在于让农民轻松种田,改变生产关系以适应生产力的发展。特别是在农业机械使用率迅速增长的背景下,沙洋县百分之七八十的村民都已在耕种、播种、收割整个农业生产过程中使用机械。另一方面,随着城市化的推进,沙洋县大部分农户的家计模式为以代际分工为基础的半工半耕,年轻子女外出打工,父母在家种田以及照顾孙子孙女。种田的主体为"60后",他们对于连片耕种的需要也更为迫切。这一政策对于所有农户而言是获益的。

1.减少劳动时间。

土地分散化的背景下,村民一半的劳作时间都浪费在路上,连片后大大缩短了村民的劳作半径。

十组村民金玉兰家有3口人,共8亩多地,分布在5个方位,距离最远的两块地相距1公里路,划片前耕一块田拖拉机在路上走的时间就要半天,拖拉机一半的柴油都耗在路上,划片后两天即可耕完土地,拖拉机第一天可以直接放在田里,第二天接着耕剩下的田。

2.减少村民的农具机械的投入。

在沙洋县,灌溉条件成为决定农业生产的关键因素,尤其是税改后集体的大水利系统因为收不上来共同农业生产费而陷于瓦解,村民只能依靠堰塘灌溉,抢水之风愈加严重。连片耕种前,每一户村民基本上都有3个潜水泵,水管最长的有1000多米。不少农户都打了机井,一口机井花费六七千元,且使用年限大多只有三四年。现在连片后,只需一台潜水泵、一根电线、几米水管就可以将所有田抽上水。

3.降低机械使用成本。

万里村村主任傅永华家有12.6亩地,连片前请收割机需要1200多元,连片后只需800多元。土地分散时,如果旁边农户没有收割,自己家也没办法收割,特别是收割小块时还要给收割机师傅说好话,小块田收费也不按平方米,一块四分面积的地收割费达到了50元。现在连片后,变成了收割机师傅向农户说好话,收割机都愿意过来,相互之间的竞争压低了收费标准,1000平方米土地的收割费用从原来的100元下降到70～80元。

4.提高产量和租金收入。

连片耕种后村民对田块的管理更为精细,投入的精力也更多,一亩地的农业产出提高了100斤。对于种田的老人而言,连片耕种一方面能够延长劳作年限,农业生产更为便利。如果自己丧失劳动能力时还可以将土地流转给村里的规模经营主体。田块连片后流转的租金有着很大的提高。现在万里村分散的1000平方米的农田租金为300～400元,集中连片后则可以达到700元以上。

5.提高农民种田自主权。

土地分散时,冬播要等到一片区域几户都收割完才有道路可以经过,如果旁边的地冬播时抛荒,周围想种的农户也没办法耕种,因为灌溉抽水时要经过别人田块。同时一片的几个农民种植农作物类型需要统一,否则在灌溉、收割环节都会带来很大的麻烦。连片耕种后,村民土地成为一片,不需要与周围农户协调,可以自由安排农作物,尤其是那些高产作物与多种经营。万里村十组村民张金华家有14亩地,土地分散时冬季只能种植油菜、小麦等,产量低且价格波动幅度大。连片耕种后则进行稻虾连作,在水稻收割完后养龙虾,一亩地养龙虾的纯收入为1200多元,远高于之前种植油菜、小麦的收入。

6.减少矛盾纠纷,尤其是灌溉用水争端。

水源条件是决定水稻种植区农业生产最重要的因素。税费改革后,村集体没办法再从农户手中收取共同生产费,因而很难再从大水库调水,同时也无法组织农户修缮水渠、清淤等,农户的灌溉只能依靠堰塘、机井这些小水利。在正常年份,农户依靠堰塘在雨季储水与从机井抽水尚可进行灌溉,在遇到干旱年份时抢水则无法避免。一个堰塘涉及的农户可能有一二十户,村民为了抢水,每户都用三四个潜水泵一起抽水,水管缠绕得像细密的蜘蛛网一般,一会儿堰塘的水就见了底。万里村每年都要发生十几起用水纠纷,三四起因为抢水而发生的打斗,村组干部半夜都还在进行调解。连片耕种后,一个堰塘周围的田块分属于三四个农户,大家可以很好地协调,土地分散时抽水,中午最热的时候要到田块上照看水泵,等这块田抽满再将水泵挪到其他田块上,现在农户直接用一台潜水泵将水抽到最高的一块田,让水自然地往下流淌到其他田块。

7.连片耕种使得老人农业得以可能与持续。

土地对于老人而言不仅是生产方式,以此获得收入维持基本生活,而且是生活方式,对他们具有价值意义。耕种土地能够将他们的劳动转化为价值,自给自足不需要伸手向儿女要,看儿女的脸色,而且还可以为子女提供粮食与蔬菜、鸡蛋等,继续为家庭做贡献,以此表明老人仍然是有用的,从而生发出价值与意义实现感,他们在家庭中的地位就不至于太低,能够保有子女对他们的尊重。连片耕种后能够让种田的老人享福,机械的使用使得种田变得简单、轻松,闲暇时间打打麻将、与别人聊聊天,生活过得甚是安然闲适。与现在种田的老人生活状态形成鲜明对比的是那些无法种地的老年人。在曾集镇问到一个七十多岁的坐在门口乘凉的老人,问他现在老人生活是不是很享福,令人震惊的是他回答道:"不是享福,是想死。"究其原因在于这个老人在二轮延包前因为税费负担重就放弃了自己的承包地,村集体将其土地收回转包给了其他农户,现在村里就没有自己的土地了,每天只能坐在门口无所事事,自己没有收入来源,只能伸手向儿子要,有时还要不到,生活过得没有尊严与意义,极其压抑,内心充满自己无用的悲凉感。

三、按户连片耕种遭遇"钉子户"问题

按户连片耕种虽符合大多数农民的利益,但万里村推动按户连片耕种时却遭遇了"钉子户"问题。以九组为例,因为"钉子户"问题无法解决,

九组的按户连片耕种无法推动。

首先,九组有 34 户村民,耕地有 201.7 亩,人地关系较为紧张,这就造成了一方面村民对于土地互换过程中面积的少量增减看得比较重,另一方面一片区域土地上涉及的主体比较多,村民之间调整一块土地可能中间需要经过上十个村民才能成功,村民相互间协调成本高,工作难以开展。九组一村民就说,调一块地要经过七八个农户同意,签七八次合同,就会把大家都弄糊涂。土地互换方式的复杂性,以及基层组织缺位,增加了土地互换的交易成本。

其次,随着复合肥的广泛使用,土质条件趋于均质化,在村民看来,现在只有懒人,无懒地,土地在于管理,先天土质条件的细微差异对农作物产量没有什么影响。现在影响农业生产最重要的条件为灌溉水源与道路,这些条件在九组不同农户间的分布呈现出较大的差异。九组田块的灌溉需要经过 2 级提水,首先从港沟提水到公共的一口堰塘,村民再从堰塘向自己田地抽水,靠近小组唯一的堰塘的村民有八九户,剩下村民的田块离堰塘最远的有 1.5 公里,这些偏远农户生产成本随之升高,为了保障偏远村民的种田积极性,水电费一直实行所有村民平摊。连片耕种后水电费则是按每户抽多少收多少,那些离水源较远的耕地要比靠近堰塘的耕地缴纳的水电费高七八倍,因而偏远的耕地就没有村民愿意耕种,从而连片很难进行。现在九组大多数村民都支持连片耕种,提出将土地统一收回后共同兴建水渠与道路等基础设施,从而使得这些农业生产条件在农户间处于均质化。但那些靠近水源的少数村民则不愿意将土地拿出来,担心拿出土地后重新划的片不如自己当下的土地。

最后,九组村民居住格局比较集中,都沿着公路两旁居住,在进行连片承包时村民都想将自己的田块集中到自己的房屋附近,使得耕作更为便利,而处在房屋附近区位优越的田块数量有限,无法在所有村民之间进行均衡的分配,这就增加了进行连片的难度。这一次在全村进行的连片耕种工作,九组召开了两三次户主会议,每一次都因为少数不愿意将土地拿出来的村民的反对而无法达成一致意见。

农地细碎化治理遭遇"钉子户"问题，但基层组织治理"钉子户"问题既没有动力，也缺乏相应的权力保障，还缺乏治理资源。税费改革后基层治理结构有着很大的变迁。农业税费时期，当乡村干部为了确保可以从村民那里汲取资源时就会回应村民的需求，改善农业生产的基础设施条件，村干部具有国家正式权力在村庄的代理人以及维护村民利益的当家人双重身份，有解决"钉子户"问题的权力保障和动力。税费取消后，乡村干部不需要再从村民那里收取税费，基层政府的运转依靠上级政府的财政转移支付。乡村干部与村民打交道很少，治理的目标只要达到村庄社会秩序稳定这一底线即可，没有治理"钉子户"的积极性。

农业税费时期，村干部从村民那里汲取资源时还会留一部分在村集体，村庄还有一些机动地，这些治理资源为村干部在土地调整以及改善农业生产条件方面有着活动的余地。农业税费取消后，上级财政转移支付大多仅够维持村级组织的运作，村集体的机动地、山林资源也基本上分到各个农户，治理资源的减少为村干部调整利益关系增加了困难。基层组织缺乏治理"钉子户"的治理资源。

四、基层组织摆平"钉子户"的社会动员网络

以上从总体上分析了连片耕种对于所有农户都是绝对获益的，但在一个村社共同体内部，从相对收益上看，农户的获益程度有差别。村庄中70%的村民灌溉水源与道路条件一般甚至更差，他们对连片耕种很支持。剩下的30%因为自身水源与道路条件尚可，缺乏连片耕种的积极性，不愿意参加土地连片，这就产生了上文所说的"钉子户"治理问题。万里村村组干部在一些小组通过动员大多数农民，让少数服从多数，成功摆平"钉子户"，为我们提供了借鉴与启示。

（一）村组干部对大多数农民的动员

首先，村组干部的自我牺牲。村组干部对村民进行思想动员的说服

力建立在他们有公信力，有权威的基础上，而公信力来源于他们的自我表率。村组干部在动员村民连片耕种时往往是挑大家剩下的土地，最后一个抓阄。农户之间土地调整遇到困难时还需要用自己较好的田与村民交换来推动连片工作。这一次连片耕种不少小组开了至少不下10次会议，很多村组干部为了想出一个大家都能接受的方案，整晚睡不着觉，不仅牺牲了自己的休息时间，而且还要耽误自己的农业生产。在他们看来，只要老百姓多得一点实惠，他们多出点力、出点汗也是值得的。

其次，村组干部的动员网络。除了通过自身行动引导村民土地调整，村组干部还需要动员村庄中有威信的党员、老干部。他们在村庄中比较有号召力，说话村民愿意听，能够进行正面引导。村组干部通过与他们讲党性、讲个人觉悟，让他们认识到自己的党员与干部身份，调动他们配合村组干部推行按户连片耕种的积极性。

村组干部也要充分利用村民中那些种植田亩较多的规模经营主体。他们的田块更为分散，耕种更为不便，自然对连片耕种的欲求也就比一般村民要高。耕地在没有连片集中的背景下规模越大，效益越差，因为分散的土地使得田间管理难度增加，只能进行粗放管理，亩产提不上去。这些村庄内生的种田大户，不仅是村庄中最先使用与推广现代机械与农业技术的群体，对国家农业政策更为在意与敏感，而且他们在村庄中社会关系网络较广。村组干部需要动员这些种田大户积极地在公共场所宣传连片耕种的好处，为政策执行营造舆论氛围。

九组村民张青，50多岁，从2012年起通过私下流转进城务工的亲戚朋友的土地，现耕种土地60多亩，分布在七八个方位，距离最远的两块地相距有两三公里。现在打了3口机井，打一口井需要六七千元，不到两年垮了一口，有3个潜水泵，水管长达1000多米，一亩田水电费在七八十元。收割时需要等旁边几户都收割后才可以从别人田里经过，插秧时也需要与周边同步，否则没有道路。冬播时只能与周边几户一样都种同一种作物，别人种完后自己才可以种，否则水要流经别人的田地，因为难以协调，现在冬季只能抛荒。

（二）村组干部对"钉子户"要强硬

解决"钉子户"问题，村组干部一方面要靠讲道理与引导，动员种田大户、村庄中有威信的党员与老干部配合村干部宣传连片耕种的种种好处，另一方面也要讲狠话，靠硬办法。村组干部并不与少数不愿拿出土地的村民直接对立，而是依靠广大群众的力量做少数不同意村民的工作，从意识形态上将大部分支持连片的村民塑造为先进，少数不愿意拿出土地进行连片的村民则成为落后的代表，将大部分村民的意见上升为集体意志，要求少数村民服从。村组干部要站在大多数村民的立场上，代表大多数村民的利益，这样才能获得大部分村民的支持，在他们看来，怕得罪少数村民就会失去大多数村民的信任，怕就做不成事。

村组干部在推行按户连片耕种时除了自己比较强硬外，他们还会注意做村里混混的动员工作，让这些混混成为土地连片工作的积极分子，而不是成为"钉子户"。

大多数村民一致认为依靠村民自发的土地互换实现连片耕种基本上是不可能的，小农个体理性使得完全依靠农民自愿互换土地困难重重，这时村集体就需要介入进来，发挥"统"的功能。工作策略不仅要民主，而且要集中，这就需要村组干部硬气，讲狠话，对于"钉子户"采取强硬态度。在2003年土地整理后需要重新划分土地时，一户村民不愿意将自己土地拿出来并插了秧，万里村原来的村主任做了五六次工作做不通，最后动员全村其他村民，形成了必须要调整土地的舆论氛围和集体决策，这户最终同意了重新调整土地。在村干部看来，他们不担心"钉子户"上访，因为如果上访，"钉子户"就无法继续在村庄生存，村庄舆论会给"钉子户"贴上"不要脸面"的负面标签，"钉子户"就会沦落为村庄的边缘人，较强的社区制裁能够约制"钉子户"的上访行为。

村组干部在进行按户连片耕种工作时要做通少数30％的村民工作，

一靠思想动员，从各方面宣传连片的好处，动员这些村民的各种社会关系，二靠硬气，这需要大多数村民的支持，形成村庄工作舆论对那些"钉子户"进行压制。万里村旁边的曾巷村村支书总结推行连片耕种的经验为："做不通老子的工作做儿子的工作，做不通丈夫的工作做妻子的工作，总之一定要做通。"村组干部运用村民的社会关系网络与公共舆论的前提在于村民对村庄的认同，村民的生活面向村庄，在村庄实现归属与人生价值，村民之间广泛的互助合作为形成这种集体认同提供了条件。村支书罗雄所在的十三组，有 32 户，大家居住得比较集中，两排房屋距离只有 16 米。他组织村民实行公共性的农业生产互助合作模式，即任何一个村民在收割时全组都过去给他帮忙，女人负责将收割机到不了的边角地稻谷割掉，男人则负责拖运与晾晒，主家不提供帮忙的村民伙食，直到将所有村民稻谷收完为止。农忙结束后，每一户不论田亩多少都拿出 200 元交到小组，在集体食堂摆酒席，每一户的全家老少都过来吃两天酒席，每天各吃中午晚上两顿。在下雨时村民相互帮忙抢谷子，现在基本上邻里两三户合买插秧机，一直没有出现什么纠纷。除了农业生产的互助合作，红白事与建房大家都会帮忙，特别是丧事，在外面打工的也要赶回来。一个小组大家都"走人情"，关系比较亲密，村民被组织起来，小组成为认同与情感共同体，这对村组干部动员村民有着很大的帮助，只有村民与村组干部同属于自己人范畴，人情、面子这些软性手段才有适用范围。

综上而言，村组干部采取三种类型的强硬措施：一是动员大多数农民形成不利于"钉子户"的公共舆论；二是村组干部本身比较强硬，对"钉子户"形成威慑；三是按照农村社会"少数服从多数"的民主决策原则，形成具有强制执行力的集体决策。

五、小结

沙洋县推行按户连片耕种政策的目标为实现村民轻松种田，调整生产关系以适应生产力的发展。从小岗村最先开始实行的分田到户家庭联产承包责任制解决了"谁来种田"问题。现在农业生产力已经有了迅猛发展,但生产关系一直未调整,土地的分散化与碎片化成为阻碍生产力发展的主要因素。现在机械已经在农业生产的耕种、收割等各个环节开始了广泛的应用,但土地分散化与碎片化的现状为机械的推广增加了障碍,现在收割机师傅在给农户收割谷子前会先问农户田块的面积与是否连片。同时现代农业技术的使用与具有高附加值的多种经营都建立在连片集中耕种的基础上。

"三农"问题最终还是回到农民身上,从种田的主体来看,随着城市化的推进,大部分村民形成了年轻人外出打工,父母在家种田与照顾孙子孙女的局面。留在村里种田的主体为"60后",土地的分散化使得他们种田成了辛苦活,不仅流汗流泪还会在抢水时流血,他们最大的需求为好种田。农民对土地权属没有明确的认知,权属观念对他们而言并不重要,他们更为关心实实在在的即田块如何更方便耕种,如何克服田块的分散化与碎片化,从而广泛使用机械将他们的劳动力解放出来。政府制定政策调整生产关系的出发点应该以村民的需求为导向,回应他们的需求,这样村民才会支持政策,为政策推动提供动力。

在村民看来,县乡政府对这一次连片耕种过于强调尊重村民意愿,没有强制力,以"大稳定、小调整"为原则,然而实际上依靠村民自发的土地互换实现连片耕种的目的没有可能,政府应当扮演更为积极的角色。很多村民反映只要政策支持,他们就可以获得行政性强制,就可以采取土地调整方式,那些不愿拿出土地的少数"钉子户"不同意也得同意。

上级政府应加大对乡村干部推行"按户连片"的行政压力,让村民对村干部的工作进行评价,从村民满意指数角度完善考核监管机制。村组村民也可以自下而上地向村干部施加压力。曾集镇不少村组推动"按户连片"都是响应村民的号召,村民在看到其他村庄进行了"按户连片"获得收益后也找到村干部要求效仿,当村组干部消极不作为时,村民就会形成对村干部不为村民办实事的负面社会评价,从而推动乡村干部积极治理"钉子户"问题。

　　乡村干部在推行连片耕种时总会遇到"钉子户"问题，发动村庄积极分子进行压制成为必要的策略，尤其是其中的种田大户，他们对"按户连片"的积极性更高，社会关系网络更广，对村庄事务更为关心，参与度更高，这些中坚农民成为村庄治理的关键力量，"按户连片"与他们自身利益的紧密相关推动着他们愿意对那些"钉子户"讲狠话，运用硬办法摆平他们，实现连片耕种的规模效益。上级政府也需要给基层组织推动按户连片耕种提供治理资源和政策支持，依靠制度性资源而不是基层干部的私人暴力解决"钉子户"问题。

执笔：班涛

土地连片耕种的历史变迁、绩效与限度

——沈集镇调查报告

　　沈集镇通过"划片承包"实现了高比例的土地连片耕种,但土地调整的方式并不完全符合国家政策法规。机械化不断推进的背景下,以解决水利问题的"划片承包"制度创新有更为实际的经济效益,提高了农民的整体生产能力。沈集镇是沙洋县土地整治项目的重点区域,通过土地整治项目推进了按户连片耕种。但由于项目区与土地产权单位的不符合,扩大了村组内部土地质量的差异,反而不利于按户连片耕种工作的开展。"划片承包"以及土地整治项目的开展,使得沈集镇的土地连片比例较高,可土地经营权流转方式遭遇了乡村两级基层组织行政事务增多、治理能力弱化、村级组织官僚化、地权表达私有化等问题,按户连片耕种工作推进的绩效不明显。相关政策部门并不清楚实际的生产关系情况,始终强调承包经营权的稳定,妨碍了生产关系的适应性调整,试图通过大规模土地流转和培育新型农业经营主体提高农地利用效率的做法,损害了"农地农有"原则,侵害了农民利益。农地利用问题的解决需要调整村庄内部的生产关系,按户连片耕种模式就是对村庄内部关系的调整,可以提高农地利用效率,更有效地保护和实现农民的土地权益。

一、调查点概况

　　沙洋县开展的按户连片耕种工作属于土地确权工作的一部分,按照县级政策文件及指导性做法,全县按户连片耕种在政策表达上不超越既有土地承包经营政策法规,是政府主导的大规模经营权流转行为。按户连片耕种工作在沙洋县土地确权工作中处于核心位置,与中央规定的土地确权政策目标没有直接关系,是地方政府借中央之名,积极开展完善农地承包经营关系的地方性政策试验,具有重要的政策意义。

在政策推动上,沙洋县通过土地确权工作领导小组(办公室)的工作机制开展工作,县、镇、村三级分设确权领导小组,以农业副县长、农业副镇长、县经管局、镇农业办、村两委(信息员)为工作条块组织网络,全面推进按户连片耕种工作。

本调研组所在地沈集镇位于沙洋县北部,属于典型的丘陵地区,主要以种植水稻、油菜为主。沈集镇面积为 195 平方公里,下辖 23 个村,一个居委会,农业户有 8285 户,共 3.8 万余人,耕地面积有 86765 亩,其中水田面积为 77289 亩,旱地面积为 9476 亩,人均收入为 1.5 万元。

本次调研的目的:①按户连片耕种的历史、启示;②按户连片耕种的绩效、限度;③地方政府推动下的按户连片耕种;④地方政府推动按户连片耕种的政策创新意义。为实现调研目的,本调研组在沈集镇开展为期7 天的驻地调研,对主管农业的乡镇干部和调研村村主职干部、小组信息员、农户进行重点访谈,调研行政村 6 个,分别是罗集村、姚坪村、雨林村、乐山村、郑岗村、林院村,调研行政村的基本信息如表 1 所示。

表 1 各组情况介绍

行政村	村民小组	总户数/户	耕地面积/亩	地块总数/块	划片承包组个数	2014 年前连片率	现连片率
罗集村	8	328	3901	4077	6	71%	95.8%
姚坪村	14	358	4293	6060	4	27%	86.0%
雨林村	14	436	4242	5221	1	6%	77.7%
乐山村	17	494	5774	7345	16	62%	92.2%
郑岗村	11	330	3321	2797	10	79%	94.4%
林院村	9	302	2922	4300	9	87%	93.9%

沈集镇是沙洋县于 20 世纪 90 年代末至 2014 年之前开展"划片承

包"范围较广的地区,全镇绝大多数行政村开展过"划片承包",连片率从 6％～87％不等,按照 30％的村内"划片承包"基础比例统计,62.5％的行政村具有较好的连片基础,29.1％的行政村具有高比例的"划片承包"基础(连片率为 60％左右),3 个村的连片率达 70％以上。此外,沈集镇是近年来开展国土整治项目范围较广的地区,45.8％的行政村已经开展过国土整治,20.8％的行政村近年内即将开展国土整治或正在进行国土整治。基于此,在全县范围内,沈集镇具有相对较高的土地连片集中率,如果纳入已存在的私下土地流转和土地互换,伴随国土整治项目的推进,则本镇具有较好的土地按户连片耕种基础。沈集镇的按户连片耕种具有连片基础好、连片率高、承包地地块集中的特点,农地集中工作具有工作基础好、连片率大幅度提高难度大的工作特点。

二、土地连片耕种的历史与启示

沈集镇农地集中具有较好的历史基础,较早的农地集中通过"划片承包"而得以实现。20 世纪 90 年代末至农业税费取消期间,沈集镇的绝大多数行政村均开展过"划片承包"。沈集镇的农业灌溉水源条件较差,可供依靠的水源有三处,分别是漳河水库三干渠一支渠、乐山水库和雨林水库。漳河水库三干渠一支渠的灌溉面积为 10 个村,乐山水库的灌溉面积是 7 个村,雨林水库的灌溉面积为 7 个村。沈集镇处于丘陵地区,境内没有大面积湖泊,一旦水库无法为农田提供灌溉,农田就会遭遇干旱。与高阳镇不同,沈集镇的地下水资源并不丰富,在大水利体系逐渐瓦解的过程中,沈集镇也尝试过利用地下水,但是即使打井深度达到 120 米,也无法确定地下水水源。沈集镇农地耕种的灌溉主要依靠分布于农田之间的大大小小的水堰,农田耕种对水堰的依赖程度极高。一般而言,只有在抗旱时,漳河水库才能够利用得上,大多数时节,是依靠自然降水和人工储水。

农业税费时期,农田水利建设主要依靠农业税费制度。农业税费制度中的共同生产费大体上等同于农田水利建设费,通过共同生产费的收缴和统一使用,村集体具备基础性的水利灌溉和抗旱能力。共同生产费均摊在每亩计税面积农田之中,每户农户都需要上交,否则集体农田水利体系无法维系。20世纪90年代末期,农民负担不断加重,除了每亩近300元的三提五统,还有按照人头收取的各种费用,而且不断累积增多。当时形成的农地水利状况可以表述为:①务农的田地人头税费负担不断加重,农地对于农户的价值降低,抛荒土地的欲望强烈;②农业税费收缴困难重重,税费交纳的"钉子户"和水利搭便车户不断增多,税费债务激增,大水利和集体水利模式瓦解;③乡村两级具有实现土地适度集中的意愿,以适应农业税费改革后的个体水利模式。

在这样的情形下,乡镇向各个村庄"吹风",指出一旦农业税费体制取消,集体水利模式将无法维系,各村最好根据具体情况,开展"划片承包",实现农地集中耕种,便于农田灌溉。据调研村的老干部回忆,当时乡镇并没有明确规定,只是暗中传递指示,当时村集体也基本认清税改形势,各自开展"划片承包"。

"划片承包"较少成功实现整村推进,多在部分小组展开。具体而言,首先是全村范围内进行思想动员,罗集村当时召集农户开会便花了8天时间,真正地实现了群众自愿。其次是在小组进行试点,雨林村最先是希望试点两个小组,然后逐步推开,但最终仅成功了两个小组,最后止步于试点阶段。而乐山、郑岗、林院三村基本做到了整村推进,在税改前后便实现了全村农地的集中连片。就当时情况来看,"划片承包"的推行程度和农田水利条件高度相关,水源条件的好坏和地形差异,都容易导致"划片承包"的失败。

这里以罗集村案例来说明"划片承包"的具体操作。罗集村开展"划片承包"是在2002年,当时农业税费负担沉重,每亩的税费为300~400元,另加每人100元的其他费用。

首先,确定划片农户土地面积。2002年全村参与"划片承包"的有6个小组,共270户,其中60多户因农业税费负担过重而放弃土地承包经营权,选择外出务工或经商。乡镇干部不干预,农民自愿,村组干部积极动员组织协调，开展"划片承包"。其次，划田定级。各组按照水系、道路、居民耕种距离，以村民小组为划分单元，对全村 4000 多块农地进行划片，每组 6～7 片。以水利条件为基础，对土地的等级进行划分，将全村的水田划分为 4 个等级，并确定农业税费缴纳基数。最后，农户入片。按照公平的原则，最先对优等田片进行抽签入片，然后逐一入片。或者是根据农户自愿的原则，可就近入片。最终形成每户至多 2 片，大多数 1 片，共约 1000 余片的"划片承包"格局。

罗集村的五组和七组没有实现"划片承包"。七组的水利条件很好，靠近台子湖，各农户都可以直接用潜水泵从湖里抽水。五组人多田少，加之土地抛荒后组内进行了土地调整，有的村民不愿意拿出田地，反对力量较为强烈。由于"划片承包"是群众自愿，只要反对声音过于强烈，"划片承包"就很难推行。

2004 年，由于农业税费取消，在"划片承包"中退出的农户集体去北京上访，希望重新获得土地承包经营权，地方政府并没有追究责任，建议以村集体的处理意见为主，后来通过协调，这些农户获得了口粮地，上访事件得以平息。此外，农业税费取消后，原先获得了水利条件较差土地的农户普遍不满，认为自己吃亏，但是由于土地"划片承包"已经完成，不可能实现土地的重新调整，绝大多数农户也就接受了。

基于沈集镇"划片承包"的历史经验，可以形成以下几点关于"划片承包"的认识。

第一，"划片承包"是按户连片耕种的特殊形态，具有土地承包经营权重新调整的性质，既调整承包地的面积，也调整承包地的地块，是一般意义上的打乱重分。"划片承包"显然和当时中央强调的"大稳定、小调整"的农地政策相违背，实质上是对承包经营关系的全面调整。在现有政策背景下，这种打乱重分显然无法由政府主导，因此很难在既有土地承包法律政策框架下展开。第二，"划片承包"的开展主要是农民自愿和村级组织治理的结果，符合农民的农业生产利益，属于地方性农地政策创新。

"划片承包"以村级组织为主导,农民为主体,符合农民自愿的原则,同时也是农民对自己的农业生产利益积极追求的结果,显然是一种应对生产条件变化的主动适应,具有政策创新意义。第三,"划片承包"涉及对农户农地利益的调整,需要有一定的利益平衡机制。"划片承包"的操作能够完成,对田地的分类是基础,将其与农业税费缴纳多少直接挂钩,实现了农地利益的平衡,有利于农地的集中连片。

农地"划片承包"是沙洋县政府和农民为了应对农业税费改革,结合当时当地的农业水利条件而开展的农地政策创新。通过土地承包经营关系的重新调整,实现了农地的集中连片,考虑到当时粮食收购价格和机械化水平,农地连片集中在当时主要具有解决农田水利灌溉问题的作用,客观上减少了种植的劳动时间和劳动强度。现今,外出务工成为农民积极而为的理性选择,务农人口的减少具有长期性,同时机械化水平提高和务农劳动力的人口老龄化,均使得农地的连片集中具有更为重要的实际意义。

三、按户连片耕种的绩效与限度

(一) 农地集中的绩效及其分析

在当前人地关系和农业生产条件下,农户集中连片的意愿主要是为了降低劳动强度,减少劳动时间,提高农地耕种的便利性。沈集镇农村户均土地在 15 亩左右,一般农户的实际种植面积可分为三类:种植自有农地、流入他有农地、流出自有农地,这里可以对集中连片后影响农业生产效益的指标进行简单的对比测量并进行相关分析。

郑岗村某农户现有种植面积为 30 亩,其中自有农地面积 15 亩,流入农地面积 15 亩(流出方为其弟弟),这 30 亩农地分为两片。现在可以比较分为两片的 30 亩和集中耕种后的 30 亩之间的差异,如表 2 所示。

表 2　集中连片土地和细碎化土地生产情况比较

	不集中连片	集中连片
机械化	小型机械	小型机械
新技术	个人经验	偏好增强
农业基础设施	修理堰塘,3～5 年/次	扩大堰塘或重挖堰塘
生产成本	200 元/亩	150 元/亩
劳动分工	男:整田、打田、抽水、打药 女:抽水、看管	男:整田、打田、抽水、打药 女:抽水、看管
劳动时间	45 天(农忙)	30 天(农忙)
劳动强度	既定基数	比不连片下降30％
集中趋势	无法进一步集中	集中趋势明显

由表 2 可知,按照当地农户的实际持有面积和私下流转后形成的实际种植面积,在实现原有土地承包面积集中的条件下,集中连片之后,变化最大的体现在农业基础设施、生产成本和劳动时间、劳动强度上。集中连片主要是指既有耕种面积的集中,现实地看,集中连片的面积不可能太大,主要在 30～50 亩之间,这已经算是比较理想的连片程度。在这个种植规模范围内,农户为了种植便利,必须要对堰塘进行投资,实现堰塘的储水扩容,为此需要进行数万元的投资。同时,农业生产成本并没有变化,种子、农药、化肥的投入稳定不变。最大的变化在劳动时间和劳动强度,劳动时间、劳动强度减少了 30％,农民在种植过程中的受累程度极大地减轻,也有利于农民延长劳动周期,增加种田的积极性。客观地看,农业生产的劳动生产率无疑得到了提高,这主要是通过投劳的减少而实现的,不过,在农忙时间减少的劳动时间,实际上缩小了农忙的程度,增加了可以自由支配的时间,而并不一定是增加了农民的经济收入。

需要进一步讨论的问题有两点:一是以 15 亩为种植面积的本身的细碎化问题;二是 30 亩连片集中之后的进一步集中趋势问题。以下分别展开。

由于采集到的案例村通过早先的"划片承包"实现了较好的集中连片

基础,所以在上述分析中并没有涉及惯常的农地细碎化问题。农地细碎化一般是指承包面积在户均 10～15 亩的农地,分为土地肥瘦、灌溉条件好坏、种植距离远近不等的数块甚至数十块的田块分布格局,并由此而带来通俗意义上的"种地难"问题和土地抛荒问题。这里的案例显然将现实农业生产中的农地细碎化进行抹平。本案例的意义如果放置于细碎的地块分布中,依然具有解释力。就是说,如果将表 2 中的对比面积分别置换为细碎的 15 亩和集中连片的 15 亩,得出的结果依然相近,只是在劳动强度和劳动时间上的数据差别会更加显著。

田地进一步集中趋势的问题需要重点讨论。之所以考虑选择以集中连片的 15 亩及其集中连片后的 30 亩为案例展开讨论,主要也是为了更好地说明集中连片加速化及其限度的问题。

在案例村,如果小组内部的农地种植面积均在 15 亩左右,农户的农业收入在半工半耕的小农经济收入结构中处于稳定且占比较重的地位,农地相互之间的私下流转几乎不可能,那么,农地进一步按户连片耕种的可能性就大大降低。反之,如果小组内部出现了适度的私下流转,农户的种植规模有望持续扩增。

现在的情形是,小组内部农地的私下流转已成常态,无论是否具有"划片承包"的基础,在家务农而年富力强的农户,都已经流转了一部分农地耕种,并具有进一步流转的强烈意愿,只是农地的细碎化程度决定了这种流转的实现可能:首先,农地的细碎化分割了机械化操作的连续性,机械在各个田块之间的周转要耗费巨大的劳动投入;其次,农地细碎化极大地增加了农地的耕种和管护成本,费劳费时与日俱增;最后,农地细碎化瓦解了农户的劳作信心。一旦身体出现劳动能力减弱的症状,土地的外流成为普遍选择。

(二) 按户连片耕种的规模化限度

已经存在的农地按户连片耕种,无疑使得农地耕种的规模化成为可能。这里以姚坪村为例展开讨论。

姚坪村在税改前进行了 4 个村民小组的"划片承包"，农地按照三个等级划分。在划片承包时，有农户推选出种地面积较大的农户作为片长，进行片区内农地的划片和承包地调整事项。姚坪村四组共 33 户，有 400 亩水田，其中种地户有 28 户，长期打工户有 5 户（不含空挂户），四组一共分为 5 片，分别是北山片、南边片、岗片（两片）和东片，"划片承包"的总户数为 21 户，现在的实际耕种总户数为 16 户。北山片是其中的一片，面积在 100 亩左右，家在北山片的陈锐锋现在的耕种面积为 37.4 亩，其中承包地 17.4 亩，流转面积为 20 亩。

陈锐锋流转的是罗光坤和陈景辉的承包地，面积分别是 15 亩和 5 亩。罗光坤现在 61 岁，家里只有他一人，其妻子在深圳带小孩，通过土地流转，罗光坤一年获得 2000 多元的地租收入。陈景辉一家三口人，全部搬迁到荆门市区居住，从 2009 年开始不再种地，于是将土地流转出去。罗光坤的年龄较大，长期种植的可能性不大，陈景辉已在城市定居，短时间内返回农村亦无可能，于是陈锐锋所种植的近 40 亩农地的经营关系稳定而持久。陈锐锋家里有 5 口人，其父母已经年迈，儿子在外读大学，现在陈锐锋 43 岁，依靠夫妻二人之力，种植了 37.4 亩水田。

陈锐锋之所以能够种植如此规模的农地，并具有进一步扩展种植规模的冲动，一方面是其年富力强，正处于种植的黄金时期。但更重要的显然是土地集中连片程度较高：陈锐锋自己的 17.4 亩地全面连片，而其流转的几片农地都位于同一农地片区之内且连片，如此种植自然不费太大功夫，种植的劳动强度无疑大大降低。陈锐锋现有种植的农地构成是 17.4 亩的农地按照 5 分～5 亩的大小分为 14 块（一等田）、15 亩的农地分为 10 块（一等田）、5 亩的农地分为 4 块（二等田）。在抽水环节，陈锐锋需要利用潜水泵提水，然后利用软管分别逐一浇灌，其中二等田还需要提灌一次。由于三片田在同一片区，田地的分等也可以在灌溉和排涝中相互利用。在灌溉中，一等田可以作为储水的堰塘使用，利用水泵逐级提水便可；在排涝中，一等田可以作为逐级排涝的设施发挥作用。如此，不仅可以实现农田灌溉中的节水,而且降低了投劳。

在种植规模上,陈锐锋最主要的要求是连片,规模是次要的。"连片了,我 100 亩也种得",可是,陈锐锋的种植规模受到了现有种植格局的限制。在陈锐锋的北片区,另外有罗永园和陈运鸿还耕种着自己的农地。罗永园年近 60 岁,两口人在家,妻子身体欠佳,无法从事体力劳动,儿子一家在沈集镇上从事农机维修。目前,全家种植面积在 20 亩左右,现在的种植主要依靠罗永园自己,儿子只是在农忙时回家协助。按照陈锐锋的想法,罗永园还可以种植 5~6 年,到 2020 年,罗永园的田肯定是种不了,而自己还处于种植的黄金时期。与罗永园不同,种植 20 亩地的陈运鸿 50 岁出头,家里只有自己一人,儿子一家均在外务工。根据陈锐锋的判断,陈运鸿还可以种植 10 年。

对于农机投入,陈锐锋有清晰的计算。现有的农机主要是价值 1.4 万元的小型旋耕机 2 台、价值 1 万元的插秧机 1 台、价值 4500 元的抽水设备 3 套。按照陈锐锋的计算,只有当种植规模达到稳定的 100 亩时,加大农机的投入才有利可图。如果种植规模翻一番,达到 70 亩,陈锐锋在农机设备上的投资将面临尴尬。70 亩的水稻种植,年纯收入为 7 万~8 万元,投入 10 多万的农机设备是不划算的。按照规模增加后的劳动力投入需求程度,每年投资 1 万元左右就可以增补所需劳动力,更加省时方便。

即使没有"划片承包"的基础,私下的农地流转已成为常态。显然,在"划片承包"区,农地私下流转后形成的中等规模种植群体,具有进一步的扩展种植规模的意愿,并同时遭遇到集中连片的规模限制。

四、地方政府推动下的按户连片耕种

农业税改前的"划片承包"无疑为眼前的按户连片耕种工作提供了基础。通过简单的估算,按照 30% 左右的"划片承包"面积,加上已成常态的农地私下流转,伴以一定的国土整治项目投资,真正需要地方政府推动的土地面积在 20% 左右。这里应该将国土整治项目、农业综合开发项目所实现的按户连片耕种也纳入政府推动范畴。

（一）国土整治推动的按户连片耕种

在农地"划片承包"基础较差的行政村,农地的集中连片主要依靠国土整治、农业综合开发等项目的实施。国土整治项目在工程实施上以水渠、机耕道、堰塘清淤、土地平整为主,对于缩小土地质量差异具有重要作用。不过,考虑到国土整治项目实施中本身所带来的问题,按户连片耕种的比例也会有所折扣。沈集镇的国土整治项目今年来开始大规模实施,2015 年的整治计划在 7000 亩左右,这里以雨林村和林院村为例,讨论国土整治推动下的按户连片耕种。

雨林村在 2000 年开展过"划片承包",原计划在四组和五组进行,但村两委花了 2 个月,只在四组获得了成功。四组的田地比较平坦,农户都居住在路边,田块差别较小,无疑为划片提供了基础。雨林村紧邻雨林水库,但只有十二、十三两个小组能够直接使用雨林水库,其余 12 个小组的田地均分布在海拔相对较高的丘陵地区,属于提灌地带。2014 年,五、六、八、九、十、十一、十四这 7 个小组开展了国土整治。从国土整治项目实施来看,村级实际上可以有效地参与其中。根据我们已有的调查,很多地方的农村在国土整治项目中可以借机开展"土地调整",即将村民的土地暂时收回,待土地整理完成后,对土地进行重新分配,实现按户连片耕种,这样不仅有利于国土整治项目的实施,同时也有助于解决农地细碎化的问题,并提高国土整治项目的绩效。

雨林村在沈集镇属于落后村,地理位置偏远,交通不便,也就是在近几年,通过积极争取相关项目,才将村组道路修通。在沙洋县的集中连片工作中,雨林村也是工作落后村,村组干部尽管对集中连片耕种的好处都清楚,但在实际工作中的积极性不大,对农民缺乏有效的动员手段,思想工作也很难做通,一度成为沈集镇连片工作排名中的倒数。经过乡镇确权办的督办,雨林村的工作才有所改善。从这方面来看,雨林村的工作主要是由村干部承担,尽管没有开展过划片承包,但农民有连片耕种的需求,而且进行过国土整治,应该说具有一定的工作基础。雨林村错失的最好机会是 2014 年的国土整治,如果当时借机实施土地调整,就可以形成一定的集中连片,现在的局面却是只开展了剩余连片工作的 50%。

国土整治属于由中央财政直接支持的土地治理类项目,由县国土局国土整治中心直接管理。国土整治项目一般可以区分为两类:纯粹的农业基础设施类和增减挂钩类。这两者存在不同的行政导向,前者是典型的农业公共品供给,而增减挂钩类则暗含地方政府的逐利动机。在农业基础设施类项目实施中,国土整治中心较少考虑村级农业生产的具体情况,而是根据国土卫片信息来成片地开展国土整治,这里一般的逻辑是,国土整治中心每年都会获得一定的指标,分解到各个乡镇,乡镇可以根据本辖区范围内的情况,协助确定具体的村庄。国土整治项目进村,最理想的状态是能够结合本村具体的农业生产条件来实施,但是项目实践中更多地表现为一种项目制理性。

林院村的"划片承包"小组推进率是 100%,全村 9 个村民小组均开展过"划片承包"。"划片承包"解决了农地连片集中问题,但并不能解决水利灌溉等基础设施问题,如果能够在"划片承包"的基础上配合国土整治,结合村组进行土地治理,就能更好地提高农业生产基础条件,进而为种植规模扩展提供有利条件。林院村 2015 年获得了 1000 亩国土整治指标,在具体实施上,由县土地整治中心统一规划,计划在村级公路沿线连片开展国土整治。所谓的连片,并非村组内部农业治理单元意义上的连片,而是国土整治项目制中的连片推进,这种连片与以小组为治理单元的农地连片之间无法一一对应。林院村土地整治的 1000 亩涉及 9 个组,这样最终的结果是,每个村民小组都涉及一点,位于国土整治连片推进区的地块的水利、机耕道、堰塘等将有所改善,其余的地块将保持原状,如此村民小组内部的地块差异化程度增加,反而更加不利于集中连片工作的推进。

从统计数据来看,林院村的按户连片耕种率的确较高,但结合国土整治项目实践,会发现按户连片耕种质量依然存在提高空间。2015 年,林院村的 4 个村将面临铁路占地,涉及的土地征收、房屋拆迁等补偿费用达千万,按照当地"占谁补谁"的分配规则,村庄内部的土地利益将更加不均衡,农地的集中连片工作将更加难以展开。

(二)经营权流转下的按户连片耕种

沙洋县政府推动的农地按户连片耕种,无疑是在既有法律政策框架下的地方政府行为。沙洋县政府对按户连片耕种的定义为:在落实土地集体所有权,稳定家庭承包经营权的前提下,以灌溉水源为基本参考依据,由村委会领导,充分尊重农户的意愿,通过村民小组内部的经营权流转、承包地调整和承包经营权互换三种办法,使农户耕种的土地连成一片,最多不超过两片且"不插花",在每户耕种土地面积基本不变的条件下,实现农户对土地最大规模的经营。这里需要说明的是,以承包地调整的形式实现的按户连片耕种,尽管不符合土地法,但却是村民自治的一部分,在实践中,只要村民自愿,地方政府便不会干预。

前文已指出,"划片承包"、私下流转等同样是重要的按户连片耕种方式,国土整治和农业综合开发项目也时常伴随着土地调整下的按户连片耕种。沙洋县的做法既与历史上的按户连片耕种有关,也具有现实条件下的独特之处。这里结合沈集镇的经验展开讨论。

沈集镇是"划片承包"重点区,在 2015 年开展全乡镇范围的按户连片耕种之前,全镇就开展过普遍性的"划片承包",尽管各村的实际情况有所不同,但沈集镇具有较好的按户连片耕种基础。农业税费取消后,农村外出务工人口持续增加,加之城镇化的推进,农村务农人口不断减少,在 2015 年开展按户连片耕种工作之前,沈集镇的农地集中已经形成了一定的规模,各个小组内特别是"划片承包"区范围内,农地集中的趋势已经较为明显。同时,由于农地细碎化的现实格局和在村务农农户种植预期的稳定,村庄内部尤其是村民小组内部形成了相对均衡的农地种植规模体系,短时期内农地规模的扩大将遭遇限制。

按照县政府要求,沈集镇政府根据《沈集镇农村土地承包经营权确权登记颁证工作实施方案》,将按户连片耕种作为土地确权工作的基本原则,并在工作步骤上将 2015 年 6 月—9 月作为按户连片集中耕种阶段。在组织领导上,成立乡镇领导小组,下设办公室和三个片区开展指导,主要工作由主管农业的副镇长、农办主任、财政所副主任负责,具体由村级两委操作,并按照乡镇各站所包片包村来推进工作。应该说,眼下开展的土地确权工作和按户连片耕种工作,从中央到地方的推进力度都是前所未有的,中央推进的土地确权工作暂且不论,沙洋县的按户连片耕种工作无疑成为一个阶段性中心工作。但由于不是与乡镇党委书记的政治绩效挂钩,在乡镇层级中,主要依靠主管农业副镇长推动,与"美丽乡村"等工作相比,县级重视程度还远不够。相对而言,横向来看,县乡两级的工作力度并不是太大。这里需要明确的是,纵向来看,农地制度创新对基层政府的好处并不明显,而且政治风险较高,能够将其纳入中心工作开展在全国罕见。

这里我们主要从乡村两级来讨论地方政府推动下的按户连片耕种工作。沈集镇有良好的集中连片基础,需要乡村两级做的工作并不多,但是从沈集镇经验来看,乡村两级推动工作的绩效并不明显,不少村都是在经过多次督办之后,集中连片工作才有所推进。具体来看,乡村组织在按户连片耕种中的行为逻辑及其后果可以通过以下几对矛盾来理解。

1. 乡镇政府职能弱化与行政事务繁多。

乡镇机构改革后,原先 126 人规模的乡镇政府,现在的正式编制仅为 26 人,其中领导有 10 人,原先能够供乡镇使用的"七站八所"都成为各种农业服务中心,属于事业合同制,农业服务中心基本只有一人,平时完成基本任务,其余时间在外面自己做事情。而属于垂直管理的站所近年来的垂直化和专职化程度不断增强,由于属于垂直管理系列,尽管也归乡镇领导,但其工作主要受县局单位管理,很难配合乡镇做大量工作。财政体制采取的是行政经费包干及基数超分成制,沈集镇每年上缴的税收达

700万元，一般能够返还100万元左右作为行政经费。与此同时，乡镇需要承接来自上级的各项事务，中心工作和运动式治理早已常规化。对于沈集镇来说，按户连片耕种工作只是其需要应对的行政事务中的一项，主管农业的副镇长需要同时应对的事务多达数项，就在我们访谈期间，这位副镇长就接到了秸秆禁烧、垃圾分类治理、钟祥市调研交流组、县委纪检督查组、秋播种植等事务，而这些事务都是需要尽快解决并很难应付的工作。相反，集中连片工作反倒更好应付。

2.村级行政事务增多与村级组织官僚化。

村级行政事务增多主要是指乡镇需要承接的大量农村工作，都需要落实在村庄，村一级直接需要完成的行政事务大量增加。比如，秸秆禁烧属于上级要求的农村环境治理事务，不属于村集体的常规事务。这种事务现在不断增加。同时，村级组织不断官僚化，村干部成为乡镇政府行政事务的具体执行者，村干部的工资和事务完成的好坏直接挂钩。在村干部看来，自己不可能成为正式公务员，但却需要被乡镇政府不断增加工作量，由于信息不对称，村干部很容易和乡镇达成合谋，将上级工作区分为软事务和硬工作，对国家政策选择性执行，以减轻自己的行政事务负担。这里，村级干部显然已经具有官僚惰性的行为逻辑，如果将村级主职干部工资进一步提高，那么村级干部的官僚化程度将有增无减。由此，村级干部在按户连片耕种中的工作动力可见一斑。

3.农地利益差异化与地权表达私有化。

从城乡二元关系来看，农户的农地利益差异化较为明显，即使是在同一"划片承包"区范围内，不同农地所承载的社会功能具有较大差异，农地处于农民劳动力、家庭生命周期中的不同地位，农地的社会生命决定了农地利益差异化的基本格局。地权表达私有化是指农户基于已有的土地承包经营关系，主张自己绝对的农地利益，导致了差异化农地利益的固化。农地利益差异化和地权表达私有化成为按户连片耕种工作中需要调整的两个基本利益，结合村级治理能力来看，村集体不仅缺乏"结平衡账"的治理资源,而且缺乏解决治理性社会冲突的能力。

政策需要在乡村两级落实,乡镇职能弱化、行政事务繁多、村级行政事务增加和村级组织官僚化处于同一行政生长链条之上,并最终导致了政策执行中的信息不对称和政策执行偏差。原本行政体系就缺乏足够的激励去开展工作,如果群众自愿,政策目标有望实现,20 世纪 90 年代末期的"划片承包"就是群众自愿的结果。但是,现在农地利益的差异化和地权表达的私有化,使得这项重要的农地制度公共品仅依靠政策监督必然无法供给到位,培养骨干、树立典型、积极动员群众,才有可能破除"小私",增强基层治理能力。

五、结语:稳定与放活之间

在《中华人民共和国物权法》出台之前,农户依法享有的承包经营权在法律上属于债权,强调的是农户的耕种者权利。农户的耕种者权利主要是指农户所具有的农地生产权利,也就是通常所讲的"种地的权利"。一般来说,凡是村庄中的成员,均可依据成员权而享有承包经营权,成员权因户口外迁、人口死亡或外嫁等原因发生变更,承包经营权相应发生变动。

承包经营权所界定的关系主要有两对:一是村集体和农户的关系,村集体是农地所有者,享有发包权,农户是农地使用者,享有承包经营权,发包与承包的核心就是为了促进农地利用,中央所强调的承包经营权的稳定,就是指农地利用效率的最大化;二是农户与其他耕种者的关系,农户享有承包经营权,但并不一定是实际的耕种者,其他不享有承包经营权的耕种者,所获得的就不是承包经营权,其与村集体没有承包关系,事实上的经营者通常是通过流转来获得农地的使用权。

农地的流转催发了承包经营权的物权化。这里的催发主要是指对农地流转事实的判断影响了国家对承包经营权的理解。在国家看来,在农村务农人口老龄化的前提下,农地利用不会面临劳动力不足的问题,打工经济兴起后,农地的耕种者普遍老龄化,这使得国家开始通过改变承包经营权的法律关系来吸引更多的务农替代者。《中华人民共和国物权法》出台后，承包经营权成为一项物权，具有法律上的可流转性。承包关系法律属性的变化，显然不是为了服务于村庄内部的农户，而是为了解决向外来者流转的法律问题。此后，农地的大规模流转开始成为常态，工商资本开始下村，农业经营主体不断多元化。

物权化之后的承包经营权强调的是农地利用主体的开放性，即通过农地产权的流通，耕种者与农户之间不画等号。农地法律、政策的变化，体现了中央对农地利用问题的制度探索。承包经营权的物权化和经营权分离后的农地金融化，都是中央为了解决农地利用中的劳动力和资本问题而进行的政策调整。不可否认，中央也希望通过生产关系的调整来解决农业问题，但是中央的底线一直是承包经营权的稳定。

中央对"稳定"的承包经营权的理解体现在《中华人民共和国农村土地承包法》中，该法律第二十七条规定："承包期内，发包方不得调整承包地。"这里不得调整的承包地不仅是承包关系，也包含了地块本身。农地细碎化问题在中央那里并没有处于重要位置，考虑到《中华人民共和国农村土地承包法》出台在税费改革时期，这可以理解为中央并不清楚农村生产关系的实际情况，而是为了"以不变应万变"，单纯强调人地关系的长期不变。此后，这一条法律成为关于农地利用的生产关系的基石。所以，既然人地关系在生产关系上不能变动，能够变动的就是承包经营权中的经营性权能，中央以此来推动的经营权权能的不断扩充以至于成为独立的物权，就可以理解。从这一点来看，中央层面对承包经营权的变革因强调"稳定"而趋于保守，对经营权的变革因强调"放活"而偏于激进。

沈集镇的经验显示，农民对农地利用的规模化集中化需求程度很高，农民对资本的计算和投入高度经济理性，只要能够产生农业效益，大户就会增加资本投资。如果不改变人地关系，仅仅改变产权关系，本质上是无法解决农地利用问题的。承包经营权的调整属于村庄内部调整，经营权的变动更容易涉及外部因素，中央强调承包权稳定和经营权放活，可以理解为是通过外部力量解决农业问题。沙洋县是全国粮食主产县,其农地利用经验显示,农地利用最核心的问题在于村庄内部人地关系的调整。沙洋县现在推动的按户连片耕种,实际上就是在村庄内部调整承包关系。由于政策红线无法突破,沙洋县采取的是曲线方针,企图利用经营权在村庄内的多次流转,实现承包关系在事实上的调整。

执笔:印子

新型土地调整：农地细碎化治理的正确方法

——毛李镇按户连片耕种调查报告

随着生产力的逐步提高,农地细碎化成为当前农业生产的主要障碍。沙洋县探索按户连片耕种模式以解决这一问题,找到了正确的方向。沙洋县县委县政府的基本原则是"流转为主,互换为辅,不得打乱重分"。毛李镇在这一基本要求下,采取"不动面积、调整地块"的新型土地调整方式,调整特定地块的承包关系,不仅有效地解决了承包地细碎化问题,还产生了诸多外溢效应。毛李镇探索了一种有效的农地细碎化治理方式,其实质是土地调整,关键是找到了正确的方法,核心是激发基层干部的积极性,根本是回应农民需求,前提是政策支持。毛李镇实践的启示意义是:农地细碎化治理需要弱化农民对特定地块的权利,发挥村集体土地调整功能。毛李镇是全县范围内唯一采取新型土地调整方式的乡镇,摸索出按户连片耕种模式的正确方法,有重要的现实意义和理论价值。

一、农地细碎化的困境

毛李镇位于荆门市沙洋县东南端,地处江汉平原长湖之滨。全镇面积为 153 平方公里,耕地面积为 57769.3 亩,总户数为 12012 户,总人口为 42805 人,2014 年有承包经营权证的户数为 8914 户。毛李镇的基本农业生产情况是地形为丘陵,土地类型基本为水田,旱地很少。90%的农田由村组集体统一灌溉,在沙洋县,毛李镇是水利灌溉条件最好的乡镇。毛李镇种植结构丰富,主要有早稻＋荸荠、中稻＋油菜、中稻＋再生稻以及稻虾连作,面积分别有 1 万亩、2 万亩、2 万亩、1 万亩。20 世纪 80 年代初分田到户时，因为土地肥瘦、灌溉方便程度、距离远近等存在差异性，为了保障公平分配，农村按生产条件将土地分为几等，每一等土地再按户均分，形成了典型的"人均一亩三分、户均不足十亩"且分布在七八上十个地方的格局，这就使得农户经营的土地呈现高度分散且相互插花的细碎化形态。

在分田到户之初，地块之间的差异很大，土地细碎化分配有其合理性，并且由于当时的生产力条件是人力和畜力，日均能耕面积较小，对地块大小及是否连片没有要求，农地细碎化对生产力的负面影响不大。化肥、除草剂、机械等农业技术的使用，使地块之间的差异减少，土地细碎化分配的合理性丧失。当前随着农业经营主体的老龄化及机械化发展，土地细碎化的弊端凸显，严重制约了生产力的发展。

第一，土地细碎化降低了机械使用效率，也限制了新技术的采用，增加了生产成本或者降低产量。

李场村村会计说："我要花一个星期耕田，不能插秧。因为没有机耕路，我的拖拉机需要从别人的田里过路，如果别人下肥了，我就不能从别人的田里过路了，机械就进不了我的田了。只能别人耕一块田，我就在他的前面耕一块田。我把插花田全部耕完了，再去耕路边的田。我现在还是人工插秧，我也搞过抛秧，但是抛秧成熟早些，因为没有机耕路，机械无法进去收割，就没有抛秧了，插秧机也进不了田。收割时，由于农民种植了早稻、中稻和再生稻，收割早稻时中稻还没有成熟，收割机从别人田里过，毁了别人的秧苗，需要每平方米赔付3元钱。如果不一起收割，以后农机手就不会去收割剩余的一两块田，所以我没有成熟也要提前一起收割。"

第二，土地细碎化不利于农业投入。一方面，地块分散细碎，农民进行堰塘、机井、机耕路等投资的收益面积有限，丧失小型基础设施投入的积极性。另一方面，公共设施的管护和使用涉及的农户较多，缺乏明确的产权主体，合作成本很高，使得公共设施平时无人管护，使用时效率低。

第三，农民丧失生产自主权。地块相互插花，生产选择和时间都受到其他人的牵制。在李场村开座谈会的时候，农民普遍反映："种植安排被别人卡着，别人种什么你就要种什么。时间赶得要命，别人什么时候种，你必须也要什么时候种，不然别人插秧了，把路堵死了，你自己的田就进不去了。"

二、毛李镇新型土地调整的基本做法与成效

（一）毛李镇按户连片耕种模式的具体做法

在沙洋县县委县政府的号召下，毛李镇开始推行"按户连片"集中耕种。最开始，毛李镇按照县政府的要求采取土地流转或互换的方式，但是经过几个月的尝试，发现难以实现土地连片。原因之一是，地块流转或互换需要有相同的生产条件和面积，但实际上"没有两块地是一样的"，不同地块的灌溉、交通、面积等具有差异性，农户在土地流转或互换时利益难以均衡。原因之二是，土地具有不可移动的特征，原先土地交通便利、灌溉方便、地块面积较大的农户，有可能分到位置较为偏远的地块，他们不愿意流转或互换土地。土地流转或互换方式遵循自愿原则，村集体没有整合分散利益的权利，几户甚至一户不愿意流转或者互换土地，全村民组的土地就无法流转和互换。由此可见，土地流转或互换无法解决特定地块的土地差异问题以及"钉子户"问题。

毛李镇政府探索土地统一调整方式解决以上问题。此处的土地调整并不是打乱重分，改变既有承包关系，而是只调整特定地块的承包关系。"不动面积"指的是土地调整按照承包经营权上的面积给农民分配土地，这样能够防止村组干部借土地调整侵害农民利益，使既有的承包关系不变和保持社会稳定。"调整地块"指村集体将村组的地块打乱并连片分配给农户，既解决了公共品供给的占地问题，又解决了耕地细碎化问题。毛李镇按户连片耕种模式的具体内容包括以下两个方面。

其一，修建机耕道解决土地差异问题。土地质量差异主要与地力肥

瘦、水利、距离远近、交通便利因素有关。随着化肥和除草剂等农业技术的使用，土地的肥瘦差异不大。随着机械运输的发展，不需要肩挑人扛，土地的距离远近差异也变小了。当前影响土地利用的主要因素是灌溉和交通便利程度。毛李镇采取集体水利模式，对农民而言，所有地块的灌溉成本和方便程度是相同的，农田的灌溉条件差异不大。毛李镇土地差异主要是机耕道的缺乏，使用机械时不同地块的交通便利程度不同。因此毛李镇连片耕种工作的第一件事情是修建机耕道。由于资金有限，毛李镇这次修建的机耕道一般为土路，基本要求是每片地都有机耕道，农户使用机械时不需要通过其他人的田。当然在资金有限的情况下，基础设施建设只能降低地块之间的差异，却无法使得地块的质量完全相同。

其二，组织和动员农民解决"钉子户"问题。虽然"按户连片"集中耕种对所有农户都有益处，但是在土地差异不能完全消除的情况下，土地调整的利益分配难以完全均衡。一些土地质量、耕种条件较好的农户不愿意参与连片。还有一些农民因为付出的成本较大，造成他们心理不平衡，有的农民害怕分到质量差的土地。农民有一个普遍性认识，"农村每件事都有吃亏讨好的，做到百分百公平是不可能的"。按户连片耕种必然会遇到"钉子户"问题，我们在调查中发现，每个小组都有几户不愿意参与土地连片。基层组织将农民组织和动员起来，按照村民自治制度"少数服从多数"民主决策原则，解决少数人不同意的问题。

（二）新型土地调整方式的制度绩效

与土地流转或互换不同的是，毛李镇不仅通过土地调整克服了土地细碎化问题，适应了生产力发展要求，并且修建了机耕路，促进了农民投资，理顺理清了土地关系，使土地连片观念深入人心。截至我们调查结束，毛李镇有70%的村庄开展了土地调整工作。

1.克服土地细碎化，促进生产力发展。

土地连片耕种对生产力和农民收入的提高体现在多个方面。一是提高了机械使用率和使用效率，降低了农民生产成本。根据初步估计，机械使用效率能够提高 40％,每亩地至少可以降低生产成本 100 元。二是机械的使用降低了农业生产劳动强度,老人和妇女也能够轻松种田,中青年男性劳动力外出务工经商,从而优化农民家庭收入结构。农民普遍估计,连片耕种后老人至少可以多 3 年时间从事农业生产。三是机械和水都不需要从其他人田里过,不需要等其他人播种和收割,农业生产时间可以从 1 个月缩短到 1 个星期,且农民可以根据自身的资源禀赋自主选择种植结构。叶湾村二组农民周中银说:"土地连片后可以自由自在种地,想怎么种就怎么种。"四是提高农民的生产能力,"土地连片后将水放到最高的田块让其自流,就没有矛盾纠纷了,也不怕肥水流到别人田里,抽水时不需要照看,农具放在田里,不用拿回来。"在土地细碎化情况下,一对夫妻只能耕种 30～50 亩田;在土地连片情况下,一对夫妻能够耕种 100～200 亩田。

2. 修建机耕路,完善基础设施建设。

毛李镇开展连片耕种工作的村庄都将村庄的机耕路修通了,机耕路占用的土地平摊到每个农户的面积上。每个行政村修建机耕道大概花费资金为 10 万～15 万元。为了不增加村级债务,乡镇政府要求的预算额度是每个小组 5000 元。资金主要来源于一事一议财政奖补项目。毛李镇每年一事一议财政奖补资金为 120 万～130 万元,每年分配给 10 个村,一个村至少为 10 万元,最多为 20 万元。这样算来毛李镇每个行政村每两年就可以轮流获得 10 万～20 万元的项目资金。少部分资金来源于村庄成功人士的捐赠或者政府的其他项目,例如贫困村补助资金。李场村修建 2.5 米宽的机耕道 18000 米,花费 15 万元,资金来源于一事一议财政奖补项目。瞄集村修建机耕道 8000 米,花费 10 万元,瞄集村为民政部评定的贫困村,获得了 10 万元的贫困村补助资金。从毛李镇基础设施建设成本和来源来看,目前国家项目资金可以为农村提供基本的农业生产条件,缩小土地差异,为土地连片集中耕种提供物质条件,不需要额外资金[1]。

---

① 毛李镇将农民组织和动员起来,每个村花费 10 万～20 万元就可以提供基本的生产条件。相比较而言,由于农民缺乏参与,国家项目资金的使用效率极低,一个村庄花费几千万的土地整治项目资金或者农业开发项目资金都不一定能够达到这样的效果。

3.激发农民投资和管护基础设施的积极性。

土地连片后激发了农民投资和管护基础设施的积极性。一是农民自发进行简单的土地平整,平整土地及去掉田埂扩大了土地耕种规模。李场村5个小组原有地块数是1586块,土地连片后农民自发进行土地平整,现在全村土地块数只有1104块。二是农民投资小型基础设施建设。由于地块集中在一起,基础设施投资的效益较高,一些农民准备进行小型水利投资,如打井、清洗堰塘等。三是土地连片后公共设施的受益主体少,公共设施责任主体更为明确,能够提高公共设施管护效率。毛李镇叶湾村以前的公共堰塘由小组所有农户使用,农民没有管理的积极性,被强势农民瓜分和占用。土地连片后,几户共同管理和使用一个堰塘,责任主体明确,形成了一种有效的管护体制。

4.理顺理清土地关系,完善基层治理。

分田到户后农村土地占有情况发生了较大变化,但一直都没有进行清理,农村土地关系复杂和混乱,成为农村基层治理的症结。按照权属关系,农村土地分为三种类型。一是黑田,指作为承包地分给农户的、但没有承包经营权证的土地。农业税费时期,农村公共工程建设需要占用部分农民的土地,或者为提高部分农民对农村治理的支持,村集体往往免去这类农民部分土地的农业税费,因此这部分土地从经营权证上被扣除。相对于需要缴纳农业税费的承包地,这些仍然被农民耕种但不需要缴纳农业税费的承包地就成为黑田。当然这个过程也不排斥村干部权力寻租所形成的黑田。二是荒田,指由农民自行开发荒地所获得的土地。按照"谁开发谁使用"的原则,这部分土地被村民普遍认可,但没有承包经营权证,也不需要缴纳农业税费。三是村庄公共用地,指使用权和支配权属于村集体的土地,包括村庄的公共堰塘和机动地等。在江汉平原地区,大部分村集体的机动地和公共堰塘基本上被强势农民占有。村庄土地的侵占和占用不均引起了农民普遍的不满,这次土地调整,村集体借机将村庄中黑田、开荒田和村庄公共用地收归集体,黑田、开荒田按照均分原则分配给全村农户,村庄公共用地规定公用或者重新发包。农村社会的主要资源是土地,基层治理的主要内容是协调农民之间的土地关系,将土地关系理顺也意味着基层治理基本理顺。

5.连片耕种观念深入人心。

土地整治和农业综合开发是当前中央克服土地细碎化问题的政策工具。中国乡村治理研究中心土地整治研究课题组在湖北省四县市调查发现,虽然土地整治后农业生产基础设施完善和地块面积扩大,但土地整治和农业综合开发项目是技术工程,并没有配套相关的权属调整制度。由于地方政府和村集体并没有权属调整的合法性,土地整治项目一般都没有调整土地地块和权属,土地整治后还是按照原来的位置、地块大小分配,整治出来的大田块按照原来的分散细碎格局分配,现代农田格局被打破。笔者调查发现,沙洋县早期土地整治后按照原来的地块格局分配,自从沙洋县倡导按户连片耕种模式后,沙洋县土地整治后基本采取按户连片分配。即使有的地块面积过大,不好分配,农民宁愿轮流耕种,也不愿意切割地块。由此而见,沙洋县按户连片耕种观念深入人心,不管是村干部还是群众都认同土地连片耕种的做法。实际上,农民都愿意土地连片耕种,农民不同意并不是因为土地连片耕种模式没有好处,而是因为担心分到更差的土地。毛李镇分管领导宋景华副镇长抓住农民土地连片耕种的迫切愿望,解决了农地细碎化治理中的“钉子户”问题。宋景华副镇长要求不同意参加土地连片耕种的农户签订一个协议,保证以后永远都不调整土地,即使以后想调整土地,村干部也不帮他与其他农户协调。但农民都不愿意签这样的协议,因为他们都想参加土地连片耕种,只不过是以不愿意参加为理由要求村干部和其他农民满足他的要求。

三、新型土地调整方式的影响因素

土地调整涉及农村重大的利益调整和制度变革,可以称得上是农村的第一工程。那么毛李镇的新型土地调整是如何实现的?下面从方法、利益主体、政策角度剖析新型土地调整方式的影响因素及其可借鉴的经验。

（一）方法正确

由于政策上不允许土地调整，为了规避政策风险，沙洋县县委县政府要求通过土地流转或互换方式实现按户连片耕种，明确规定"不得打乱重分"。沙洋县全县范围内只有毛李镇采取新型土地调整方式，其他乡镇都采取土地流转或互换方式。在理论上土地流转或互换无法解决不同地块的差异性问题和"钉子户"问题。从实践来看，采取土地流转或互换的乡镇很难推动按户连片耕种，只有采取新型土地调整方式的毛李镇真正推动了按户连片耕种。不管是从实践探索来看，还是从理论分析来看，只有土地调整能够有效实现土地连片耕种。换言之，按户连片耕种模式的关键是找到正确的方法，如果方法不正确，付出再多的努力都难以推动。

（二）基层干部有积极性

如上文分析，除了修建机耕道外，调整地块、理清土地关系都涉及农民之间的利益调整，依靠农民自发协商很难形成一致行动，需要基层干部组织协调农民之间的利益关系。毛李镇分管领导宋景华副镇长介绍道："按户连片耕种工作做得不好的村庄，都是因为村书记工作方法差、能力差，推不动。蝴蝶村的农民对我说：'我们村大部分农民都愿意参加按户连片耕种，但是村书记怕麻烦，没有积极性，请乡镇领导帮我们向村干部施加压力。'"当问及有效推动按户连片耕种的好做法时，毛李镇叶湾村张书记说："按户连片耕种的关键问题是村干部下决心，不怕困难、底气足、决心大，就可以做好，没有其他特别好的方法。"

土地调整需要花费很多的时间和精力，还要得罪其他村民，那么基层干部尤其是村干部的积极性从哪来？从毛李镇来看，基层干部的积极性来自于行政压力和为百姓做实事的压力，即"（按户连片耕种）上面有政策，且符合农民利益"。第一，政府行政压力，沙洋县以运动式治理方式推动按户连片耕种，通过领导督促、大会点名批评、经济处罚、经济奖励、政治问责等方式给乡村两级干部施加压力。第二，村干部并不是正式的行政人员，如果村干部不做或者应付这项工作，县乡政府对村干部也没有惩罚措施。从行政压力的角度并不能完全说明村干部的积极性。实际上沙洋县将按户连片耕种工作包装到土地确权这些中心工作中，通过中央的强有力行政压力推动这项工作。如果仅仅依靠行政压力就能够推动连片耕种工作，那么政府的所有工作都能够推动下去了。村干部积极性的根源在于按户连片耕种符合农民利益，村干部推动按户连片耕种回应了农民的迫切需求，既能够增加荣誉，又能够有助于自己的选举。尤其是其他村都已经推动按户连片耕种，如果本村村干部不做这个工作，农民就会形成对比，认为自己村的村干部什么都没做，这给村干部很大的内部压力，将影响选举结果。

瞄集村村书记说："连片耕种增加了很多工作量，刚开始村干部不愿意搞，但是镇政府和县政府采取结账方式(每个村拿出 2000 元钱，如果完不成工作就扣钱)、天天开会、发言表态等，行政压力很大，实在挨不过去了，村干部就都愿意搞了。我是真不想搞，镇委书记包我们村，他天天来我家里让我带头搞按户连片耕种工作，我不做的话下不了台。凭良心说，我不想操心。但邻村三坪村搞了，邻村和议村也搞了，我也就搞了，不然本村农民会说'三坪、和议都搞了，你怎么不搞?'我反过来想，按户连片耕种也是真的做好事，扎扎实实给百姓办实事才会被农民拥护，如果不被农民拥护就当不成村干部。我又不能像公务员那样提拔上去，村干部也是农民，我一辈子生活在村庄中，如果我不做这项工作，农民会骂我。给农民做好事，即使得罪了部分农民，农民会理解我，会评价我说'又做了一件好事'。"

（三）回应农民需求，充分调动农民积极主动性

土地调整并不是依靠基层干部的独断权力推动，根本上还是需要农民参与其中。土地调整的基本机制是村民自主参与及基层干部组织协调。基层干部所做的工作是组织和动员农民解决利益协调问题，而不是代替农民做所有的工作，更不是代替农民做决定。毛李镇每个村民组都

成立了由6～10个人组成的土地调整专班，成员主要是有公心、有责任心的农民或者党员干部。土地调整专班负责监督机耕道修建、组织测量土地、制订具体方案等。当前村庄公共事务中农民难以被组织动员起来，是由于这些公共事务与农民的需求脱离，农民自主参与按户连片耕种的积极性在于这一做法符合农民的利益。一些吃亏农民在村干部的劝服下愿意参加连片耕种，或者"钉子户"没有坚决抵抗，是因为农民认为"细想一下土地连片还是有好处的"。

正如叶湾村村书记所言："将群众动员起来，什么事情都好做。"土地调整涉及细致而复杂的利益协调关系，不同地形条件、不同农地利用方式、不同农业生产条件将产生不同的治理问题，难以通过统一标准和规则进行协调和处理。将农民组织动员起来发挥农民的积极主动性，可以根据每个小组自身的特殊性具体问题具体解决。李场村农民提出了110个问题，土地调整专班和村干部一起一一进行解决，将所有问题解决完了再分地。以李场村为例，在土地调整过程中比较集中的问题是树荒地(地边的树木影响作物生产)，在一个行政村内，居住方式和树荒地的分布不同、数量不同、农民的种植结构不同等，李场村将农民动员起来，充分发挥农民的聪明才智，每个小组根据具体条件都形成了不同的解决方案。

树荒地问题的处理方案。一组，第一种方法是不砍树的农户将树荒地分给他，第二种方法是如果树砍了就分给别人耕种。因为一组是分散居住，农户需要在门口留几分田养鸡、育苗等，主要采取第一种解决办法。二组，不成林的杂木和杂林，原先是谁的地就由谁处理，如果自己不处理，这次分到地的农民可以自行处理。如果绿化树木对农业生产的影响不大，可以保留。三组没有树荒地问题。四组农民集中居住，树荒地少，原先是谁的树这次就把那片田分给谁耕种。七组将树荒地按原面积减少10％分给农户。

土地调整的难点问题是少数人反对的"钉子户"问题。劝服并不能解决所有的"钉子户"问题，并且在土地调整过程中还要将黑田、开荒田和公共土地收回来统一分配,必然会损害一部分农民的利益。但是如果不达成所有农户的一致行动,按户连片耕种就无法实现。毛李镇将农民动员和组织起来,采取"少数服从多数"的民主决策原则解决这一难题,即只要大部分农户同意连片耕种,村集体就有权利调整土地,少数不同意的农民只能服从。就如李场村二组小组长所言:"农村做什么事情不能所有人都同意,不然做不成。"李场村书记李方文说:"有黑地和荒地的毕竟是少数,大部分农民反对荒地和黑地被个别农民占有,如果不愿意将荒地和黑地拿出来,全组农民都攻击你。"

(四)政策支持

土地政策法规不允许土地调整,且规定土地承包关系 30 年不变,毛李镇的做法虽然没有调整农民的承包地面积,但调整承包地地块还是存在一定的政策风险。如果没有沙洋县县委县政府按户连片耕种政策的支持,村干部也不敢冒土地调整的风险。农民虽然有自己的理性选择和利益诉求,但基本上相信和支持政府政策。如果有政府政策推行按户连片耕种,基层干部的行为就有了合法性依据。毛李镇在县委县政府支持土地连片耕种的政策背景下推动土地调整。就如瞄集村村书记孔祥钦所说:"如果政府政策坚决,农户就不说什么,会配合政策执行。"李场村农民张旭兵说:"如果政府有政策要求按户连片耕种,即使损害了我的利益,我也要同意和参加。"李场村村干部在做工作时,有农户说:"土地调整与政策违背,你们没有合法依据调整我的土地,你们做你们的,我的土地不参与土地调整。"村干部则会说:"土地确权是中央的政策,按户连片耕种是县委县政府的政策,我们是按政策做事。"

四、新型土地调整方式的意义与启示

按户连片耕种模式提高了农业机械化率,改善了农业生产条件,提高了农民的生产能力,解决了"无人种田"问题和促进了农业现代化发展,探索了以农民为主体的农业现代化道路。小农农业,甚至老人农业在一定程度上能够实现土地适度规模经营,与农业现代化并不冲突。

毛李镇的实践表明,以农民为主体的农业现代化必须解决小农经济的分散细碎化经营问题,土地调整是一种有效的农地细碎化治理方式。新型土地调整的核心是农户对特定地块没有承包权利,村集体可以将地块调整成片。从这个意义来看,土地集体所有权的内涵并不仅仅是分享土地收益和维持社会公平(农业税费取消后这个内涵就没有了,所以很多人认为设置集体所有权没有意义),还能够协调土地利用关系和提高农业生产效率。很多人认为赋予村集体土地调整的权力,村干部将侵害农民的利益。毛李镇的经验告诉我们,土地调整有诸多益处,在当前的时代背景下,土地调整的积极影响远远大于负面影响。而土地调整的弊端可以通过一定的方式规避,比如毛李镇调整土地时并不调整农民的承包地面积,从而保障了农民的土地权益。

但政策法规一直强调"赋予农民更加充分而有保障的土地承包经营权",当前的土地确权也要求将承包经营权固定在特定的地块上,村集体丧失了土地调整权利。农民拥有对特定地块的承包权利,农民可以以此反对土地调整,甚至以不允许占地的合法理由反对基础设施建设。正如李场村三组农民李加焕所言:"我不同意土地调整,村集体没有权利调整我的土地。我有承包经营权证,我种自己的土地,又没有种你的土地,你凭什么调整我的土地。我种自己的土地不犯法,有法律保护,到中央国务院我都合理合法。"当村集体丧失农地调整权力时,村集体彻底退出农业生产领域,仅仅依靠弱小、分散的农民的个体积极性难以实现农业现代化。不断强化农民土地承包经营权不仅不利于农民农业生产,而且产生了"反公地悲剧"。毛李镇的实践给我们的启示是,弱化农户对特定地块的承包权利,发挥村集体土地调整的功能,能够克服农地细碎化问题,促进农业现代化发展。

沙洋县按户连片耕种模式找到了正确方向。正确的方向目标需要有正确的方法才能实现。毛李镇探索有效治理农地细碎化方法,但在不允许土地调整的政策规定下并不具有合法性,沙洋县政府只能采取土地流转或互换方式。虽然沙洋县政府有农地细碎化治理的决心，也做了很多工作和努力，进行了诸多制度创新，但仍然无法解决自上而下的政策法规所导致的制度瓶颈问题。在这个意义上，"沙洋的问题不在沙洋本身，在沙洋之外"，按户连片耕种模式存在的困境，需要中央层面的制度改革。

执笔：王海娟

新型土地调整方式的动力机制
与推进方式

——毛李镇调查报告

家庭联产承包责任制之后的中国农村发展迅猛,但随着农业现代化的推进,承包经营土地分散化、细碎化的问题日益突出,制约了当前中国农业的发展。毛李镇在县委县政府按户连片耕种工作的号召下,采取"面积不变、调整地块"的新型土地调整方式,有效解决了农民的农业生产困境。新型土地调整方式的核心是发挥集体经济组织的统一经营功能,将农民动员和组织起来,以改善生产条件。新型土地调整方式的动力来源于农民提高生产力的需求和基层干部为人民服务的精神。在推进过程中的主要难题是解决"钉子户"问题。毛李镇通过村干部坚决维护村庄正义,采取"多数服从少数"的民主集中制原则动员群众,实现了农民调整土地、提高农业生产力的权利。

一、镇村概况

毛李镇位于湖北省荆门市沙洋县东南端,地处江汉平原长湖之滨,东南与潜江市积玉口镇接壤,西南与荆州市观音垱镇交界,是一步跨三市的"金三角"。金三角处于江汉平原边缘,地形由平原向丘陵过渡,西高东低,田块呈梯田状。毛李镇号称"五湖之镇",全镇有长湖、澎湖、南湖、宋湖和借粮湖等五大湖泊,大小水库、圩垸 40 多个,养殖水面达 6 万多亩。全镇的最高海拔为 60.5 米,最低海拔为 27 米。水利灌溉条件在全县是最好的,全镇仍然保持着集体水利模式。

毛李镇全镇有 23 个村,1 个居委会,总人口为 42805 人,总户数为

12012 户,拥有承包经营权证的户数为 8914 户。全镇面积为 153 平方千米,耕地面积为 3683.6 公顷。二轮延包面积依据税收面积而定,由承包地的 54877.6 亩和村组机动地的 3803.64 亩两部分构成,实际总亩数是 58681.24 亩。当地的习惯亩在各村甚至各个小组都不一样,有 667 平方米、800 平方米、900 平方米、1000 平方米、1200 平方米等不同的换算法。在县委县政府的号召下,毛李镇借助土地确权的东风,大力开展按户连片耕种工作,通过三坪村的积极示范,带动了其他村庄的土地改革工作。毛李镇政府主张新型土地调整方式,目前整村推进的村庄有李场村和瞄集村。本文主要通过这两个村庄的实践讨论新型土地调整方式的动力机制和推进方式。

李场村位于毛李镇政府所在地的东南角,离政府所在地仅 10 分钟车程,是典型的丘陵地区。全村有 1054 人,7 个农民小组,254 户种田户,有部分空挂户,流转出去的有 30~40 户。全村有 280 人长期在外打工,40 岁以下的农民一般外出务工,留村的中年人多通过兼业来满足家庭的生活需求,农忙时种田,农闲时则通过五大湖区到周边的省份赶鱼,种田主体是 50 岁以上的中老年人。李场村二轮延包面积为 1657 亩(该亩数为地方亩,约合 900 平方米,下同),分为 2459 块,实际面积为 1765 亩,分为 2586 块,以水田为主,只有几十亩旱地。李场村和叶湾村挨着长湖渔场,渔场共占地 10000 多亩,长湖既是农业生产的主要灌溉水源,也是村内中年人兼业的去处。李场村全村 7 个小组均通过新型土地调整方式完成了土地集中连片。

瞄集村是县级公路瞄朱线的起点,位于政府所在地的西北方向,车程为 20 分钟。全村有八个农民小组,共 2030 人,402 户,有 41 名党员,4 个村干部,6 个信息员。全村的种植面积是 3495 亩。2013 年村集体借土地平整的项目完成连片种植 2100 亩,包括一、二、三、四组全部的土地和六组一半的土地。在此次县委县政府的号召下,又完成了剩余 1250 多亩土地的连片工作。全村总共连片面积为 3360 亩,六组剩下的 150 亩土地过于细碎,连片成本高,暂且搁置。

二、按户连片耕种方法的探索过程

1978 年,发端于安徽省小岗村的家庭联产承包责任制推动了中国农村的改革,但并没有彻底解决农业发展问题,实际上中国农业现代化才刚刚开始。随着农业的纵深发展,由承包经营土地所带来的分散化、碎片化问题日益突出,从而制约了农业机械化和生产力水平的提高。土地的"分散化"指一户农户的所有土地分散在不同的方位,不同的地块之间相隔一定的距离;"碎片化"指地块面积小,一户的土地面积由多块土地构成,呈现碎片的状态。分散与碎片的土地在肩挑人扛、劳动力充足的情况下,能够适应生产力的发展。然而,在机械化日益普及的今天,土地的分散与细碎不再利于机械化的操作和生产效率的提高,这一人地关系就必须发生相应的改变。在生产力与生产关系不相适应的矛盾逼迫下,沙洋县开始了土地制度的探索与改革。沙洋县政府在三坪村经验的基础上,不断创新和总结思路,对按户连片耕种方式的思考与实践经历了三个阶段。

2014 年沙洋县提出来的概念是"按户归并集中",是指在二轮延包基础上,充分尊重农民意愿,以灌溉水源为基本参考依据,开展互换并地,以户为单位按户承包,实现土地连片不插花。"按户归并"的主体是农民,并未提及基层组织的作用,主张土地互换方式,但是否改变承包经营关系并未明确。

2015 年 1 月沙洋县提出了"按户划片耕种"概念,指在落实土地集体所有权、稳定家庭承包权的前提下,放活经营权,以灌溉水源为基本参考依据,使农户耕种土地连片且不插花。这一提法明确了承包权即承包关系不变,主张经营权流转的方式。该提法的实质是通过"三权分离"制度创新,主张以农民为主体自发进行土地流转,基层干部并未成为按户连片耕种的参与者或主导者。

2015 年 3 月随着按户连片耕种工作实践的展开,沙洋县提出"按户连片耕种"概念，指在落实土地集体所有权，稳定家庭承包经营权的前提下，以灌溉水源为基本参考依据，由村委会领导，充分尊重农户意愿，通过农民小组内部的经营权流转、承包地调整和承包经营权互换三种办法，使农户耕种的土地连成一片，在每户耕种土地面积不变的条件下，实现农户对土地最大规模的经营。此次提法的变化有三点：一是充分肯定了基层组织的领导职能，要求发挥村集体的统筹作用；二是考虑到不同的村庄条件和农民实践，明确了按户连片耕种的三种方法；三是进一步厘清了土地连片的概念，"使农户耕种的土地连成一片、最多不超过两片且不插花"。与以前的主张相比，根本性的变化是按户连片耕种从以农民为主体转向了以集体为主体，充分发挥基层干部的积极主动性。这种转变来自沙洋县对实践工作的总结，沙洋县发现基层干部发挥了不可忽视的作用，正如主管这项工作的杨副县长所言："这项工作推行的关键是干部。"

在沙洋县最后所确定的按户连片耕种思想中，明确了土地连片的具体方法，即农民小组内部的经营权流转、承包地调整和承包经营权互换。在具体实践中，沙洋县提出"一主一辅一不得"原则，即以经营权流转为主，以互换为辅，不得打乱重分。毛李镇基于三坪村和李场村的经验，发现土地调整是最符合农民利益、最有效的方式，他们所实行的是在承包面积不变基础上的新型土地调整。新型土地调整是否是"打乱重分"存在争议。乡镇主管副镇长大胆承认这是打乱重分，经管部门的乡镇干部和村干部则强调这不是打乱重分，必须加上一个限定语"在承包面积不变的基础上"。虽然没有改变农民的承包地面积，但由于与县里倡导的"按户连片"政策内涵存在一定的差异，且与国家"不允许土地调整"的政策相违背，县政府对毛李镇的做法既不鼓励也不否定。

毛李镇干部及其农民对于新型土地调整的不同看法，尤其是乡村干部对"打乱重分"这一说法的谨慎态度，反映出背后的两个考虑。一是政策红线问题，当地的乡村干部担忧的是违反不允许土地调整的政策，可以通过未违背"增人不增地，减人不减地"原则进行辩解。在2013年实施的

《中华人民共和国农村土地承包法》第三十五条规定,"承包期内,发包方不得单方面解除承包合同,不得假借少数服从多数强迫承包方放弃或者变更土地承包经营权",而在第四十条中又规定,"承包方之间为方便耕种或者各自需要,可以对属于同一集体经济组织的土地的土地承包经营权进行互换"。也就是说,土地承包经营权是可以调整的,但必须建立在承包方自愿的基础上。这一规定背后的意义是反对基层组织干预承包经营权调整,尤其是不能以"少数服从多数"的原则损害部分农民的利益。二是实践层面的考虑,打乱重分容易引起农民的误解。在农村社会语境中,"打乱"就是要根据新增人口和死亡、流出人口增减土地,"重分"等同于按照农村人口重新平均分配土地。如果按户连片耕种主张打乱重分,会导致无地人口回来要地,将引起社会不稳定,这是基层组织要极力避免的。

根据乡镇干部的考虑,可以将"承包面积不变基础上的土地调整"概括为新型土地调整方式,以与"改变承包地面积、打乱重分"的传统土地调整方式区别开来。与传统土地调整方式不同的是,新型土地调整方式不增减土地,保证了农村社会稳定。与传统土地调整方式相同的是,村集体在土地调整中发挥动员和组织作用。沙洋县将新型土地调整视为按户连片耕种的一种方式,实际上是认识到基层组织的重要性,赋予了基层干部调整土地的合法性。

三、新型土地调整方式的动力机制

(一) 毛李镇土地调整的历史与基础

在一轮承包时,中国的农业生产状况基本还处于肩挑人扛的时代,土地质量会影响农产品的质量和农业生产效率,所以分田时首要保证承包地的公平分配,土地根据距离远近、土质肥瘦、水源好坏搭配到户。毛李镇与全国各地农村一样,在分田到户时,按照土地等级分配土地,导致土地细碎分散化。分田到户至今,大多数农村的这一状况并没有改变。

分田到户之后,毛李镇部分村庄根据农民需求,抢在二轮延包之前进行了土地调整。以三坪村为代表，由于水利条件极差，三坪村村书记杜龙兵带领全村农民重新分配土地，进行承包经营土地的归并集中工作，并领导农民集中力量修建机耕道和堰塘，成功解决了土地细碎化情况下的水、路问题。

1997年李场村有5个组也重新丈量了土地，进行了土地调整。五、六组当时没分，因为分地主要依靠小组长的积极性和能力，这两个小组的小组长怕操心，并且五、六组都是大组，分起来也不简单。村集体引导、小组负责，农民提议要重分后，如果大部分农民同意就进行土地调整。村集体给每一块田都编一个号，采取抓阄的方式，抓到哪块田就种哪块田。缺田或无田又确实要种田的农户，就耕种抛荒田，一亩田要交400元费用。2004年完善二轮延包确权时，这部分土地谁种就确权给谁。

2004年瞄集村完善了二轮延包确权，以二轮延包为基础进行土地调整。二轮延包确权时农民"扯皮"扯得很厉害，尤其是农业税费时代一些农户不愿意承担农业税费，从而将土地抛荒。然而，在取消农业税费后，他们又回来要田，向村里哭诉生活没着落。村集体当时的解决办法是把机动地给他们种，但由于他们未履行交税的义务又来要权利，村干部及农民认为不公平，要求他们缴纳土地租金。2013年瞄集村开展了土地整理工作，5个小组通过新型土地调整方式将土地分配下去。

总体上来说，毛李镇在分田到户之后，整村开展土地调整的村庄并不多，一般是借助土地整治项目调整土地。全镇只有窑场村比较特殊，每5年调整土地一次，窑场村的老百姓说"村干部必须调地，否则村干部干都干不下去"。不过相对于沙洋县其他乡镇而言，毛李镇土地调整的比例较高。

土地调整历史对现在的按户连片耕种工作的推行有重要影响，土地调整历史是基础。如果土地按期调整，就相当于对全村的利益清理一次，并且培养了基层组织和农民土地调整的能力，后期的土地调整工作就比较容易。如果土地长期不调整，农村土地利益固化和复杂化，村组干部和农民也缺乏土地调整的能力与动力,日后进行土地调整就比较困难。正是在这个意义上,有土地调整历史的瞄集村、李场村是按户连片耕种工作的先进村。在某种程度上,毛李镇采取新型土地调整方式也与他们的土地调整历史有关。

(二) 农民土地调整的积极性

由于土地差异化,土地的公平分配使得土地分散和细碎。在机械化水平低下和劳动力充足的时代,所有的农业生产活动依靠人力畜力,分散和细碎的土地对于农业生产的负面影响并不大。但随着工业化的发展,我国的产业格局发生了巨大的变化,从"以农补工"渐渐迈入"以工扶农"的时代,其中重要的体现就是农业机械化的大发展。在毛李镇,目前水稻收割的机械化率已经接近100%,而由于田块太小,耕田机械化率仅达到50%,播种则完全靠人力,插秧机的推广还没有开始。

分散细碎的土地在当前已经成为农业生产发展的瓶颈。农业生产各个环节的对应机械都已经发明出来,却由于土地的细碎化和分散化带来了诸多问题。

一是农业机械难以推广,生产的劳动强度依然很大。李场村的土地算是全县比较平的土地,但现在仍以牛耕为主,拖拉机耕田面积不到10%。由于土地太过分散,不利于机耕道修建,机器入田难。李场村使用拖拉机耕田还是这两年才开始的。还有部分土地,由于田块太小太碎,收割机不愿意进去,面积至少10亩才容易雇请收割机。细碎的土地无法使用收割机,人工一天之内收割1亩左右,一户全部割完要五六天。

二是农田生产管理上的困难。农户的土地都分布在不同的地方,东一块西一块,不同农户的土地相互交叉,形成所谓的"插花田"。插花田限制了农户的自主生产,播种、放水、收割都要受到邻田的影响。

二组党员李家清说:"以前每到种植时间,老是要跟人商量种植时间和种什么作物,到底是种早稻还是中稻,是种水稻还是种荸荠。以前别人种什么,你就得种什么。抽水也是,从别人家田里过水还要问别人同不同意。"耕田也是，田卡在中间的就得提前耕，否则旁边的田耕完之后就不让你过路了。最麻烦的是收割时，有插花田，如果自家的田卡在中间，稻谷还没成熟，旁边的要割了，你就必须得割，否则以后就没有机器过来了。即使有收割机过来，分散的田块收割所花费的时间也比较长。

李场村的妇女主任家有12亩田，全部种植水稻，到收割时，光是人工割谷就要花一个星期，若是连片后，12亩田一天就可以收割完。土地的分散和细碎使得种植、耕种、收割等各个环节都受到限制。

毛李镇英雄村五组的万恩文说："现在种田还是一担挑斗挑个把小时，有车子没路，肩挑人扛，像是原始社会！"

三是不便于农民自发地进行土地流转。在沙洋农村，种田的主体是老人，每户耕种十几亩田，若依靠人力畜力，会有些吃力。所以在土地细碎分散的情况下，有些老人不得不将部分土地流转给中年农民，但流转价格低，目前最多一亩400元，一般200元，甚至一些土地流转不出去。对于土地流入方，土地细碎化构成了他们流转土地的一大障碍。年轻人不是不愿意种地，而是回来后没田种，关键是土地不连片。如果有50~100亩连片的土地，年轻人就会回来种地。种田大户宁可流转一大片差田也不愿意流转一堆分散在各处的好田。土地的细碎、分散使得劳动力和基础设施的投入分散，从而阻碍了村庄内部的自发流转。

家庭联产承包责任制满足了农民对土地的公平分配需求，却在机械化水平日益提高的今天，无法满足生产效率的提升，农业生产遇到了新的瓶颈。在土地分散化和细碎化的困境之下，催生了土地制度的改革。对于农民来说，修路之后，田块连在一起，是"功在当代，利在千秋"的好事，对于老人来说，可以延长种植时间，可以多种3年田。

农民的积极性反过来可以感染基层干部的积极性。高兴村由于"黑田"较多，土地工作不好做，该村的一个低保户向乡镇干部反映，希望乡镇领导给村干部施压，推进土地连片耕种。

"我身体较差,自己不能插秧,请人工插秧很贵,土地连片之后我就可以请插秧机了,一亩田可以收 1000 多元,就不用吃低保了。"

这位低保户的积极性也感染了毛李镇的领导干部,进一步提高了他们推动按户连片耕种的积极性。

(三) 基层干部土地调整的动力

毛李镇推行土地调整与主管农业的副镇长积极作为有关。毛李镇主持按户连片耕种工作的是宋景华副镇长,他今年 45 岁,是毛李镇借粮湖人,大学毕业后就一直在毛李镇工作。由于年龄的限制,宋副镇长没有上升的空间,只能在乡镇工作。他认为,既然留在了这里,而自己喝的是"毛李水",就应该为老百姓做点好事和实事。既然没有了晋升空间,还不如轰轰烈烈、真真切切地改善农民的生产条件。即使毛李镇的做法与县委县政府的倡导不符,但宋镇长个人已经没有什么顾忌了,颇有种"死猪不怕开水烫"的雄壮。

2014 年,他带一些政府领导干部到三坪村考察,政府领导对于三坪村在水源条件极差的情况下能够抗旱且无纠纷矛盾的情况非常感兴趣。三坪村的经验最终在沙洋县成为推广的典范。他就较着一股劲:

"为啥毛李镇的三坪村可以搞,毛李镇的其他村搞不成? 不是不能搞,是想不想搞的问题。"

李场村的李书记和瞄集村的孔书记与宋镇长的想法如出一辙,他们都是在村任职多年的老书记,在村中威信高。最初县委县政府的要求是土地连片率达 50%,并倡导以土地流转方式为主。瞄集村已有的连片率已经达到了 60% 以上,可以不用推动这个工作了,李场村想通过土地流转完成上级任务。后来沙洋县的要求是连片率达到 90%。李场村村干部在工作推动中发现,土地流转工作相对繁琐,并不是有效实现土地连片的最佳方式。瞄集村也还需要继续推动土地连片工作。于是这两个村的村干部索性把心一横,干脆采取土地调整方式,将工作做扎实。

乡村干部积极性的根源在于作为当地人的责任感,既然不能向外向上流动,自己的工作空间就在这一村一镇了,何不积极作为为老百姓做一点事情呢?"死猪不怕开水烫"的精神有别于"破罐子破摔"的消极,这种积极作为是一种责任与担当。在整个社会为人民服务的精神不断弱化的背景下,在基层社会我们还能看到许多默默无闻地为农民谋福利的一线干部。这种激励的能量远甚于物质激励所带来的实效,因为基层具体工作中的繁琐和操心程度不是物质激励所能够弥补的。况且,这项工作的完成,县政府给予的资金投入少,基层干部完全没有油水可捞,反而还面临着村级债务增加的危险。为农民办好事、办实事,仍然是一些毛李镇干部开展此项工作的最大动力来源。不过,在没有体制支持和制度保障的情况下,这种责任感源于个人的觉悟,本身具有不确定性。

四、按户连片耕种推进方式

2015 年 5 月份,沙洋县就开始紧锣密鼓地筹备按户连片耕种工作,沙洋县政府频繁地召集乡镇相关部门的领导开会,乡镇政府又召集村里的干部传达会议精神,并下发由县里制作的各种宣传册、宣传单,张贴标语,县里则直接通过手机报传递连片工作的信息。在乡镇的动员下,从 2015 年 6 月份开始,各村各组就开始行动起来了。先是村两委班子讨论并达成共识,然后分别下到各个小组开会,宣传政策精神,并向老百姓征集意见。此后,土地连片的工作就在一些村庄轰轰烈烈地开展起来了。

对于土地连片工作,基层干部有顾忌,他们认为此事要办下来不容易。虽然镇里举办过现场会,对基层干部和农民进行了动员,以三坪村为榜样对大家进行了讲解。但若村中有一少部分农民不同意,这个工作就做不下去。乡镇不厌其烦地对基层干部做工作进行动员,每两周给基层干部开一次会,软硬兼施,要求任务必须完成,并实行问责机制:一是要求各村在 9 月 20 日之前完成任务,不仅先进村要开现场会,后进村也要开现场会,这是政治手段;二是在经济上惩罚,村干部自己拿出 2000 元作为奖金,未完成任务的村庄就扣 2000 元奖金,完成任务且无上访的村庄,不仅不扣 2000 元奖金,还有 1000 元额外奖金。县政府给每个乡镇一万元的工作经费。乡镇的领导清楚,该项工作的核心还在于村干部。

(一) 意见征集与"钉子户"问题

在宣传政策前,李场村的 3 个干部商量要不要搞、怎么开始的问题,3 人有了一个基本共识和意见之后,就开始动员群众。在宣传政策时,他们不是在各个小组逐条念文件,而是针对不同组的不同情况分重点讲。2015 年 6 月 20 日农闲后,第一次征求意见时,就有 80% 的农民同意,还有 20% 的农民反对,反对的理由是别的村都没开始,我们村哪里来的政策?在二组开会时,连开了三天会,征求意见,农民一提意见,基层干部就要解释,这样效率太低。村干部见势不行,决定先拿出方案来,再让农民就方案提意见,所有的意见一条条讨论落实征得所有人的同意。

在发放的意见征集表中,农民的意见比较集中:一是要求修机耕道,修 2.5 米宽的路到田里;二是水淹田的问题;三是农户门前的树荒地、鸡荒地的问题;四是土地平整的要求;五是高岭田的问题;六是堰塘问题[①]。

这些具体的问题都容易商量和解决,难缠的是那些占 10%～20% 比例不愿意交出土地的"钉子户"。这些"钉子户"由于占土地优势,不愿意拿出自己所种的土地,反对土地连片工作。在工作推动时一组有 3 户不同意,二组有 5 户不同意,三组有 3 户不同意,四组有 2 户不同意,五组最开始大部分人不同意,所以从他们组先搞,后来其他组搞完了之后,颇为积极,没有"钉子户",六组才全部同意,七组有 2 户中立、2 户不同意。这些土地连片工作的反对者,分为以下几种类型。

第一种是自己的承包田就在房屋旁边的,养鸡养鸭、农田用水都非常方便,农民也一般在田边种了树。

---

① 比如,李场村村民关于堰塘问题的意见:村集体有二三十口堰塘,村民要求一个组至少一个堰塘,七组有三个,要求能蓄水,且要明确规定到户,有的农户自己挖的鱼塘,要求按责任田分给他。

三组的胡某 70 多岁，不准土地调整，因为他单独一家住在一个地方，种的田都在旁边，在房子周围还种了树，他还喂了四五十只鸡，五六只鸭，如果把田调整到比较远的地方，就不方便饲养家禽了。

第二种是在二轮延包时分到好田的。

二组张旭兵的田在一片，田块面积又大，刚开始时他就不同意土地调整。

第三种是占有集体土地的，有的占了集体的堰塘，有的占了黑田和荒田。黑田多是以前的抛荒田，税费时期交不起农业税费的农户抛荒土地，很多农民就捡抛荒田种，有的农户种抛荒田比自家的承包地还多，索性就只种抛荒田不种自己的承包地了。他们占有这些土地多年，现在村里说要收回去，且能够获得大部分农民的支持，没有占集体土地的农民们巴不得村干部把这些土地收回来。

李场村二组胡某就是因为占着村集体的堰塘不同意土地调整，他年纪大了，理应是最积极的连片工作支持者。但是，他占了一块集体的堰塘，既不愿意将堰塘交给村集体，也不愿意将堰塘面积计算到他的承包地里。他的土地都在房屋旁边，也害怕把自己分到较远的土地，因为他都是用牛耕田，不用机械，如果土地距离较远，运输就很麻烦。

（二）治理"钉子户"的策略

在开展土地连片工作的过程中，村干部要协调村民之间的利益，要解决"钉子户"问题，李场村和瞄集村的村干部采取了多种策略治理"钉子户"。

1. "少数服从多数"的合理性。

"少数服从多数"是民主理论的核心原则。在具有熟人特性的乡村社会，该原则能够有效钳制少数人的异见，保障以大多数人为主体的整体利益。村干部了解农民的特点，一些村民在涉及自己利益的事情上很会"扯横皮"。在土地连片这一政策上，必然会有一些村民反对，但他们不是基于公共利益的反对,而是基于个人私利,少数人为了私人利益却影响大多数人的生产便利问题。在大是大非问题上,村干部要善于利用"少数服从多数"的原则。瞄集村制定了调地投票规则,只要有 60%～70% 以上的农民同意土地调整,其他农民就必须无条件服从。该村孔书记始终向农民强调的是:"土地是集体的,不是你的,你只有经营权,没有所有权。如果有人认为土地是自己的,村集体不能调整,那是笑话。"不管个人有什么理由,孔书记始终坚持的大方向是,土地连片的工作是为大家好,这是公共利益,不能因为你一个人的利益而损害其他人的利益。在这一原则指导下,该村顺利完成了连片工作,虽然几个村民对村干部有怨气,但大多数村民得到了实惠,全力支持村干部。

2. "群众动员群众"。

土地连片工作的核心是村干部,村干部的法宝是让群众动员群众。动员群众,李场村李书记有自己的一套方法。首先,要在村组干部和党员内部达成共识。李书记先召集党员、老干部和农民代表开会,再开全村的动员会,向农民讲政策的好处,让农民充分讨论,然后引导党员干部及代表发挥带头作用。

有一个老党员李家清,他 63 岁了,很支持村干部工作,在开完会之后,大家都会讨论这个事情,他一看到几个人围成一堆,就凑过去跟人讲现在种田的难处和连片后的好处。

其次,对一些思想觉悟和境界低的党员干部直接批评,引导他们表现出党员干部的先进性。

二组的张旭兵是党员,因为原本土地连片、地块面积大,不愿意参加土地连片。李书记批评他:"要认清形势,党员要发挥带头作用,不能混同于一般群众。"最终张旭兵思想发生转变,支持工作,土地调整时他的土地质量变差了,吃亏了,但没有怨言,并且积极提倡农民自发平整土地。

最后,让"群众动员群众"。

李场村二组的胡某不同意参与土地连片,村干部做不通胡某的工作,就从七组开始推行这项工作。七组的工作顺利推行之后,村干部故意不到二组推行工作。二组农民都以为李书记不在二组推行这个工作了,急得不得了。二组的农民问李书记为什么不在二组推行工作,李书记故意装作生气说:"你们二组有人不同意,就不搞了。"二组村民都知道不同意的人是胡某,认为胡某得罪村干部,于是都骂胡某,胡某只能同意了。二组农民都纷纷要求李书记一定在二组开展土地连片工作,李书记还是到二组推行了工作。后来胡某分到好田,开心得不得了,见到村书记还是"李书记"前"李书记"后地喊。

有些农民为了自身利益也拥护政策。

二组一个70多岁的老人周德兴,有3.7亩田,土地连片前有六七块,分布在四面八方,种田非常不方便,所以他非常支持土地连片工作。对于本组里的反对者,他说"哪个不同意,我就跟哪个搞",二组的李某不同意,他就跟李某说"谁不同意我就把谁的桌子掀了"。在签字时,周德兴第一个签字。一些反对者见势,在众人面前也不发表意见了。

在村干部的动员下,农民的士气激发出来了,一些农民愿意牺牲个人利益来实现公共利益的最大化。

李家清自己以前有两块大田,一块面积为3亩,一块面积为5亩,他带头拥护村干部的工作。但抓阄分到的都是小田,以前是不到十块田,现在有二十多块,还是梯田。他说:"我都想得通,还有谁想不通呢?这些田总是要人种的,不是我种,就是你种。"

这些不怕牺牲自己利益的农民,使得很多"钉子户"的理由站不住脚了,也不能那么"理直气壮"地进行反对了。

3."农村工作要讲狠"。

虽然土地集体所有制为土地调整提供了合法性,但集体所有权的不断弱化,政策法规也明确规定不允许土地调整。农民有上访的合法性,并且《中华人民共和国农村土地承包法》规定:"任何组织和个人不得强迫或者阻碍承包方进行土地承包经营权流转。"因此,村干部在"少数服从多数"的民主决策原则下并没有强制土地调整的合法性,有时候在执行政策时需要讲究方法。

李场村六组的王某,60 岁左右,十几年前搬到沙洋县城居住。他之前在李场村路边修建了一个小房子,后来房子倒塌了。这次土地连片需要修建和拓宽道路,就占了他的宅基地。王某回来向村里要宅基地,村干部说在其他位置给他分一块宅基地,他不同意,非要原地方的宅基地。王某先和本组的党员吵了一架,又去找村干部吵架,村干部说:"你房子本来就是违建的,没有经过村集体批准,现在在别的地方给你分块宅基地,你要就拿去,不要就算了。"王某仍然不肯同意。六组机耕路修完后去测量土地,王某的弟弟不让测量他的土地,非要村里给他哥哥分配 700 平方米的禾场。六组信息员害怕矛盾闹大,只能让村书记去测量土地。村书记没有与王某的弟弟商量,直接测量土地,王某的弟弟看到村书记这么强势,也不敢说话了。

实际工作中有些农民的需求是不合理的,如果只是靠说服教育,不采取适当的强制措施,就无法解决实际问题,农村的工作就很难开展。并且在村干部与农民的博弈中,往往是"村干部强,农民就弱;村干部弱,农民就强",如果村干部毫无原则地顺从农民,只会导致更多的反对意见。村干部"讲狠"的背后并不是个人的恣意妄为,而是坚持公平公正原则,维护大多数农民的利益,才能获得支持。村干部"讲狠"的背后反映的问题是,农村工作中制度强制性的丧失,村干部无法获得合法强制手段,只能依靠个人强制力量解决问题。

(三) 土地调整的具体操作

1. 差异化的分田方案。

由于不同村,甚至同一个村不同组的生产条件不同,所以每个村组土地连片的方案有差异。以李场村为例，这个村没有土地整理项目，各组的地形具有差异性，不同小组的土地分配方案不同。截至我们调查之前，李场村除五组和六组外，其他小组基本上都完成了土地分配工作。

一组的田最难分，一组的土地分为 5 等，第五类田水淹田就有 30 多亩。土地调整时将第 1～4 类田按片分配，每个农户都占有四类田的土地。由于第五类田比较多，不能全部分为几户耕种。在农户土地旁边的就就近分一点，还剩下十几亩。剩下的一部分按户均分，每户分到的不多，几户联合起来轮流耕种。

二组居住分散，土地都在房屋周边，二组就以住房地为标准分配土地，距离谁的房屋近就将一片地全分配给他。树荒地打九折全部分给一个农户，用于稻虾连作。10 亩多高岗用全部分给了村民胡里仁，他的要求是将机耕道修到他田里。村集体组里同意了他的要求，并且多给他分了 1 亩多荒地。胡里仁使用挖掘机平整了土地，面积增加了 6～7 分。

三组将全组 400 多块田编成 400 多号，大田与小田搭配，让农民抓阄。户数和面积确定后，就按户数的序号来分田块，1 号就从 1 号田开始顺序分配，他的面积达到后就开始分第 2 号。

四组水淹田少，只有 8 亩，而且水利条件比较好，在河边，用水方便，每户都有水泵，村里还有一台机台，虽然没有堰塘，但能够满足全组的用水问题。机台车子由生产队管，由组里推选出来的管水工按亩数收水费。不用机台水的，就用水泵水管自己抽水。该组的分田方法与三组类似，按照承包合同上的面积分，有多少田分多少田，先分田号再抓阄，农民们对于高低田都没有意见，没花几天就完成了分田工作。

七组居住集中，在公路旁边，就以公路为界进行田块划分。路、机耕道修通了，河田、水淹田作为五类田不在登记范围之内。

2.改善基础设施。

连片工作最麻烦的是利益协调，但如果完善基础设施，就可以弱化利益协调的难度,并且土地连片耕种也要求修建机耕道和保证每片土地的水利灌溉。要修路修渠,就必须占用土地,只要有一户不同意,机耕路就修不通了。在有些村庄,村里只要决定修路,反对者就不敢再反对了,因为修路对于大多数甚至所有人都是有益无害的。大部分农民都愿意牺牲一点土地来改善生产条件,若还有几个人反对,就是跟全村人唱反调,会成为被攻击的对象。公共工程建设必须要将土地全部统一收回来,再进行统一规划,将占地面积平均扣除再分配土地。如果土地不统一收回来,就会产生占地不均衡的问题,更加难以协调。从某种意义上来讲,基础设施建设与土地调整是一体两面的,采取土地流转或互换的方式就无法改善基础设施建设。因此毛李镇按户连片耕种与其他乡镇还有一个显著的不同是,其他乡镇都没有改善农业生产条件,毛李镇基本上建成了系统性的机耕路和水渠。

瞄集村 3 个小组要修机耕道 8000 米,配套涵管 3 万米,总共覆盖面积 1250 多亩。李场村 7 个小组都需要修机耕道。村集体规定每个小组修建机耕道的数量是 2000～3000 米,如果没有数量限制,修建的机耕道太多,村集体就无法承担过高的费用。毛李镇可以承担基础设施建设成本的一个前提是,毛李镇大部分村庄都采取集体水利模式,水利设施长期得到维护,不同地块间的水利条件差异不大,因此毛李镇水利条件改善的需求不强烈,基础设施建设主要是机耕道修建,每个村修建机耕道的费用大概为 10 万～20 万元。

村集体为农民解决了生产上的根本问题,就能够得到广大群众的拥护,有利于土地连片工作的推进。李场村六组村民王道洲为了配合组里修机耕道,主动将房子拆除。有的农民栽的树挡住了机耕道,自己主动砍树。

3.资金来源问题。

按户连片耕种的开展,尤其是基础设施建设需要花费不少资金。在农业税费取消的背景下,村干部不可能向农民收取费用,沙洋县大部分村庄都是"空壳村"，资金问题是村干部不得不考虑的问题。

李场村村书记说："现在全村都搞土地连片，对农民是好了，就是自己每天都在担心钱的事情，(修路)一天开支5400元，还要请人监工，还得赶紧把事情搞完，不能耽搁农民秋播。"其实，在决定修路之前，李书记考虑过资金问题，担心过任务完成不了，就只准备做一、二、三、四、七组的土地连片，这样就可以达到50%以上，五、六组的户数和土地面积很多，所需资金也很多。后来县委县政府的土地连片率要求提高到90%，且农民群众也激烈要求，考虑到公平问题，李书记就把全村都纳入进来了。李书记一面是风风火火地推行土地连片工作，一面又为资金发愁。

目前，李场村买设备大概花了几千元。现在请了3台挖掘机，每天费用是五六千元。土地测量也需要费用。所有的机耕路修完大概要花10万元，买涵管需要5万元。而此次的土地连片工作，再也不能向农民收钱，因为2014年村里修路已经向农民集资了。李书记为了减轻农民负担，就由村干部想办法筹集资金。李场村现在有两个办法：一是争取外援资金；二是项目资金。乡镇政府承诺土地连片工作推动好的村优先考虑"一事一议"项目。"一事一议"项目每个村两年轮流一次，项目资金一般是10万元，重点扶持项目有20万元。李场村2014年修路时已经申请了"一事一议"项目，李书记估计2016年应该可以争取到这个项目。另外，李书记也希望乡镇的包村干部能够帮忙争取部分资金。李场村有集体鱼池和山地，每年有几万元的集体收入。如果争取不到资金或有缺额，就可以使用集体收入。瞄集村2013年有土地整治项目，这次基础设施建设花费较少。土地调整后瞄集村将农民占用的集体土地收回来，作为机动地，每年有几万元的收入，完全可以依靠村集体的收入解决资金问题。

集体收入为集体经济组织统筹功能的发挥提供了可能，也为村庄发展提供了自主性和主动性，使得村庄的行动能力更强，这也是李场村、瞄集村能够率先完成土地连片工作的重要原因。一些村干部没有土地连片的积极性,很大原因是缺乏资金。

资金是个重要的问题,但总有一些渠道可以解决,换言之,资金问题并不是不可解决的问题。基层不能解决的问题是"钉子户"问题,背后是土地制度设置的障碍。我们在毛李镇的一个村调查,村集体没有集体收入,动员农民集资修路,已经有两个小组的资金收上来了。但其中一个小组却因为有几户农民不同意占地而无法修路,村干部只能无奈地把收上来的钱退回去。虽然李场村和瞄集村依靠村干部较强的工作能力,较好地解决了"钉子户"问题,但并未得到政策支持,并不具备合法性。沙洋县其他村是否能够有效治理"钉子户",在制度不改变的情况下,我们并没有信心。

五、总结

目前,毛李镇已有四五个村庄通过土地调整真正地实现了土地连片。新型土地调整可谓是毛李镇的独特之处,也是其成功经验的核心。新型土地调整方式的核心是发挥了集体经济组织的统一经营功能,实现了分散产权的整合,在新的历史时期赋予了集体统一经营新的内涵。

毛李镇的土地改革实践,从农民最迫切的需求着眼,通过村组干部统筹谋划,积极动员,农民广泛参与,将农民动员和组织起来解决农业生产问题。农民在农业生产实践中反映出来的问题,正是政策部门反思与创新的着眼点。

农业税费取消之后,国家与农民之间的联系,主要通过政策下达与资源输送来实现,基层组织被抛在一边。在资源下乡的背景下,农民成为了国家最忠实的依赖者,一方面积极拥护中央政策,一方面农民却没有被动员和组织起来,"等、靠、要"思想滋长。国家资源的输入在提升农民生产生活水平的同时,却磨灭了农民的主动性。毛李镇的实践激发了基层组织连接国家和农民的作用,真正将农民有效地组织和动员起来。村庄在政策下乡、基层干部引领和农民积极参与的氛围下变得鲜活而有朝气,农民对于改善农业生产条件的期盼,政策下乡后农民的兴奋,以及村组干部积极作为的美好画面,使得我们相信,至少在沙洋县,农民仍然是最具活力的改革者和创新者。

执笔:雷望红

土地互换的实践与限度

——十里铺镇调查报告

随着生产力水平提高、农业经营主体变化以及农业生产去过密化,农村的生产条件发生了根本性的变化。一方面,土地差异化正在不断减小,影响规模化的反向因素被克服;另一方面,劳动力的去过密化、生产的机械化以及农业经营主体的老龄化引发了土地规模化效益的进一步提升。在生产力变革的过程中,十里铺镇的农民与政府进行了克服土地细碎化的探索,并以土地互换为手段推进耕地的集中连片。但是土地互换以农户个体为主体,难以打破固化的利益结构,具有内在的限度与困境。十里铺镇的实践表明,按户连片耕种能够解决小农户的土地细碎化问题,进一步提高规模效应,具有重要的意义,但以个体利益优先为内核的土地互换方式并不能有效地实现这一目标,需要积极发挥集体在利益协调中的功能。

一、区域概况

十里铺镇位于湖北省荆门市沙洋县境内,全境有 16.5 平方公里,下辖 17 个村民委员会,一个居委会,总人口为 38611 人。从地形上看,该镇地处江汉平原西北部的湖区和荆山余脉东南的山冈丘陵地带,属于丘陵地区,但坡度不大。该镇的土地资源较为丰富,全镇耕地面积共计 67579 亩,其中水田有 65711 亩,旱地有 1868 亩。此外,该镇的交通区位优势明显,207 国道、襄荆高速公路、荆沙铁路纵贯南北,107 省道横穿东西,是沙洋县内交通最为便利的一个乡镇。

该镇历来以水稻种植为主导产业,现今仍然是较为典型的农业型乡镇,农业人口占据主导优势,有29003人,共8435户。在20世纪90年代以前,农民主要以务农为主要收入来源,此后打工经济渐渐兴起,务工人数不断增加。当前该镇外出务工人数达到了5874人,占总劳动力的35%。除了传统的大田种植,基于十里铺镇优越的交通条件与种植条件,花卉苗木产业在十里铺镇也颇成气候,该镇已经发展成为荆门市区最大的花卉苗木市场。

二、土地细碎化状况及其成因

自20世纪80年代分田到户以来,我国开启了从集体化大生产方式向以家庭联产承包责任制为基础的小地块分散种植方式的转变。当前农村土地的细碎化状况与这一制度及其具体的土地分配方案息息相关。

十里铺镇于1983年开始实行家庭联产承包责任制,由于缺乏土地调整的习惯,现今的土地格局基本延续了一轮承包的地块分布。从十里铺镇的土地与人口比来看,8559户农户占有耕地78186.3亩,形成了户均9亩的土地规模。但是一般而言,这9亩土地并没有连片,而是高度细碎且分散的。一方面,土地细碎化的原因与当地的地形条件密不可分,丘陵地貌土地破碎化的程度制约了地块的大小规模。但更为主导的因素则在于土地的分配方案。各个村的土地分配基本都建立在土地差异性这一客观条件之上。土地的差异性主要由两个条件决定:一是土地地力因素,主要指土地的自然性质以及由此形成的土地产量,也就是农民说的"土地肥瘦";二是农业生产的基础设施,包括土地的交通条件、水利灌溉等农业生产的基础性配备。十里铺镇的各村普遍性地将所有耕地分为好、中、差三片,各个农户在三个类别中分别以抓阄的方式选取土地,并根据面积调定地块。土地的细碎化包含两个基本的变量,即地块的大小与土地的空间分布距离。从最终的土地分布格局来看,该镇67579亩土地被细分为73711块,平均每块土地不足1亩,以户均9亩计算,则平均各家各户都有9块以上的土地。这些土地根据分片的原则分布在不同的片区与方位,不同片区之间一般都有2~3公里的距离。可见,在自然条件的限制下,土地差异性以及基于此的分地方案极大地加深了土地的细碎化程度,尤其是形成了土地空间上的分散,以及户与户之间的插花混杂分布状态。

土地的细碎化对耕种的效率与产值的负面影响是毋庸置疑的,但以分田到户时具体的生产条件与社会环境来看,则具有合理性。首先,20世纪80年代初期土地的均质化程度很低,不划分土地等级则难以协调利益,尤其是在缺少化肥、交通不便利的情况下,不同的土地差异大,严重影响土地的产出与劳动力投入。这意味着一些种植到差地的农民,集中连片产生的规模效益很可能小于拥有多块土地产生的效益,这时候利益就难以协调,吃亏的农民一定不会愿意,土地连片的规模化分地方案就难以实施。其次,在劳动力密集的情况下,规模效益的损耗是可以通过劳动力的投入弥补的。当时中国的工业相对滞后,农民缺乏农业以外的就业机会,劳动力处于高度过密化的阶段。分散耕种的确会增加劳动力的投入,但农民不缺的恰恰是劳动力,节省劳动力的意义不大。相反,土地差异对产量的影响比劳动力更加凸显,农民所在乎的是土地产出的总量,而非劳动力的效率。尤其是在经济条件普遍落后的情况下,农民必然对土地锱铢必较,要求绝对的平等。换而言之,土地的差异化降低了规模化的吸引力,同时劳动力的过密化又弥补了分散对效率的损耗,这是土地小块分散的种植方式得以维系的根本性条件。

三、克服土地细碎化的动因与需求

在分田到户之初,土地细碎化还是符合农民的基本诉求的。广华村的农民说,那时候谁都没觉得不方便,每个人都干劲十足,一天睡几个小时的觉,早也干晚也干,大家都铆足了劲。可见农民在自我收益的激励下,以及强劳动力的投入下弥补着分散带来的损耗。但在种地五六年以后,土地细碎化的问题逐渐体现出来,农民克服土地细碎化的需求不断凸显。这种需求源于整个农村生产力、生产条件的改变,它赋予了规模化以新的效益。

首先，造成土地差异化的客观限制被逐渐克服，它对规模效益的反向影响减弱。20世纪80年代分地的时候，土地的肥力和远近是被相当看重的，尤其是前者很难为劳动力所克服。但是，在耕种七八年以后，大量的生土变成了熟土，土地的肥力增加，土质变好。事实上更为重要的原因在于，化肥逐渐在农村普及，测土配方这一技术的运用则进一步解决了土地肥力差异的问题。道路的改善与交通工具的普及是消除土地差异的另一个重要因素。按照农民的说法，地远不远关键在路，路好再远的地也近，路不好再近的路也远。现在，农民完全可以骑摩托车种地，用拖拉机运输粮食。从相对角度，交通的便利改变了土地的空间距离，土地之间的远近越来越不成为问题。

其次，农村的机械化促成了生产力的变革，它对土地的规模经营提出了要求。大集体时期，十里铺镇的各个生产大队都有自己的拖拉机，在收割环节实现了一定程度的机械化，但在家庭联产承包以后大集体解体，农民的种植面积变小，机械利用率反而降低。改变发生于20世纪90年代，农民陆续开始购买一些小型的机械，主要以拖拉机为主，还有少量的改装收割机。大型的机械出现在2000年以后，近四五年则进入了机械化的高峰期，每个村都有足够满足本村需求的收割机、旋耕机、插秧机，农民对机械化也表现出极高的热情。机械化必然是大规模作业，小块土地严重影响了机械化率的提升。即使勉强为之，机械的成本也很高，一亩土地机械费用在70元左右，小于一亩一般也是按照70元收费，这大大增加了农民的生产成本。细碎化的土地在大机械面前越来越成为问题。

更为重要的原因则在于，农村劳动力外流引发了农业经营主体的变化，新的经营主体具有强烈的克服土地细碎化的需求。从种植主体来看，随着城市就业机会的增多与劳动力价值的提升，农村大量的青壮年劳动力外流，从事农业的农民基本都在45岁以上或是稍微年轻一点的中年妇女。我们可以将农村的种植主体大致分成三类：一是兼业的自耕农，他们农忙的时候回来干活，农闲的时候则外出打工；二是农村的弱劳动力，包括老人与妇女,农民的半耕半工绝大多数以家庭分工的形式实现,代际与夫妻分工是常见形式,老人与妇女成为了农业经营中的重要主体;三是劳动力外流导致在村农民有扩大土地经营规模的可能性,部分农民流转别人的土地,成为村庄中的种植大户。这三部分人都有强烈的克服土地细碎化的欲望:外部就业机会的存在,使兼业农民在农田上所花费的劳动力机会成本增大,他们对于劳动的时间变得非常敏感,希望以规模化降低劳动力的时间投入;老人与妇女为弱劳动力,最大的困境则是劳动力不足,难以胜任重体力活,他们的主要期望是降低劳动强度;从种植大户的角度看,只有连片才能进行规模管理,并提高机械化的水平。尽管各个主体的出发点略有不同,但都共同指向了机械化的生产方式以及与之配套的土地连片规模的需求。

综上所述,农村的生产条件与 20 世纪 80 年代相比已经发生了巨大的变革:一方面是土地差异化正在不断减弱,影响规模化的反向因素被克服;另一方面是劳动力的去过密化、生产的机械化以及与之匹配的连片能够缓解劳动力外流带来的困境,土地规模化的效益得到了提升,可以说这是农民对于集中连片耕种诉求的最大原因。

四、土地互换的实践与效果

随着生产条件的变化,土地的细碎化越来越成为农业生产的障碍。为了解决这一困境,十里铺镇的农民自发性地进行了土地连片的实践。2015 年沙洋县政府正式提出按户连片耕种的概念,政府开始介入克服土地细碎化的过程之中。从方法上看,虽然探索的主体不同,但都基本采用了个体小农互换的方式。

(一) 农民自发的土地互换实践

农民自发性的实践在分田到户几年以后就一直存在,并出现了 3 次较为集中的土地互换:一是 20 世纪 90 年代出现的换地小高潮;二是税费改革之后的频繁换地;三是近五六年农村再次出现了较为集中的换地现象。

20 世纪 90 年代的土地互换与土质的改善和交通的发展息息相关。另外,土地分散在经营中的不便利也逐渐呈现,除了管理麻烦、劳动力损耗大以外,最大的原因在于相邻农户之间的土地纠纷。土地插花,农户过水过路必须要经过其他农户的土地,农民之间常常为此发生矛盾,甚至打架。这一时期的田界纠纷也非常多。面对诸多的不便,农民在大致相同的土地条件下愿意互换土地。村干部在这个时期为了解决纠纷也常常出面建议农民土地对调。光华村的书记就说,连片工作不是现在才有的,是一直都有的,只要农民有矛盾就做连片工作。

案例一。广华村三组的两个村民,他们有两块土地相互挨着,因为过水过路发生过很多次矛盾。有一次,在耕种的时候抢水发生了矛盾纠纷,两家人打了起来。村干部介入调解,并建议两家人将土地进行互换。两个村民就同意了。

2000 年的土地互换与水利条件的变化有关。税改以前集体集中收取水费解决农民的灌溉问题,在十里铺镇每亩土地承担的 50 元共同生产费中就有 30 元用于集体灌溉用水。这一供水模式下,集体统一性的供给水源,并对堰塘、水渠等公共性的水利设施进行维护。税改以后,水费收缴面临困境,水利设施陷入了无人管理的境地,大量的公共堰塘、沟渠都因此被废弃,集体水利灌溉系统逐渐瓦解。由此,农民不得不以个体化水利模式解决灌溉问题:一是自己挖堰塘蓄水,二是买潜水泵抽水。

案例二。新桥村五组原来有 3 个泵站,泵站需要人管理,管理者每个小时都要提取几块钱作为管理费。村民都不愿意交管理费,最后泵站就没有人管理,渐渐荒废了。一家一户的村民开始用潜水泵抽水。

个体化水利的兴起进一步推进了土地互换,农民的实践基于两方面的考虑:一是,一些农民为了用电方便或为了提高水利投资的规模效应,倾向于集中连片;二是,个体化供水模式虽然成本比较高,但也有改善水源条件的可能性,进一步减少了土地的差异化程度。

近五年,农民的土地互换则主要是为了减轻田间作业劳动强度,适应机械化。老人和大户最有积极性。老人在土地分散的情况下大概只能种五六亩地,他们倾向于种植一些条件相对好的,并尽量连片的土地,其他的土地则都流转出去。大户的连片积极性最强,在流转土地时他们就倾向于选择与自己比较近的土地,远的宁可不要。此外,他们也愿意互换,并为了促成规模效应,只要地块合适,甚至愿意用大块换小块,用差地换好地。

案例三。陈香玲今年53岁,她自己有土地10亩,流转了别人的土地40亩,都是本小组内外出打工农户的土地,共计十几户。一般她都挑选与自己邻近的地块才流转,因此50亩地就比较连片。不过一开始里面还是有几块插花地,她就用自己比较大块的、水源条件比较好的土地与其他农户互换。陈说,互换时吃点亏,但是能够连片耕种起来就方便很多,算起来还是没有吃亏。

总体而言,农民自发性的连片主要以互换为手段,目的是希望以户为单位的耕种土地能相对集中,以便利生产。从3次大规模的连片实践来看,每一次生产条件的变革,都进一步提高了土地规模化的相对效益与可能性,因此均引起了农民以土地互换为手段的自发性连片实践。根据十里铺镇的统计,在2014年之前,农民的土地连片率大概在45%左右。

(二)政府推动的"按户连片"实践

沙洋县在2015年6月全面展开了按户连片耕种工作,政府开始介入小农土地规模化的探索中。沙洋县的13个镇情况各异,展开的具体实践也不同。十里铺镇相比于其他乡镇有一定的特殊性,并由此形成了该镇推进按户连片耕种的方法。

十里铺镇对于维稳的考虑决定了其工作方式。该镇的交通区位优势非常明显,是国道省道必经之地。优越的交通区位吸引了大量苗木商进入,当地苗木产业比较发达,是荆门市最大的苗木基地。交通与产业共同提升了该镇土地的价值。对于大部分农业型地区而言,土地仅仅用于耕种,但十里铺镇的土地是有市场、能够交换的。当前,该镇已经存在不少农民私下买卖土地的情况,每亩能够达到 1 万元左右的价格,这对农民来说已经算是一笔不小的收入了。与全国其他地方一样,该镇 20 世纪 90 年代税费负担很重,最高时每亩的负担达到 300 元,为此不少农民选择了抛荒,导致二轮延包时未能获得土地。但随着土地价格的提升,越来越多的农民开始要地,十里铺镇土地价格高,自然要土地的农民更多且手段强硬,不少农民都为此上访要地。因而,在十里铺镇,土地的权属问题相当敏感,也是乡村干部最为头痛的一项治理工作。推进按户连片耕种自然涉及权属关系,镇里对此有担忧,认为可能引发新的矛盾。事实上连片工作展开以后,尽管乡村干部做了宣传,指出这次工作不影响权属,还是有十几户农民到乡镇询问情况,甚至言辞激烈。在这一背景下,尽管沙洋县大力号召,十里铺镇的按户连片耕种工作还是开展得非常谨慎,并确立了以"稳"为主要的工作方针。

在具体的工作方式上,首先该镇放宽了"连片"的要求,对政策进行了再定义。按照县里的精神,所谓的连片要求每户农民至多只有 2 片土地,并且不能有插花地。十里铺镇则将片数从 2 片放宽到 3 片,同时连片也不是严格要求不插花,而是土地基本在一起就行了。同时,荒地也不被列入计算范围。放宽要求其实并不算什么严重的问题,对该镇而言最重要的在于:由于害怕权属问题造成纠纷,镇里促成按户连片耕种的办法是基于个体农民自愿基础上的承包权的互换。镇里一再强调,要求完全遵从农民自身的意愿,不得强迫农民。乡镇干部说:"不能违反农民的意愿,否则农民要去告状,我们是兜不住的。"

从实践上看,这一工作方法在基层的效果并不好,政府动员作用是非常有限的。当前政府能够动员的主要是以下两类人群:第一类是与村干部的私交很好或是党员等村庄内的积极分子,这些人挨不过村干部的面子愿意互换,不过村干部再有面子,互换的土地质量差异和面积超过一定的程度,工作也做不下来,新桥村的会计说得非常好,再先进,再有觉悟,超过 100 个平方米工作也不好做;第二类是可能原来两户关系不太紧密或是关系不好导致土地互换没有成功,村干部就给两方牵线搭桥。但遗憾的是,这两部分人群的数量非常少,连片的工作推行效果很差。

政府的工作做不下去原因很简单,农民不是不想连片,而是在当前的土地格局下可动的空间已经很小了。农民自发性互换达到的比例并不能体现出农民连片意愿的比例,而是在现有土地下可协商互换的比例。

张碧君,广华村二组人,现年 63 岁。张共有土地 4 片分 6 块,共计 11.5 亩,其中水田 5 块,分别为 2.6 亩、1.8 亩、3.2 亩、2.4 亩、0.8 亩,旱地 1 块 0.7 亩。其中 1.8 亩、3.2 亩、2.4 亩都在坝上,且其中 2 块是张与别人互换的,这 2 块地只隔了 2 块土地,隔得比较近,在一条直线上。坝上的土地相对差一点,张是以自己好的土地换不好的,主要是为了管理方便。2.6 亩的那块和 0.8 亩的那块就在水泵边上,水利条件很好,隔着一条路,但 2.6 亩的那块经过别人的田。张不连片的 2 块有两个人想要换:程德峰想和张换 2.6 亩大块的地,张不愿意。晓梅想和张换 0.8 亩那块地,张也没有同意。想换的人的地都在张大块地那一边。原因是:一来那两块地的水源条件好,虽然要经过别人的地,但是那个人是张的老邻居,两家人关系很好,从来没有闹过矛盾,种地都沟通,不成问题;另一方面,坝上的土地水利条件不好,按张的说法,"我的是秧田,浇一次水能够管一季,坝上的土抽水一次,管三天"。

这个案例生动地说明了农民不是没有尝试过土地互换,现在的土地格局就是农民尝试以后达成的结果。从某种程度来说,它是在当前土地差异化状态下形成的相对稳定的利益分配格局。这次的土地连片尽管是政府推动的,但它仍然以个体农民的意愿为基础,也没有提供新的解决方式。对村干部而言,尊重农民意愿意味着没有强制的权利,也没有协调农民利益不平衡的手段,因此,这种做法和农民自发土地互换没有本质上的区别。在没有新的变量进入的时候,期待有本质性的改变是不可能。事实上,无论是村民还是村干部都非常清楚,能换的农民早就换了,不换的说明换不了,政府再做工作也没有用。

五、土地互换的困境与限度

小农和政府都试图以个体小农之间互换的方式促进连片的比例，尤其是农户在过去 30 多年的时间里都在进行不断地探索。农民是愿意连片的，"一百二十个同意"，可见不能连片只是表象，背后有更深层次的原因。农民不愿意最直接的原因主要基于两方面的考虑。

一是不同土地之间的基础设施分布不均匀。土地地力与空间上的差异已经越来越趋同，但基础设施上的分布则仍然有很大的差异性，主要表现在水源与机耕道上，前者方便灌溉，后者则方便机械化。十里铺镇这两者的情况都不太乐观。在水源上大量公共性的水利系统大多已经废弃，仅一些靠近水渠的土地灌溉比较方便。不同地块，有的就在水渠边上，有的要二级提水，有的甚至要三级提水，差异明显。机耕道方面，十里铺镇的个别村在分田到户以后就缺乏对机耕道的维护，相反随着农民扩增自己的土地，大量的机耕道被破坏，宽度一般都小于 2 米，有的甚至连走路都难。这影响了机械进田以及粮食运输上的困难。机耕道的匮乏意味着靠近路边的土地具有绝对优势，距离路的远近成为影响土地非常大的差异因素。

二是土地地块大小具有差异。由于地形的破碎以及分地时不同片区面积的差异，农户与农户之间的地块大小很难完全一致，而愿意用较大的面积换较小面积的农民数量则是十分有限的。尤其是近年来粮食的价格不断攀升，国家对农业补贴扶持政策的推进，以及十里铺镇土地的具体区位条件，都进一步增加了附着于土地上的价值，建立于不均等之上的土地互换条件面临着巨大的利益冲突，很难得到完全执行。

由此可见，在差异化的土地条件下，以互换形式促成连片的空间是十分有限的。互换是个体性的交易，其交换的依据是遵循相对公平的原则。如果两方都有意向互换，基本都是差不多水平的土地之间的互换，如果一方的意愿特别强烈，则想换土地的那户农民可能就要稍微吃点亏，在土地面积、土地质量上给予一定程度的让步。但是，如果土地的差异很大，互换则很有可能难以进行。在过去的30年里，小农不断进行了互换的探索，20世纪90年代、税费改革以及人口外流以后近几年的土地互换都表明，农民一直在行动。每一次规模效益的提高，每一次土地差异的相对克服，都能够促成农民间的自发土地互换。可以说，当前形成的土地格局是在可协调利益内达成的，可改变的空间已经非常有限了。

进一步说，互换代表了土地连片的一种思路，即试图在1983年确定的土地分配格局下以互换为手段进行连片调整。这意味着它确立了个体性固化的利益的优先性，并试图以个体之间的方式进行协调。但是，问题恰恰在于，土地存在差异化，对个体利益优先性的强调锁定了这种差异化，使农村的利益变得刚性与不可协调。更为重要的是，当前土地差异化是公共物品供给不足所决定的，这种公共性决定了土地差异性的协调并不是个体与个体能够解决的，它是集体与个体的关系。因此，在不打破现有固化的被个体锁定的利益状态的前提下，要进行土地的连片是很难成功的。相反，这种协调反而会使利益进一步锁定，调节的空间更加小。在公共设施解体以后，大量的农民投入了私人化的资源以改善生产条件，这在税费取消以后表现得非常明显。尽管从短期来看，它的确促成了一些连片，但从长远来看，它导致有所投入的农民更不愿意调整土地，整体利益更加僵化，难以协调。

六、总结：小农规模化的意义与方向

随着生产条件的不断变迁，土地的细碎化日益成为突出的问题，无论是农户自己还是政府都试图探索解决这一问题的有效路径。十里铺镇提出了按户连片耕种的路径，并以互换为解决手段。如何看待这一路径值得反思。

首先，按户连片耕种具有重要的意义。农村正处于一个相对特殊的阶段。一方面，劳动力大量外流，农村的劳动力已经相对去过密化了。此时农民更加注重劳动力效率，注重如何补充不足的劳动力，因此对于包括机械化在内的节省劳动力的技术和制度创新有极大积极性。土地的规模效益已经远远大于 20 世纪 80 年代。另一方面，农村排空的农民、析出的土地都是有限的。当前我国的城市还没有能力提供给农民转变为市民的空间，农村仍然是农民重要的生活领域，农业收入仍然是家庭重要的经济构成，小农户仍然是农村的主体。前者意味着当前土地细碎化已经严重与生产力不符，必须克服解决；后者则表明克服土地细碎化是要以小农户为单位，以农户的需求为最终出发点与回归点，小农的规模化是解决土地细碎化问题的应有思路。

正是从这一角度出发，按户连片耕种的探索具有意义。按户连片耕种提出了一种新的农村土地规模化的思路，它试图在不替换种植主体的条件下促成土地的规模化。它的突出特点表现在其目的的出发点与回归点都在小农户。可以说，按户连片耕种是以小农户为单位的克服土地细碎化的努力，是小农规模化的尝试。

其次，如何进行按户连片耕种需要反思。十里铺镇的经验表明，小农的规模化是无法以个体小农互换的形式完成的。小农能够相互协调的利益是非常有限的，经过 30 年的协调，互换的空间已经基本饱和。当前出现的妨碍规模化的土地差异问题，即水利设施与机耕道的问题本质上是农村公共物品供给的问题。农业生产具有公共性的特点，必须要有配套的公共设施才能完成个体性的种植，个体化的小农互换方式不仅不能解决公共设施建设的问题，反而会因为个体利益的锁定而陷入集体行动困境中。

因此，当前小农规模化的路径不再是强调个体利益，而是要将锁定的个体性利益释放出来。这就意味着发挥集体的积极效用，让村民真正组织起来。农村的土地在所有权上归集体所有，而在承包权上则强调个体权利。当前农村的困境就在于过于强调承包权的个体属性，强调其不可变动性，从而将集体的所有权架空，使得农户之间的利益无法协调。土地的规模化要发挥村集体的作用,既要强调土地的集体所有性质,又要强调村集体的治理能力,以集体的方式重新建立起村庄内的公共基础设施体系,以公共物品的提供协调个体之间的利益,使小农的规模生产真正成为可能。

执笔:仇叶

农地细碎化治理的三种方式比较

——高阳镇调查报告

高阳镇在两个阶段分别采取不同的土地连片方式。2015 年以前高阳镇主要采取村集体和农民自发探索的土地调整方式,在 2004 年完善二轮延包前采取传统土地调整方式,在之后采取新型土地调整方式。土地调整方式有效克服了农地细碎化,使得农业生产"省时、省力、省钱"。2015 年高阳镇按照县委县政府的要求采取土地流转或互换方式,但由于这两种农地细碎化治理方式遭遇了集体行动困境,于是高阳镇推动了单向土地流转方式。单向土地流转方式改变了农户的土地面积,扭曲了按户连片耕种的目标,侵害了农民权益,不利于农村稳定。按户连片耕种应该深刻理解"按户"的内涵并坚持这一原则。

一、土地细碎化何以成为问题?

土地是农民最为重要的生产资料,20 世纪 80 年代分田到户时,为了做到公平,按照土质肥瘦、距离远近和水源好坏等条件将土地平均分配给农户,从而使得各家各户的土地都极为分散化、细碎化。土地细碎化在 20 世纪 80 年代和 20 世纪 90 年代初期并没有成为问题,而是与当时的农业生产力水平相适应的。然而,随着村集体逐渐退出农业生产中的公共品供给以及农业本身的发展,土地细碎化的弊端日益凸显。

首先,单家独户的小农在农田水利供给上面临困境。在取消农业税以前,集体可以收取共同生产费,为农户提供水利、机耕道等公共设施。因此,虽然个体农户的土地细碎、分散,但由于村集体统一提供水利灌溉,因而即使是插花田,在水利灌溉上也不会存在很大的矛盾和困难。"反正都是一个组的,挨着放水就行"。然而,税费改革后,村集体不能再向农户收取共同生产费,水利灌溉成为农户个人的事情。此时,土地细碎化的弊端开始暴露:一方面,由于农户的田块相互"插花",因而在灌溉时要从别人的田里过水,此时会产生诸多矛盾,如有的农户不让别人从自己田里过水,或者是过水时发生偷水的现象等;另一方面,土地细碎化也使得个体农户的灌溉成本极高,且费时、费力。在此背景下,农户逐渐看到了由土地细碎化带来的生产不便。

其次,细碎化的土地不利于农业生产中机械的使用。20 世纪 80 至 90 年代当地主要是依靠人力和畜力进行农业生产,机械化水平并不高,此时,土地细碎化与当时的农业生产力水平是相适应的,且更有利于当时的农业生产。例如,在没有机播、机插时,一块连片的大田依靠手工插秧可能需要好几天,同一块田的秧苗长势会存在差异,这对于后续的农业生产环节有很大影响。而如果是分散的小田,就可以在短期内完成插秧,从而也方便后续的农业生产管理。随着农业机械化水平的逐渐发展,对土地适度规模经营提出了要求,土地连片更方便机械作业。沙洋县是农业生产大县,农业机械水平走在全国前列。2004 年左右,小机械逐渐在当地推广使用。

最后,从劳动力角度而言,分散化、细碎化的土地需要更多的农业劳动力。然而,随着打工经济的兴起,"半工半耕"成为大部分家庭的生计模式,家庭内部的农业劳动力越来越少,难以有效完成分散的农业生产,因而连片经营更符合农村劳动力不断减少的客观现状。

因此,土地细碎化的弊端日益凸显,农民逐渐发现了土地分散给农业生产带来的诸多不便。在此背景下,当地农民在 2004 年之后开始逐渐进行土地自发互换,实现适度的连片规模经营。

二、2015 年前的土地调整实践与绩效

2015 年,沙洋县政府在完成土地确权颁证工作的同时,鼓励农民按

户连片耕种,并将其作为政府的中心工作之一。实际上,在 2015 年按户连片耕种政策出台之前,当地大部分村庄的土地连片率已经达到 50% 以上,少部分村庄甚至达到 80% 以上。调研发现,高阳镇各村在 2015 年之前的土地连片主要是通过土地调整实现的,包括传统土地调整和新型土地调整两种方式。

(一) 土地调整的两种方式

1. 传统土地调整方式(即"划片承包")。

传统土地调整主要是为了解决土地抛荒问题。高阳镇在 1998 年左右税费负担很重,最多时一亩地要交 300 多元,很多农民都难以承受。随着外出务工机会的增多,很多农民弃田抛荒、外出打工。土地虽然抛荒了,但税费还得要有人交,此时,很多村干部为了解决税费问题,将抛荒田通过各种方式分给继续在村种田的农户。有的村是通过将田"打折"、少收税费的形式将抛荒田分下去,而有的村则是通过重新"划片承包"的方式强行将全村土地重新在种田农户中均分。

高阳镇歇张村六组,在 2003 年进行了土地"划片承包"。当时六组共有 260 亩田(每亩 1200 平方米),有 26 户,但当时在家种田的只有 11 户,其余 15 户都已经弃田抛荒、外出务工。为了解决税费问题,村书记去动员群众捡田种,但群众都不愿意要。一方面是因为当时税费负担太重,农民承担不起;另一方面是由于当时机械化水平不高,种田需要很多劳动力。"二十几亩地,插秧都要半个月",村书记没办法,"只有强行压下去,你要是不要(抛荒)田就一分田都不准要。"在村干部的组织之下,六组在村的 11 户农户将全组土地重新"划片承包",具体办法是:先将全组土地分为 11 片,以户为单位抓阄,每户分得 25 亩左右(每亩 1200 平方米)。在此之前,村干部打电话通知外出务工的 15 户,问他们要不要田,如果要的话就回来分,不要的话组里就重新分了,当时他们说打死都不要地。当时针对这 15 户的处理办法是:如果家里有老人在村,就分 2 亩地的口粮田;如果家里没有一个人在村的,就不分。土地重新分配之后,在村农户都签了合同，2004 年确权时六组就以 2003 年"划片承包"后的数据为准。

此外，歇张村一组、二组、三组都是按照六组的方式在 2004 年确权之前将土地重新"划片承包"。其中，一组是在 2004 年春划片，当时全组有 21 户，有三四户不要田的。一组也是按户划片，户均 10 亩（每亩 1000 平方米）左右。二组在 2005 年重新按户"划片承包"，当时每户有 2 片地。3 组在 2004 年按户"划片承包"，户均 14 亩（每亩 1000 平方米）。

2.新型土地调整方式。

歇张村一组、二组、三组、六组都在 2004 年确权之前完成了土地按户"划片承包"，刚开始由于农业税费负担重、机械化水平不高，农户都不太愿意多要地。但村里面临完成税费负担的压力，因而不得不采取强硬的措施将土地重新分下去。然而，随着农业税的取消，以及农业机械化水平的提高，种田对体力劳动的需求越来越小，且种田的收益越来越大，在村农民都愿意多种田。并且，他们都看到了土地连片经营所带来的好处，省时、省力、省钱，因此，以前没有进行"划片承包"的小组开始主动找到村组干部，要求重新"划片承包"，以方便农业生产。

歇张村八组是一个移民村，属丹江口水库移民（1964 年迁入本地），村民都是河南人。"他们对土地看得比较重，有个传统，说是祖传的，不愿变动"，因而，在 2004 年左右该村其余几组在进行重新划片承包时，八组并没有参与。然而，由于看到其他几组在土地连片后的优势，2014 年该组 22 户村民一起找到村书记，要求村书记组织八组重新"划片承包"。村书记说："当时（2014 年）我怕违背政策，因此就写了个字据，让八组所有农户签字。"之后，"八组花了半个月时间开会，商量具体的分配方案"。

水和路是种田的农民最为关心的问题，因此，八组在开会期间，分别达成了以下协议：首先，将用水面积与田块面积搭配好，"先要说好哪块田用哪个堰塘的水"；其次，道路问题，该组之前有的地方修了机耕道，但有的农田还没有通道路，村民开会达成协议，接下来要修两条路，"若是占了田，就在全组分摊，提前说好，免得后面扯皮"。八组具体分田方案是：每户的田块面积不变,以二轮延包确权面积为准;先将田块按本组户数编号,每户先抽取抓阄的序号,再按抓阄序号抽取田块编号,最后再落实具体的四至面积。

此外,还有部分村组是以土地整治项目为契机进行土地调整的,从而达到适度的连片经营。主要采用"按片划分"的方式,即在土地整治范围内有田的农户一起分。在具体分配时,依据"就近就大"的原则,既可以以农户最大田块为核心划分,也可以以农户的住宅为核心划分。一般而言,在土地整治之前,村干部会召集农户开会,保证"土地面积不动、权属不动,但可能四至坐落会发生变化"。开会时也有部分农户反对,说"我的地好,到时候分个不好的地给我我不要"。但由于经过土地整治的土地一般土质相差不大,因而基本能够按户重新分配下去。

(二) 土地调整与连片的绩效

土地调整实现了土地连片,克服了农地细碎化问题,当地村民都说:"土地连片有百分百的好处,省时、省力、省钱。"具体而言,"划片承包"的绩效主要表现在以下几个方面。

第一,降低了种田的时间成本和货币成本。以前田块分散,管理极为不方便,到了抽水的时间,农民都拿着潜水泵到处跑,农业管理成本很高。而土地连片之后,农民说"可以至少省六成工"。

歇张村八组的杨洪亮,2014 年该组进行重新"划片承包"时没有参与。"刚开始开会他(杨洪亮)来了,但最后抓阄时没有来。他之前自己把一个集体的堰塘改了,有几分地,可能怕(重新分地后)村里把那个堰塘收回来,所以就不参与。"杨洪亮共有 12 亩地(每亩 1200 平方米),分为 5片,在今年的农业生产中,小组内别的农户由于土地连片而大大减少了人力和物力,而杨洪亮土地分散的弊端显得更为突出。在用水方面,村书记说道:"我们的田都是一片,抽水很方便,一直放那里抽就可以了,反正那一片都是自己的田。他的就麻烦,要换好几个地方,拿着潜水泵到处跑。"在收割方面:"我们的田一两天就收完了,机器进去方便,我们都割完半个多月了，他的到现在还在割。他的田小，不集中，机器都不愿意去，开过去在路上就要耗好多油，而且花费的时间还比我们的长。我们的田机器收割一般是每亩80元，他出每亩100元别人都不愿意去。种几十亩田的都搞完了，他（12亩田）还在搞。"

杨洪亮最近经常找书记，让书记想想办法帮忙换田，想要集中连片。但书记也很无奈："我现在咋给你想办法呢？别人的都已经连片了，不可能又打乱。他去年（2014年）不答应，也得罪了别的农户，大家都不愿意和他换了。"

歇张村村书记的哥哥，夫妻俩都在沙洋县打工，丈夫做保安，妻子在超市上班。家里有十几亩田（每亩1200平方米），平常由父亲帮忙管水，收割的季节夫妻俩"利用星期天回来就行"，村书记说，"要是没有连片，（收获季节）搞一个月都可能，（哥哥）他肯定就不会要田了，因为顾不了。现在连片了，他就可以'两头兼顾'。"

歇张村村书记，种20亩田（每亩1200平方米），他说："我虽然种田，但我从来不下田。以前叫忙月，真的要忙一个月，现在忙月就是几天的事。我种20亩，耕田一天、插秧一天、割谷一天，要是田不成块，怎么可能一天搞好？（田不连片）抽水都抽不过来，这里抽了，那里又干了。田都在一块，我可以用两个割谷机一起割，反正都是自己的田。平常也不用多少人工，人工就是我父亲帮忙管下水就行。以前不连片，抽水麻烦，恨不得5个潜水泵一起抽，现在我父亲一个人就可以把我和我哥哥的三四十亩田（水）管好。我现在巴不得种200亩田，但没有地啊。"

歇张村六组一位农户，种25亩田（每亩1200平方米），他说现在一年种田所有的人工加起来不会超过50天。"整田，请旋耕机，一天就搞好了；栽秧要三天；割谷两天。我现在就是闲得慌，没事的时候就去打麻将。种25亩，一年可以收入6万元左右，我去年买了个小车，花了11万，冬天有时候有点冷，开车去外面打麻将暖和点"。他说："25亩地太少了，要是有100亩地就好了。现在都想要田种，只要粮食价格稳定。"六组在2003

年就重新划片承包，连片经营大大减少了劳动力投入，农民可以部分从农业劳动中解放出来，外出务工。六组很多农户也正是在"划片承包"后有机会外出务工，"收割、插秧的时候回来一下就行，前后不到一个月。要是不划片，田早就没人要了。"

第二，"划片承包"在一定程度上化解了公共设施建管"难"的困境。水、电、路对于农业生产而言很重要，农户都有修建机耕道和水利设施的愿望。然而，税费取消之后，村集体不能再向农户收取共同生产费，因而村集体也从农业生产公共品供给中退出，需要单家独户的小农自己解决农业生产中的公共设施问题。然而，由于田块分散，农户之间协商困难，因而要依靠农户自己组织起来修建机耕道很困难。而如果农户的田块相对集中，就可以自己解决机耕道问题，减少相互协商的成本。此外，水源条件对于农业生产至关重要。沙洋县每个村庄都在大集体时挖了很多堰塘，然而，村集体退出统一的水利供给之后，堰塘管理面临"公地悲剧""只有人用，没有人管"的现象。而"划片承包"之后，小组内部将集体堰塘进行分配，三五户共同使用一个堰塘，公共设施的责任主体相对明确，农民也有了管理的积极性。

歇张村书记介绍道："过去堰塘都是全组共同的，只有人用，没有人管。一年干四五次是很正常的。划片之后，规定了哪几户共用哪个堰塘，这样就管得好，也不浪费了。以前大家都是比着抽，看到你在抽水，我田里就算有水也要去抽，不然怕被你抽完了，这样造成了很大的浪费。现在下雨天，农户都会想办法把水'赶'到堰塘去。以前堰塘有个漏洞，谁也不会管，现在大家都要齐心一些。"

三、土地流转或互换方式及其限度

2015年湖北省全面启动土地确权颁证工作，沙洋县根据自身实际情况，在完成确权颁证等"规定动作"的同时，主动作为，率先推行按户连片耕种这个"自选动作"。按照县委政策规定，"按户连片耕种是在落实土地集体所有权,稳定家庭承包权的前提下,以灌溉水源为基本参考依据,由村委会领导,充分尊重农户的意愿,通过村民小组内部的经营权流转、承包地重分和承包权互换三种方法,使农户耕种的土地连成一片,最多不超过两片且'不插花',在每户耕种土地面积基本不变的条件下,实现农户对土地最大规模的经营"。

沙洋县按户连片耕种强调以农户为主体的土地流转或互换,然而,正如很多村组干部和农民共同提到的那样,有条件连片的地方,农户都已经自发连片了,而现在还没有连片的地方,都存在各方面的阻碍因素,使得连片工作很难推进。因此,就高阳镇整体情况而言,在 2015 年之前,大部分村庄的自发连片率已经达到 50% 以上,很多村庄甚至达到 70%、80%以上。今年按户连片耕种政策出台以后,村干部主要从两个方面推动连片工作的开展:一是规范之前农户自发的互换或流转协议,动员农户签订流转合同或互换协议;二是动员还没有实现连片经营的农户积极通过各种方式实现连片。从目前的情况来看,规范之前的互换或流转协议成为了当前大部分村干部主要的着力方向,因为只要将之前农户之间的自发流转或互换进行规范,就大大提高了村组土地的连片率。至于第二项工作,很多村干部都认为"有力无处使",难度很大,只能尽量动员。

虽然县政府提出实现按户连片耕种可以有三种方式:经营权流转、承包地重分和承包权互换。但从避免政策风险的角度,地方政府希望将"经营权流转"作为主要的连片方式。并且指出"不能打乱重分、不能推倒重来",如果要"打乱重分"的话,必须经过小组内部每一户村民的同意,且要征求县经管部门的意见。从高阳镇情况来看,真正由 2015 年按户连片耕种政策推动的土地连片并不多。高阳镇 2015 年开始实现连片的村组,主要采用经营权单向流转的方式(单向流转给其他农户或外来大户),实际上改变了农户的经营面积。此外,有少部分农户之间采用土地双向流转或互换的方式。以下分别介绍该镇按户连片耕种的一些典型案例,以及基层干部是如何推动这一工作的。

（一）典型案例

1.易集村：村内经营权单向流转为主。

易集村共有 290 户，其中农业户为 230 户，其余为非农业户，分为 7 个村民小组。全村共有土地 1710 亩（每亩 800 平方米）。今年通过村干部做工作，达到连片经营的有 64 户，其中 50 户为经营权单向流转，即"我不种田，（把我的田）给你种"；另外 14 户为土地互换，即"我的田给你种，你的田给我种"。村干部之所以能够动员村民将土地流转给其余村民种，与该村的客观条件有很大关系。该村户均土地只有七八亩，村民单靠种田无法维持生计，因而大部分村民都会在农闲时节外出务工，"半工半耕"成为当地农民最主要的家计模式。因此，村书记这一次主要是动员那些 50 岁左右、"在外有门路"的村民将土地流转给其他村民种，而让他们"全心全意在外面打工"。一些村民仔细琢磨，认为村支书言之有理，"两边跑也比较麻烦"；还有一些村民则是因为和村干部之间的个人感情，为了支持村干部的工作而答应流转。并且，村干部将每组的种田大户选为"确权专班"的代表，动员他们先去小组内了解村民的想法，并主动找有意向的农户流转。该村的流转期限很短，一般是一年或两年。"老百姓都不愿意签长，长了不好说，老百姓都很谨慎的"。流转金也不高，一般是每亩 100～200 元，很多村民认为："我出去务工，你帮我种，防止田长草；我要是回来，你就把田还给我"。

2.垢冢村：经营权以单向流转给外来大户为主。

垢冢村由两个小村合并而成，共有 635 户，4330 亩土地。2015 年之前，该村已有 1500 亩左右的土地实现了连片经营。2009—2012 年，该村有 10 个小组进行过土地整治，其中有 3 个小组是全部整治，其余 7 个小组是部分整治。由于地势不平，有高有低，经过土地整治的 10 个组，一户土地在 2 片以内的占 70%，另外 30% 大多是 3 片或以上。经过土地整治的小组，有的是按照"就近就大"的原则，重新按照二轮延包确权的土地面积按户划分土地，但由于该村靠近沙洋县，地理位置优越，因而经过土地整治后的大部分土地都被外来资本大户流转了。

十四组和十五组靠近公路两边的土地在经过平整之后，于 2012 年流转给一个米业公司，流转面积为 400 多亩。2012 年签订流转合同时是群众委托村委会出面与米业公司签订的，而 2015 年由于按户连片耕种政策的出台，开始改为由米业公司直接与单个农户签订流转合同，期限至 2028 年。流转金一般为每平方米 0.8 斤稻谷。

2015 年按户连片耕种的政策下来之后，垢冢村首先召开村两委会议，达成协议：鼓励农民以流转经营权为主，不主张互换承包经营权。具体工作方法是：以"流入户为主，让他们出面，去和群众说，村干部出面有时群众还不给你面子。让流入户先去跑一圈，有几个不同意的，村委会再去做工作"。虽然村干部鼓励村民之间进行土地流转，但在村干部看来，将土地流转给外来大户才是最好的方式。他们在给农户做工作的过程中，也会反复提到"土地连片后，大户才会来承包"。但是，土地连片的最终目的是让普通农户种田方便，而不是为了将农户的土地流转给外来资本，若将后者作为工作重心，这是本末倒置，与"按户"的内涵相违背，也不顺应农民真正的呼声。正如守庙村村支书所言："现在在家种田的，都是老人(五六十岁居多)，70 岁的老人开拖拉机都开得'炫'。但他们要是出去打工，肯定没人要，超过 60 岁打工就没人要了。要是他们失地了，他们能干什么呢？"

3. 季桥村：土地双向流转或互换。

季桥村共有 1300 人，9 个村民小组，确权面积为 2300 亩(每亩 800～1000 平方米)，实际种植面积为 2800 亩(每亩 800～1000 平方米)，2014 年之前，该村的土地连片率已经达到 60% 左右。据村书记介绍，农户自发调整土地从 2004 年左右开始逐渐增多，当时主要是为了解决水利灌溉问题。"2004 年之前，是集体灌溉，集体灌溉时，有插花田无所谓，都是一个组的，挨着放水就行。2004 年之前，用不用水都要出钱，是夹在三提五统里收的。2004 年之后，集体收钱收不上来了。有人说我是低洼田，我不需要水,我不出钱。农户开始自由灌溉,群众觉得插花田管水不方便,就形成了这个意识,开始有人换田种。"村书记还提到"自由灌溉"的缺点:"自由灌溉,每家每户都有三到五个潜水泵,多半是个人灌溉、打井、挖堰。增加了生产开支,每家每户的设备都要装几个屋,如果集中起来,五六家的设备就够一个小组用了。"

2004 年之后农户之间的自由互换一般都是口头协议,没有变更土地权属关系,只是互相换着种。"今年确权,如果双方同意互换承包经营权的话,我们就帮其重新确权。不愿意换承包经营权的,就签互换经营权流转合同"。今年按户连片耕种政策出台以来,村干部动员群众连片耕种,目前该村流转经营权的有八九十户,互换的有 160 多户。

(一) 按户连片耕种何以可能

按户连片耕种对于农民而言无疑是一个好政策,无论是乡村干部还是农民自身,都能清晰地认识到这一政策会带给农民多大的福利。然而,正如前文所言,分田到户以来,农民为了解决水利灌溉、机械化的使用以及合理安排家庭劳动力等问题,已经将能够连片经营的土地自发互换或单向流转,大部分村庄的连片率在 2015 年之前都能达到 60％左右。而剩余的分散化的土地想要实现连片经营则面临多方面的困难,在此背景下,按户连片耕种这一政策的推广具有很大的难度,必须依靠乡村干部、尤其是村干部的积极作为才有可能推动。如果村干部没有积极性,那么这一政策将很难真正落实。

1. 乡镇如何动员?

在推动按户连片耕种这一过程中,乡镇主要发挥督办和指导的作用:一是负责传达县级政策精神,把握大的方向和原则,即"不能打乱重分、不能推倒重来";二是由包村干部负责对所包村庄进行督办,看村里是否开了会、是否将相关资料发放到农户手中。至于每个村庄具体怎么实现连片,则是由各村按照自身实际情况来定,乡镇干部一般不干预,也不会与农户直接沟通。

乡镇考核村庄只看"连片率"。按照县里规定,在2015年9月20号之前连片率要达到90%以上才算合格,高阳镇政府向村干部承诺,如果在规定日期之前达标的,每个村奖励3000元。按照政策规定,乡镇在考核时主要看两个指标:一是看数据,即连片率是否达到90%以上;二是看资料,即必须是签订了流转合同或互换协议的才能算作连片率。因此,数据和相关表格相符,才算是真正达标。从目前情况来看,本镇真正达到此要求的村庄只占50%左右。据镇农办主任介绍,目前没有达到指标的,大部分是资料没有完善,即连片的事实已经实现,但由于各种原因有的村民还没有签订相关的合同或协议。

2.村干部如何做工作?

四家村一位村民提到,在按户连片耕种工作中,"村干部要领头,像说媒人一样才行,靠农民户对户不行"。村干部要在其中起到"牵线搭桥"的作用,作为"中介人"动员和鼓励农户互换或流转土地。在调研过程中发现,按户连片工作做得好的村庄,村干部都付出了很多努力,不断去给群众做工作,运用各种方式动员群众;而连片工作做得不好的村庄,一方面有其地理位置等客观原因的限制,但另一方面也与村干部没有积极性有关,村干部只是按规定开会、宣传政策,并没有想方设法去做群众的工作。调研发现,按户连片耕种工作做得比较好的村庄,村干部主要是运用以下几种方式做群众工作的。

第一,讲政策。以季桥村村书记为例,他在给群众开会时,首先就讲政策。他提到:"农村工作的开展,肯定要从政策讲起。基层工作不从政策讲起,那讲什么呢?有的群众喜欢关心时事,从电视上会了解一点(政策),有的不了解的,从我的口中说出来,农民也会了解一些中央政策。我们讲的不一定全,但必须围绕那个核心,不讲就没有影响力,必须要讲。要有道理,要有依据。不讲政策,就没有依据,在我看来,政策就是依据!政策来了,百姓不可能反抗。"因此,书记首先就会给农户讲按户连片耕种是中央、省、市、县的政策,因此"不能违抗"。事实上,正如书记所言,老百姓都关注政策,也不会反抗政策,因此,他首先从政策讲起,就使自己接下来的工作具有了合法性。

第二,动员村庄里的种田大户去做群众工作。种田大户是村庄里的"中坚农民",他们以村庄为主要的生活圈子,并且要从村庄里获得经济来源,因而,他们最为关心村庄的发展,因此,在"按户连片"工作中动员他们去做群众工作就具有很大的优势。例如,易集村村书记把每个小组的种田大户选为"确权专班"的成员,让他们首先去给自己小组内有连片可能性的群众做工作。垢冢村村书记也采取类似的办法:"让(想要流转土地的)承包户先去村里跑一圈,让他们出面去和群众说,有几个不同意的,再由村干部出面去做工作。都是本组、本村的人,比较熟悉情况,群众一般也会给他们这个面子。村干部直接出面有时反而不好,群众有时还不给你(村干部)这个面子。"

第三,动员党员干部带头。季桥村村书记的经验之一是"发动党员干部带头落实农村政策,让百姓讨点好",从而推动按户连片工作的开展。季桥村九组的党员张某,今年 37 岁,种了 25 亩地,其中一些是之前买的别人的地。村书记动员张某:"你带头,把别人的田流转过来,你折一点没事。你让群众讨点好,你吃点亏,反正你田多。"此外,村书记自己也带头流转了 42 亩田,涉及 4 户,签订合同期限为 5 年。"这 4 户的田基本在一块儿,另外有 2 户的田夹在这中间,有上十块地,我用流转进来的田和那两户换了,(把那两户的田)换到边上去。其中一块 1.3 亩,我用 2.4 亩田换过来的,让群众讨点好。"

(三) 遇到的阻力

虽然从政府官员到普通百姓都知道按户连片耕种的好处,然而,就现实角度而言,按户连片的工作面临多重阻力,主要表现在以下几个方面。

第一,部分田地的基础设施配套不完善。目前来看,虽然大部分村庄的农业基础设施得到了很大的完善,但每个村庄仍然有部分土地的基础设施较差,主要表现为水、电和路的缺乏。因此,这些水源条件不好、电路不通、没有机耕道的田块就没有人愿意流转或与之互换。"用我的差田换你的好田可以,但用我的好田换你的差田不行"。

第二,征地带来了农民对土地升值的普遍期望。随着社会建设的加快,涉及征地拆迁的地方越来越多,尤其是位于公路两边的土地,百姓都视若珍宝,期盼着征地时能够大赚一笔,因此这些地理位置优越的田块自然成为了抢手货,田主也绝对不会和别人互换或流转给别的农户。并且,很多地块并不位于公路沿边的农户也对征地抱有期望,"谁知道馅饼会掉在哪里呢"?

第三,部分农民思想难以转换。这主要表现在两个方面:一是认为自己种自己的田熟悉了,有了感情,"自己的田都是好田,都能种出金子,别人的田都是死田",因而不愿意互换;二是部分农户"不愿意让别人讨好",这主要表现在那些不能走出村庄的农民身上,"我把田和你换了,你连片了,可以出去打工,你讨好了。我又不能出去打工,我偏不和你换,见不得你比我好"。因此,这些农户都不愿意和别人互换,他们要么是抱着一种"不让别人讨好"的心态,要么是抱着"我也不想讨好,我也不想吃亏"的心态。

四、按户连片耕种工作存在的不足及政策建议

沙洋县以土地确权为契机推动按户连片耕种这一政策,顺应民意,符合广大农民的需求。然而,在政策的实际推动过程中,还存在一些不足,这些不足的存在也阻碍了该政策的顺利落实。因而,在总结经验的同时,要看到当前政策执行过程中存在的问题,并寻找具有可操作性的改进之路。

(一) 不足之处

第一,鼓励以经营权流转为主,使得制度变得更为复杂且面临新的困境。按照沙洋县相关规定,实现按户连片耕种要以"经营权流转为主",以"互换经营权为辅","不得打乱重分、不得推倒重来"。高阳镇今年在执行

过程中也主要是以经营权流转为主实现连片。虽然流转经营权的方式操作起来更为简单,村组干部的压力较小,农户也更愿意接受,但采用这种方式会使得经营权变得越来越复杂,且会因为家庭生命周期和人口因素的变动造成新的困境和不稳定。从高阳镇的情况来看,只有少部分农户将流转年限签到 2028 年,而大部分农户的流转年限不超过 5 年,1～3 年的居多。因而,当流转年限到了之后,将再次面临集中经营权和经营权二次流转的问题,这可能会使村干部陷入隔几年就要调整经营权的循环之中,并且还有可能滋生新的矛盾。

第二,鼓励农户"一对一"的自愿互换或流转,使得交易成本变高。有时有互换意愿的两位农户,其田块不一定刚好挨着,因而,为了实现连片,往往要经过多次中间环节,这无疑增加了农户之间的交易成本和合作难度。

第三,将单向土地流转和双向土地流转混同起来,对农民产生了不利的影响。双向土地流转不改变农户的耕种面积,在保护农民利益的情况下改善农业生产条件。在大部分农民仍然需要依靠土地的情况下,基层组织鼓励农民单向流转土地,尤其是将土地流转给外来工商资本,侵害了农民的土地权益,给农村带来了不稳定因素。

第四,政策推动太急,农民缺乏适应的过程。沙洋县在 2015 年 5 月 28 日召开了县、镇、村三级干部参加的土地确权颁证动员大会,规定在 2015 年 9 月 30 号之前,各村的按户连片率要达到 90% 以上才算达标。然而,正如垢冢村村书记所言:"百姓是走一步看一步,不是走一步看十步,毕竟他是个群众,你要给他个适应的过程。"

(二) 政策建议

针对当前政策执行过程中存在的一些问题,提出以下政策建议。

第一,鼓励农民采取"不动面积、动地块"的新型土地调整方式,实现小组内部承包权的统一互换。从高阳镇 2015 年前后土地连片方式的对比中可以看出,土地调整方式尤其是新型土地调整方式能够有效地克服土地细碎化,土地双向流转或互换的空间有限,而土地单向流转侵害了农民利益。新型土地调整方式的本质是保障农村土地承包关系稳定,弱化农民对特定地块的承包权利,强化基层组织的动员和组织能力。

第二,放宽时间限度,配合国土整治项目循序渐进地推进按户连片耕种政策。沙洋县提出在几个月内实现90%以上的按户连片耕种,不太切合实际。一方面,农民对于新来的政策有一个适应和接受的过程;另一方面,村干部做工作也需要很多时间。因此,政府不应"逼"得太急,可以配合土地整治项目逐渐地推进按户连片耕种。也可以先塑造典型,在每个村搞一个小组的按户连片耕种,让农民看到"按户连片"带来的实惠,然后再推广至更多的小组。

第三,警惕按户连片耕种目标扭曲。当前农业政策方向是促进土地流转和回应新型农业经营主体的需求,沙洋县就将土地流转率作为基层干部的行政考核指标。高阳镇基层干部将县政府推动的双向土地流转扭曲为单向土地流转,培育新型农业经营主体。实际上沙洋县农民不是"无人种田",而是"无田可种"。这种土地流转方式改变了农户的土地面积,不符合"按户"内涵,实际上是侵害了农民的土地权益。并且长期的、大规模的、不可逆的土地流转方式,使得农民工返乡继续耕种土地成为不可能,如果遭遇经济危机或城市化失败,不能返回农村,这些农民工只能落入城市贫民窟,极有可能将经济危机转化为政治动荡。按户连片耕种应该深刻理解"按户"的内涵并坚持这一原则。

执笔:李永萍

制度创新的合力与组织推动

——五里铺镇调研报告

在政府推动按户连片耕种之前，五里铺镇的农民就已经开始了实践，农民是改革的先行者。但农民自发的土地连片具有范围上的有限性与过程上的缓慢性特征，需要依靠上级政府的外力推动，才能更快地在更大范围内实现土地连片。农村制度创新实际上是农民自下而上创新和政府自上而下推动的合力过程。只是依靠农民个体力量并不能从根本上实现制度创新，需要依靠基层组织的推动。关键是基层干部下决心，根本是动员农民，才能将符合实际的制度创新有效推行下去。

一、引言

2015年9月，我们在沙洋县五里铺镇调研按户连片耕种，主要调查了5个村。我们发现了一个基础性事实，就是该镇各村先后在分田到户时期就已经出现了按湾分配土地，在完善二轮延包时期也出现了自发互换土地的现象。因此，今年全县推行的按户连片耕种工作和乡村两级干部做工作的起点是以2004年以前的按湾分地和自发互换土地为基础的。

换句话说，五里铺镇的按户连片耕种经历了不同阶段、不同形式的演变，每一个阶段都为后一个阶段奠定了基础，大致可分为三个阶段。第一阶段是分田到户时，有些村就已经按湾（小组内包含多个湾子）"划片承包"，即一个居住点的农民的土地都分到一片，距离居住点比较近的地方，湾内再按户分田。每户的土地在一个区域范围内，减少耕种距离和地块之间的距离，但是每户田块仍然细碎、分散。第二阶段是2000年前后借助完善二轮延包的机会，村民主要采取两种方式：要么自发互换田块，目的是使田块之间挨得近一些,或者减少块数,原则上是调到屋前屋后,方便用水和管理;要么是打乱重分,集体修建机耕道、堰塘和沟渠,既能实现按户连片,又能解决水源灌溉。第三个阶段正是 2015 年 5 月启动的全县范围内推行的按户连片耕种阶段,这个阶段的连片方式主要是以村内流转经营权为主,目前仍在进行中。而在此阶段前后,有些村借助国土整治项目将田块平整之后顺利实现按户划片,这种方式无疑可以将连片工作进行得更加彻底。

通过农地连片形式的演变,我们可以看到其中第二个阶段是对第一个阶段土地细碎化现状的自发反抗,从而引发了农户之间的自发互换田块,但是这种自发性又是有限度的,因此第三个阶段通过政府的外力介入推行按户连片耕种在很大程度上是为了满足农民的强烈愿望的。总的来说,沙洋县推行的按户连片耕种实践是在农民的自发连片与政府的外力介入下共同推动的,这就涉及整个按户连片耕种制度的生产和执行的过程机制。具体来说,这个问题可操作为农民自下而上的自发性按户连片耕种是如何实现的? 这种农户间的自发性行动对制度的生产起什么作用? 然而,由于农户间自发连片范围上的有限性与过程的缓慢性,这就需要外力的推动才能实现更高程度的连片。那么在制度执行层面,县、乡、村三级行政组织作为一个整体、有机、互动的运作系统,又是如何自上而下地有序推动按户连片耕种的?

通过对以上问题的追问,我们还可以进一步思考制度设计层面的理论价值与制度执行层面的实践探索这二者之间的关系,以及基层组织的活力何在。笔者设想,如果每一机构层级都能在完成上级规定动作的同时,创造性地或因地制宜地完成一些自选动作,那么整个行政组织体系应该是充满活力的。但事实恰恰相反,在乡、村两级组织没有推动此项工作的动力和能力的情况下,上级行政压力往往演变为被动的行政应付,而不是主动作为。那么乡、村两级的动力何在,如何调动基层干部与群众的积极性,如何发挥基层组织的自治能力,如何因地制宜地将政策精神进行操作化和合理执行等这些问题就值得探讨。

二、基本数据与现状

五里铺镇辖管 19 个行政村,有 2 个社区,268 个小组,共 4.5 万人,劳动力有 2.2 万人,总耕地面积为 9.59 万亩,共有 11 万块田,还有 4 万亩的黑田与开荒田。依据经管局的陈主任估计,全镇范围内本次按户连片耕种还需要做工作的农户占 30%,其中有 1/3 的农户不种田,另外 20% 农户是真正需要做工作的,多数是因为远近交通、水源不利者或已投资挖堰塘者,这些农户仅仅依靠自发互换田块无法真正实现连片。

五里铺镇通过自发的互换和打乱重分的方式连片的农户占 30%～40%,因此已自发调田成片的农田面积达 3 万多亩(全镇确权面积是 9 万亩左右)。这种互换又分为两批:第一批是 2004 年之前有 1 万多亩的农民自发互换,因为那时候三提五统税费负担很重,所以很多人选择外出打工,承包田抛荒很多,这样他们就主动放弃而不交农业税费,使得仍然坚持在家种田的人可以捡抛荒田种,到 2004 年二轮延包的时候土地确权就确给捡田种的农户了;第二批自发互换是 2004—2014 年期间,在国家对于土地有农业补贴福利之后,这种互换又是如何实现的呢? 按农民的说法就是经济水平提高了,机械化水平也提高了,人们为了连片种田方便,互换的时候少一二分、三四分地都无所谓,尤其是开荒田与黑田就更是"大方"地换了。而按经营权流转的方式,还包括不愿连片的农户且按原有承包权确权的比例占 60%～70%。因此,总体来说,五里铺镇的工作推进不明显,因为经营权流转的空间有限。

三、农民是改革的先行者

其实土地细碎化一开始并不是问题,但是随着生产力的发展,生产关系没有进行相应的调整,便使之成为问题。因此,在具体的农业生产实践过程中,农民就自发地根据生产需求调整生产关系,如互换承包地或打乱重分等。

随着土地细碎化越来越成为问题的时候,农户也会想各种办法予以应对,这时水利难题成为契机。就像两河村的五组一样,在 20 世纪 90 年代率先自发性地调地换地,大小堰塘全部收归集体,统一进行水利设施建设。这样既解决水利问题,又解决了土地分散化问题,可谓一举两得。可见,水利灌溉是农业生产的命脉,这种自发性土地调整是水利困境直接导致的结果。

随着机械化生产的逐渐普及,农民为了耕作方便,又有了修机耕道和连片耕种的需求,于是 20 世纪 90 年代后期,在税费负担很重的同时,农户的调田欲望又达到一次小高潮,他们借 1998 年二轮延包的历史交互期,纷纷自发性地采取各种方法实现了土地成片的愿望,如三坪村和两河村五组的做法。

随着家庭经济结构的变化和土地经营主体的变化,即中老年和留守妇女群体成为农业生产的主体,同时农业收入只是辅业,因此,土地经营主体的年龄结构就决定了农户"按户连片"的需求。然而,农户虽然有解决土地细碎化和土地连片的内在驱动力,但是这个自发的力量又是有边界、有限度的,而且这个过程是极其缓慢的。此时,沙洋县政府及时地意识到了这个问题,需要通过政府外力助推这种按户连片耕种的规模与范围。

正是在这样的农地制度背景和农民自发实践的刺激之下,沙洋县政府看到了农民强烈的连片愿望,于是从整体上分析当前的生产力发展状况,并结合一些村的创新性经验,组织人员通过深度调研和相关试点工作不断地总结经验,取得了一些阶段性成果。在得到省市领导的支持后,沙洋县政府便在全县范围内推行按户连片耕种。因此,沙洋县将农民非正式的自发行为进行规范化、制度化,以期进一步推动按户连片耕种的进度,从而真正惠及千家万户,这就需要政府总结农民的自发机制,并将外力介入与诱致性变迁有机结合起来。

分田到户时期沙洋县农户便具有按户连片的内在需求,但是制度本身的变迁需要外力介入。然而，虽然制度设计本身具有合理性，却涉及极大的交易成本，因为这需要与许多关联农户谈判协商，加之土地本身的特殊性决定了农户的选择空间很小，因而自发连片的范围是有边界和限度的。换句话说，收益与成本要平衡，只有当收益大于交易成本时，农户才愿意自发互换。如果交易对象很多，田块又有差异，那么自发互换就会有困难。因而在政府的干预之后，交易成本由政府、调地工作小组以及村干部来承担，发挥集体智慧协调与做工作，就更加容易实现土地连片。

如果说，县级组织是制度的创新者，那么农民则是改革的先行者。无疑，制度得以创新是需要制度创新者的理论自觉性的，而一项好制度要想真正惠及百姓，还需要制度执行者的因地制宜与灵活操作，这样才是一个完整的制度运行系统。

四、镇级组织是制度的宣传队

在获得上级批示之后，沙洋县政府便有了底气和信心在全县范围内推行按户连片耕种。工作主要是向乡镇干部积极宣传与动员，要求乡镇干部必须对政策烂熟于心，明确按户连片工作的核心精神。为此，县里开展了 15 次调度会，主要目的是提高乡镇干部的思想认识，真正理解"按户连片"的价值与意义，同时通过会议交流各村连片工作经验心得、武装村级先进典型、监督落后村，使全县形成一种浓厚的政府自上而下都很重视的"按户连片"工作氛围。这样，县级组织传导给乡镇干部的压力，又被传给了村级干部，因此可以说镇级组织是制度的宣传队。

五里铺镇前期宣传工作可以分为两个阶段，即宣传动员阶段和入户摸底调查阶段。一方面，在宣传动员阶段，五里铺镇 2015 年 5 月 28 日启动工作，6 月 1 日召开宣传动员大会，镇里成立领导小组，通过村里广播宣传、小组开会动员，并印发文件材料如《连片耕种颂》等，调动整体的工作氛围，目的是使村级干部对按户连片耕种有所认识，提高重视程度，并掌握相关政策。与此同时，2015 年 6 月中旬乡镇干部代表多次去县里参加业务培训,后期县里也在乡镇进行了多次业务培训与观摩学习先进村,学习当地经验,开拓工作思路。另一方面,在入户摸底调查阶段,主要工作是统计家庭情况和土地概况,县里经费也下发下来,同时下发《按户连片耕种征求意见表》,征求老百姓的意见,结果同意率达 80%。随着农户对政策认识的提高,后来的同意率也有所提高,可见农民是很欢迎政府帮助推行"按户连片"的。2015 年 6 月 15 日之后,镇里的按户连片工作在形式上全面铺开了。

但是,在整个的前期宣传工作过程中,乡镇干部和村级干部的积极性都是不高的,这一点在第三个阶段即按户连片耕种工作的执行阶段很明显地体现出来了。下面针对五里铺镇乡镇干部的工作开展情况总结以下五点经验。

(一)领导重视是前提

在宣传工作基本结束之后,各乡镇工作便进入了按户连片耕种实施阶段。在 2015 年 7 月底一次县里针对按户连片耕种工作召开的书记会议上,县领导特别对落后乡镇进行了点名批评,五里铺镇党委书记乔宝林当时也是被批评的对象之一。县政府公开批评五里铺镇的"按户连片"工作开展得不理想,因为五里铺镇按户连片工作考核在全县排名很靠后。迫于县里施加的这种压力,乔宝林书记及五里铺镇其他相关领导对按户连片耕种工作的重视程度陡然提高,同时县里也继续排名,乡镇领导干部为此很有压力。于是五里铺镇领导班子召开紧急会议重点强调再落后是不行的,再不积极工作,面子上都挂不住了,于是全镇整个工作氛围由此紧张起来。果然,乡镇主要领导一重视,在征集农民的意见之后,镇里干部经常是整个周末都没有休息,晚上还要继续办公,于是很快就拿出了具体划片方案,主要以流转经营权或互换的形式连片。另外,大部分村支部书记也看镇里主要领导的重视程度而伺机行动,因为本来工作难度就大,如果领导不重视,村书记难以完全依靠自身的力量推动工作。并且农村基层工作纷繁复杂,基层干部只能依据领导的重视程度有选择性地用心和用力。自从领导重视起来之后,村书记每次都是亲自参会。可见,领导的重视程度是乡镇和村级干部积极开展工作的前提,行政合法性很重要,上级支持是关键的动力。

(二)提高村干部的思想认识是关键

在按户连片耕种工作启动之后,各村的具体实施还需要村干部做大量的工作,如水源、土壤、交通、远近、田块大小都不一致,任何一个因素都可能成为矛盾的引发点。因此,为避免矛盾,不得罪村民,村干部一开始是没有动力去推行按户连片耕种的。当乡镇干部认识到村干部的这个顾虑之后,通过召开多次会议,有针对性地积极提高村干部的思想认识,让他们了解到土地连片的真正好处,进而扩大范围高强度地召开党员或村民代表会,以期提高党员和群众的认识程度。乡镇干部认为,只要思想认识问题一解决,就更有利于推动按户连片耕种的具体实施工作。可是后来乡镇干部又发现有很多村级干部打退堂鼓,积极性不高,镇里组织开会让村书记反映问题,才发现村村有本难念的经。于是让各村干部互相学习经验,把各村的问题集中处理,镇里干部也会参加村里的调度会,检查村干部有没有弄懂相关精神与工作方法。五里铺镇武装部张部长说:"只要精神和方法对,就不担心他们错太远。"乡镇干部还通过经济奖惩、人情、面子和感情等制约和监督村级干部。其中有一部分村干部本身就是农民或大户,或许这也是动力之一。

(三)发动群众是根本

基层组织的工作方法很重要。虽然农民有着共同的连片诉求,但不同村干部的工作作风与方法往往会影响工作成效,结果有的村可能成功,有的村可能失败。杨集村利用五老协会调动村里的老党员、老干部、老教师、老模范、老的退伍军人等在村庄内部有威望的人协助村干部说服教育农户,提高认识共同推动按户连片耕种的工作。五里铺镇以此工作方法为典型,各村交流学习如何发动群众和老干部的主动性,调解矛盾,协调工作,提高工作效率。如赵集村六组就采取"梳辫子"的逻辑,通过发动群众的智慧,小组内部解决了一些"钉子户"问题,村干部只需要起协调作用。土地连片工作涉及复杂的利益调整,依靠基层干部不可能完成这些工作,只有将群众动员和组织起来,发挥群众的积极性和主体性,才能从根本上推动此项工作。

(四)转变思路是工作效率的保障

乡镇干部刚开始遇到困难很消极,这就涉及制度惯性,一考虑复杂性,有的基层干部就次次退缩,有的基层干部却次次都主动作为。五里铺镇在县政府的培训之下,转换既有的工作思路,提高了工作效率。如县长说:"不存在好田与坏田,其实各有好处,如冲田可养小龙虾,高岗田可改变种植结构如种植旱作物,都能发挥各自的价值。"由此,五里镇基层干部渐渐愿意沉下心来做工作,工作情况慢慢开始有了进展。镇级干部也是机动办公,及时掌握和监督各村工作情况,传达县里的精神。平时也会去村里转转,督查进度,进行方向指导,同时也给村里压力。如村里觉得工作很难开展,会建议五老会帮忙。还给予工资考核的压力,该奖励的要奖励,该惩罚的也要惩罚。县里调度会的压力传到镇上,镇上又传给各村里的书记干部。这样全县就形成一种氛围,你不行动不行,再难也逼着你去做。

(五)心态反转反增动力

其实,乡镇干部一开始觉得按户连片工作很有难度,不敢行动,没有动力去推动按户连片耕种。因为涉及千家万户的土地,害怕一动就将矛盾和纠纷陡然引爆,这种新矛盾爆发的可能性是干部最担忧的。后期换个心态,发现因为调田工作有些农户的关系甚至变好了,反而有利于化解矛盾,也看到了连片对农民有实实在在的好处。还有一个原因是上级政府的压力,搞就搞好,就要尽心尽力。小事不出村,大事不出镇。其实很多矛盾村里内部就解决了,也没有一开始想象得那么严重。还有就是连片也使确权不那么虚了,是有实在的好处的,而且村民的注意力集中到按户连片上,而不是一开始就纠结土地权益,连片的好处盖过了土地承包权本身的斤斤计较,反而缓解了矛盾,而单纯的确权工作就是换证的形式,是个空壳子。因此,群众和干部的认识是需要一个适应过程的。镇干部也认识到:连片率提高,不仅对于农户有好处,对于以后的土地流转也有好处,这是有利于整个村和镇的。这也是他们在转变心态之后收获的额外动力。

其实,这还涉及行政成本问题,按户连片耕种一旦推行下去,后果如何谁都无法预料。换种心态才发现收获了与预期相反的更有益的收获。这说明连片工作是基础性的,不仅利于小农连片,还有利于大户与外来资本的诉求,还与许多其他中心工作联系起来了,有助于提高基层干部的积极性。以"面积不准、四至不清"为目的的土地确权激化了很多原有矛盾,并不能给农民带来实质性的利益,土地连片赋予了确权新的内容,提高了土地确权工作的绩效。

五、村级组织是制度的执行者

我们主要调研了 6 个村,分别是赵集村、两河村、草场社区、杨集村、许场村以及白岭村,通过一次座谈会也简单地了解了其他村的情况。各村有各村的田块分布和特殊情况,因此需要各村的干部因地制宜地理解和操作县、乡两级所宣传的按户连片耕种,村级组织作为行政机构的末端,面临的问题是极其复杂而难办的,因此这些基层干部也表现出了不同程度的积极性与工作智慧。在乡土社会,要想将制度操作化,就必须综合利用各种资源,如人情与五老协会。下面以赵集村为例,说明村一级按户连片耕种工作是如何推动的。

(一)赵集村概况

赵集村位于五洋路上,以丘陵地形为主,耕地有 4119 亩,田有 3229 块,全村共有 456 户共 2028 人,分为 17 个村民小组,有党员 54 人,本村有 600~700 人在外务工,在附近县市打工的占 2/3,在沿海打工的占 1/3。赵集村在五里铺镇内的连片率是排在第一位的。目前该村按户连片耕种的连片率达 90% 以上。

在县里 2015 年 5 月 28 日宣传动员之后,赵集村六组在 6 月 10 日开展工作,8 月 15 日全面完成,工作结束。赵集村先是召开村干部会议,再是召开党员代表、村两委班子、小组长的会议,第三是小组内部开会,再就是通知二轮延包时期田块不在屋前屋后的农户要继续调整,进行宣传动员。最后走访农户,征求意见。

(二) 连片方式与主要做法

该村主要通过三种做法来实现连片:一是平整了 1031 亩土地流转给大户,另外还流转了 200 亩未平整的土地给大户经营生态园;二是土地平整重分到各户屋前屋后;三是互换开荒田和黑田,与承包田连成片,主要集中在六组。其余还有少部分是组内流转承包经营权。显然,赵集村实现连片的方式以土地平整为主导,占该村耕地总面积的 67%,其次就是流转给大户,占 29%,最后就是互换的方式,占的比率比较小,毕竟只涉及一个小组的自发互换。

总体上说,赵集村的耕地可分为平整区和非平整区。平整区中涉及16 个小组 2011 年平整的 1000 多亩耕地和 2015 年平整的 2800 多亩耕地,前者流转给大户,后者按照新型土地调整方式,以居住点为标准,连片分给农户。非平整区是指六组并未进行土地平整,因为这个组已经基本上通过互换开荒田、黑田实现"按户连片"。因此村书记只需将部分土地平整的项目资金给六组修沟渠和路、建泵站就可以实现更大范围的连片。

(1) 平整区。

赵集村最大的亮点就是 2015 年 3 月份已通过国土整治项目平整了16 个组的 2800 多亩水田,最终以户为单位,将土地连片分给农户,并修建配套的机耕道、渠道与泵站,完成了 16 个组的按户连片耕种工作任务。平整后的土地面积一般在 3000~8000 平方米之间,这个地方户均田面积为 3 亩(660 平方米/亩),因此户均片数能够控制在 1~3 片内,这样平整区就基本上实现了县里要求的按户连片耕种的目标。当然,"按户连片"工作过程中也遇到了一些困难:一是水源问题,自己挖堰塘的农户比较多,对于那部分有堰塘的农户来说,生产性投入较多,水源也不成问题,所以就不愿意流转与连片;二是经营权流转不稳定,"我现在是流转经营权,但到一定时候,农户的想法有可能会变,你必须保证种自己田的不抛荒,如果田一抛荒,以后就不能种了"。

赵书记还给我们讲了一个"钉子户"的案例:"有一个农户,他拼死拼活不要家门口的一块地,那块地面积很大,有 16000 平方米,合有 24 亩,因为他很久前在自家门口种了一棵大槐树,大槐树遮住了稻田里的阳光而影响水稻产量,收不到谷子,小组内其他人也没人肯要,后来村书记只好找到那个农户的兄弟(是一所学校的校长,比较明事理)回来给他做工作,才得以解决'钉子户'问题。"

(2)非平整区。

赵集村土地未整理区只有六组,这个小组比较复杂,全组有 378 亩水田,共 36 户,分别是陈家湾 9 户、谢家湾 8 户、王家湾 6 户、杨家湾 8 户、黄家湾 5 户,分田到户时已"按户连片",各户的田都在湾子附近。六组还有一个特点就是开荒田、黑田有 100～200 亩,几乎每一户都有开荒田和黑田,正是这些田成为了插花田。因此村民私下互换开荒田和黑田比较多,因为承包田在分田到户的时候就已经划片分到屋前屋后了,而承包田其实已成片不插花。因此这次连片工作主要是把开荒田、黑田与承包田连成片,农民说:"你的田在我家门口,我的田在你家门口,我们为什么不互换呢,少几分田也无所谓。"然而这种开荒田互换是不签合同的,如果涉及承包权互换,农户之间就容易扯皮。这样,连片之后,修水泥路占的不是承包地,是自己的开荒地,是自家的地,而不是其他组的插花田,也不是牵涉其他湾子的地,既便于耕种,又便于搞公共设施建设,因为这只涉及一个姓氏或家族里的几户人家,这样搞集体项目也好办事,占用的不是一个姓氏、一个小组的田就容易扯皮。之前自发调田多的有六七片,少的有三四片,这次连片之后只有两三片了。

这个小组能自发调田成功与这个地方的居住形态有密切关联,重要的原因是这个地方的居住分散,以居住点为标准分配土地,将分散、细碎的土地连片地分到房屋旁边,方便耕种和管理,农户都愿意。一般一个小组内有数个湾子,以前就有的按湾划片、为这次的土地互换奠定了基础,湾内调整土地较为容易。一个湾子就是一个姓氏,多则七八户,少则两三户,人数较少,在分田和调田的时候就比较好协商,内部协调沟通成本较低。

(3) 连片成效。

赵集村的"按户连片"工作还是取得了较好的成效的,主要体现在以下几个方面:一是田块减少,特别是平整区,推掉了田埂,一块田面积可达30~40亩;二是机耕道、泵站、沟渠等配套的基础设施都已修建好,水通,路也通,既解决了灌溉水源问题,又提供了机械化操作的方便,同时减轻了劳动强度,种田轻松,为老人种田提供了条件,老人可以因劳动而获得存在感和价值感;三是减少了土地细碎化带来的矛盾纠纷,不存在从别人田里过水与过路的问题了。

(4) 其他村的概况。

两河村共 14 个村民小组,共 340 户,1480 人,有 2427 亩水田,分为3040 块。分田到户时田分四个等级。其中五组全部连片,其他 13 个组60%已自发调成片,还有 8%最差的、没人愿意种的田,一般处于组与组之间的死角,水源差,不好调成片。这次"按户连片"工作的主要任务是推动剩下的土地连片。

1998 年两河村五组共 16 户,因为水源条件差,灌溉取水最困难,耗费了很多的劳力,土地分散且碎片化,当时又是税费负担很重的时期,收税时扯皮,最终使得矛盾激化。于是 2002 年重新分田,他们率先采取打乱重分的方式,以水源为中心进行"按户连片",协商挖堰塘、修机耕道、修沟渠。因此,形成以灌溉水源为中心的按户划片。当时的分田方案几乎是打乱重分的形式,每户自愿要多少,但底线是每一户不能超过人均 1.5亩,每亩交税费 300 多元,所有的大堰塘、小堰塘必须全部收归集体,由集体统一使用。这样 2006 年取消税费之后,也没有人扯皮和闹事。"不管大田小田,只要连片就是好田。反正现在田连片了,非常好管理,成片真是好，过水都不用扯皮了，哪怕没有机耕道，我自己也可以从自己田里过。连片之后，老人好种田，最起码矛盾少了。连片后，一个 70 岁的老人可以种 30 亩田，一点问题都没有，现在都机械化，只需要管理一下。连片之后，什么都好。连片后，土地好流转得很。政府想做好事，但面对千家万户的小农，好事不一定能做成。"

两河村其他组看到五组的经验，都纷纷开始学习这种调田划片的方式。该村目前 60％都已调成片，均在 2014 年之前就已自发地协调了。该村最大的种田困难就是水源问题，因为村里水源主要依靠附近的两条河，但两河村处于这两条河的中下游，都没能连上大型水库，而且这两条河还有另外三个乡镇共同使用，只有丰水期的时候用水比较顺畅。因此，正是水源差的现状，农民才有动力调田，但是组与组交界处处于死角，水源差的，不好调成片，还有近 8％有石头、又远的田是没人愿意种的。随着农业收入占家庭收入比例的下降，农户对土地的期望值也降低了，为了方便机械化种田与水源灌溉，农户之间田亩数多一点少一点也无所谓了。

执笔：张欢

下篇 调研随笔

　　土地按户连片耕种,推动了机械化的普及,种田再也不是难事,"三个月种田,三个月农闲,还有三个月过年",老人农业得以继续延续。

不想种还是不能种？

老山村一个 66 岁的老人很惆怅，家里的 10 亩田，有 15 块，分布在四五个方位且不连片，最小的一块是 2 分田，最大的一块是 8 分田。他想把土地流转出去，但由于土地太细碎，没有人要。当问及为什么不想种田时，他立即反驳说："不是不想种，而是不能种。"地块小且不连片，加上没有机耕道，难以有效使用机械，机械不愿进或进不了的环节，就要靠肩挑人扛，体力劳动强度大，对于年龄大的老人来说就很吃力。但是当再次问及，如果这 10 亩田都连成片，而且通水、电、路，可以机械化的话，他是否还愿意流转出去时，他说："那时肯定不会流转出去，就是再给 10 亩我也种得了。"具体深入到农业生产过程，我们才能明白土地细碎化给农民种田带来的困扰。

先从打田环节说起，田块太小，大型打田机不好进，农民只能用小型手扶拖拉机，甚至用耕牛犁田。如果靠近路边的田先打好放了水插了秧，没有机耕道，则靠近里面的田就很难使用机械了。马新村十五组信息员周明方说："有人因为没有抢在邻居前面打好田，别人把秧苗都插好了，机械没法从别人田里过，只好把打田机拆卸抬进地里，打完田后再把机器拆了抬出来。"插秧环节，虽然已出现插秧机，但需要专业的育秧棚来育秧，目前主要还是靠人工插秧，65 岁以上的老人弯腰插秧很困难，而雇工插秧的价格现在是 200 元 / 工，另外还要供一日三餐，一个工一天只能插秧 1 亩。

灌溉环节，水利是农业的命脉，一季水稻一般要放三到四次水。由于农户的土地呈插花分布，在放水或抽水的时候，就要"过水"（水先经过别人的田，然后才能流入自己的田里），还要"看水"，防止渠道渗水、漏水，还要防止其他村民"扒口"偷水。如果你的田不在路边,就需要先把别人的田灌满才能流到自己田里。而如果在路边的田先你一步灌了水且施了肥,他是绝对不会让你过水的,因为过水的话肥料就会流走。农村过水、抢水纠纷很多,为此打架甚至闹出人命的案件并不鲜见。为了避免过水纠纷,现在农户大都使用电线、潜水泵和橡胶管子直接把水送到地里,由于土地分散且呈插花分布,农户需要来回搬运几次潜水泵,扯上几百米的管子,还要来回拉几次电线,如果电线破损没有及时发现,就很容易发生触电事故。一季水稻放三到四次水,每一次放水都要经过同样的周折,不难想象农民种田的艰辛,不仅流汗,还要流泪。

在收割环节,若地块小而且不连片,则无法有效使用机械,有两个层面的原因。一是地块太小而且不连片,收割机的使用会产生大量效率损失,机械不愿进或提高收割价格,增加了农民的收割成本。二是高度互相依赖的农户之间无法协作而导致不能使用机械。当地农户一般只种植一季中稻+一季油菜或小麦,中稻品种就有早、中、晚三种不同熟期,每个熟期相隔 7～10 天。如果靠近路边的农户种的是晚熟品种,而在里面的农户种的是早熟品种,那就无法使用机械,只有靠人工收割了。如果靠近路边的邻居种了冬油菜,你也必须跟着种,即使不种的话,次年也无法早点种植熟期长、产量高的水稻,因为邻居的油菜还没有收割。而如果他没有种植油菜的话,你也没法种,因为次年你的油菜还没有收割,他就插了秧,那你就无法使用机械收割油菜。在没有机耕道的情形下,即使能用机械收割,也无法用拖拉机拖运,需要把收割的稻谷装成袋,然后从田里人工扛到大路边。扛不动的老人则只好雇人扛包,扛一包约 100 斤的稻谷,距离近的每包 3 元,距离远的话是每包 5 元,而一亩地能产 20 包,则一亩地扛包的成本至少 60 元。

由于土地的细碎化,地块相邻的农户在整个农业生产过程中,从品种的选择、打田、灌溉、收割等环节都处处受到牵制,只要有一户不合作,就可能导致无法使用机械,这就需要相邻的农户处好关系。在人力和畜力时代,地块小且插花分布,并不影响土地使用的相对独立性,可以自由自在地种田，想怎么种就怎么种。但是到了机械化时代，机械替代劳动力，则需要规模作业，过于细碎的土地使得土地的使用不具有独立性，由于没有机耕道，机械就要从别人田里过，相邻地块的农户之间就需要协作统一动作，就需要相互"等"。田靠近路边的要等里面的先打田，而靠在里面的农户则要快，抢在外面的农户打田插秧前搞好。如果和相邻地块的邻居关系不好，对方故意"掐你"，你只有欲哭无泪。所以土地相邻的农户之间处好关系就非常重要，现在相邻农户在生产中相互帮忙，然后相互请客吃吃喝喝，看似是喜剧，实则是一种无奈和悲剧。马新村的车爱军说他种了14亩地，一季水稻请人帮忙需要还人情，光请客吃饭就要花费500元，而土地连成片后，这500元生活费就节省下来了。

土地细碎化，加上没有机耕道，无法自由自在地种田，农民种田的操心指数太高，把心都操碎了，尤其是老人和中农。老人年龄大了，如果无法使用机械，打田、施肥、打药、灌溉、收割等都要肩挑人扛，不仅劳动量大，而且劳动强度大，体力跟不上，就要雇工或请人帮忙，人工成本太高，种地不划算，这部分老人就希望把土地流转出去，特别是希望流转给支付租金较高的工商资企业。农户之间自发的流转，一般不要租金或要很低的租金，那么老人就失去了收入来源，所以虽然种得很辛苦，还是要种，至少种点口粮田。这就是老人种田纠结的逻辑，不是不想种，而是不能种。反之，如果种田能实现全程机械化，农业耕种就很轻松，农业劳动就不是一种负担，而是幸福感的来源，这种幸福感源于土地对于老人的意义。

土地对于老人而言首先是收入来源和就业保障，人过了50岁进城务工就不好找工作，但只要有土地可种，农民的生活就有保障。加上农村有宅基地和房屋，房前屋后种点菜，还可以养鸡、养鸭、养猪，农闲时捞鱼、摸虾、下黄鳝，老人的生活消费低和自给程度高，虽然种地的收入不高，但生活质量指数并不低。其次，附着于土地上的农业劳动对于老人而言还能收获人生意义，种植水稻需要三四天到地里去看一次水，老人在看水的过程中度过闲暇，生命随着稻谷的生长而自然舒展。最后，老人只要还能种田劳动，在家庭中就还是有用的人，还没有成为"吃闲饭"的人，就还没有成为儿女的包袱。而且子女打工回来，还要吃老人种的粮食和蔬菜，或者子女已经进城了，每次回家都给子女带上自己种的蔬菜和土鸡蛋，这是名副其实的天然绿色土特产。这样老人在家庭中就能感受到一种存在感和价值，没有拖子女的后腿，就可以理直气壮地活着，否则只有去死了。

对于国家而言，老人农业也具有重要的战略意义。由于土地和农业劳动对于老人而言，附着了经济收入以外的意义和价值，老人农业一般都是精耕细作的，粮食产量往往比一般农户还要高。中央对于农业最关心的莫过于粮食安全，由于农村种田农民的老龄化以及对老人农业的不信任，中央提倡培育新型经营主体以替代小农的方向是错误的。当老人农业辅之以自发生成的中坚农民，我国的粮食安全才是有保障的。

此外，随着老龄化社会的到来，老人农业还是应对老龄化危机的重要途径，可以实现老年人的二次就业。现在很多农村地区老人的比例已经达到 20% 以上，随着人的寿命的延长，人口结构的老龄化进一步加剧，目前我国还有 9 亿农村人口，且农村老年人没有退休金。土地对于进城务工回到农村的老人就相当于是二次就业，农村没有像城市一样的社会保障体系，老人农业能够减轻国家的财政负担和应对老龄化危机。

但这一切能实现的前提是要让老人能轻松地种田，这就需要解决土地细碎化难题和改善农田的水、电、路等基本生产条件，能够实现机械化作业，老人种田需要做的就是看水等田间管理。土地细碎化，又没有机耕道，不仅提高耕种成本和劳动强度，在农业生产过程中，处处受到相互牵制，还需要和周边的邻居处好关系，无法自由自在地种田。若无法使用机械，就只有靠肩挑人扛，老人的体力又跟不上，只有流下一把辛酸泪。在土地细碎化和没有机耕道的情形下，老人种田的操心指数太高，"不是不想种田，而是不能种"。这就需要国家改善土地细碎化的格局，并配套改善水、电、路等基本农业生产条件，让老人能更轻松地种田，而不是发展种粮大户替代之。

执笔：张雪霖

"耕不完"的幸福

我是地地道道的沙洋人,娘家在沙洋县的新贺村,婆家在沙洋县的瞄集村。在我的家乡,大家讨论的除了谁谁谁的儿子介绍对象了没、买房了没、买车了没,哪个老人准备"助壮素"(剧毒性农药,是老年人自杀用的农药)没有之外,还会讨论来年的生产安排,是种田还是外出打工,种了多少亩田,到哪里打工,等等,毕竟安排好了生产活动,来年的生活才不至于手忙脚乱。今年回乡,对农民种田有了一种微妙的感受:我曾于2015年9月在我的娘家新贺村就土地细碎化的状况进行了调查,并对细碎化的由来、程度及其治理的可能性进行了梳理;今年寒假回婆家(婆家在2015年以前同新贺村农地细碎化的程度及农民种田的辛苦程度大体是差不多的)过年,对解决了田块细碎化的农民内心的欣喜有比较深切的体会。

毛李镇瞄集村五组正是我婆家在的地方,2015年进行了连片,今年回家过年的路上经过了婆家的稻田,丈夫开心地对我比划着,说:"这一大片,11亩多地都是我们家的田了,再也不是七零八落的了。"我只知道婆家没怎么种田,就随口问他:"那爸爸以后是不是就要种田了? 以前是因为不方便,种得太吃力了才给别人种的吧?"丈夫说:"是啊,因为妈妈患有类风湿关节炎,不能干活,家里能种田的就只有爷爷和爸爸,后来爷爷年纪大了不能干活了,爸爸一个人也种不来,还要卖菜(婆家在集市上有个卖菜的摊位),就把4亩地给同村一个叫春林的人家种。"婆婆说,当时把田租给别人种3年,6亩地种1年1000块钱的租金,和市场价相比,这简直是送给别人种的,只能保证田不荒着,要不是田太散了没办法,断不会就这样(廉价地)给别人种,今年是发包的最后一年,明年肯定要拿回来的,不再给别人,11亩多地,连成片了,种起来就方便多了,一年就算只种一季也能有上万元的收入,而且都可以机械化,抽水也方便得多了,傻子才给别人种。连片了，婆家真真切切地在感谢政策。

婆婆说："连片之后，很多因为田种着不方便而无奈转包给别人的农户都会把自家的田要回来继续种了，现在种田方便多了，基本上大家的田都离自家住的地方不远，我们家的田就在屋场边上，灌溉也方便了，我们的田都围着一口小堰塘，以后只要保证堰塘里有水，直接放水就行了，附近都是自己的田，想怎么放就怎么放，井不够深水不够多，就再挖深一点，堰塘小了就改大一点，不用和别人扯皮，不晓得多好，你爸爸一个人请机械，我再帮点小忙，就只嫌 11 亩面积还小了一点，换做以前，你爸爸一个人种 3 亩地都搞得吃亏，还要摆摊卖菜，很多时候饭都顾不上吃。"

丈夫回忆说："以前，我们家才 6 亩地，就有 13 块，有块田只有不到 3 分地，又老远，食之无味，弃之可惜，每年专门为这块田的抽水都要费好多工，因为远，还要买近 200 米的水管，我小时候经常和爷爷一起抽水，最烦的就是那块田。后来爷爷不能种田了，我也上大学去了，爸爸就只好把那些种得不方便的田都给别人种去了，现在好了，以前的问题都解决了，爸爸以前觉得种田很烦人，现在估计会爱上种田。"

除夕吃团年饭的时候，我询问家里种了十几亩田的小叔，现在连片了种田高不高兴，小叔打趣说道："现在种田真是烦人，那么大的一块田，怎么耕都耕不完。"说完就乐融融的，大家都笑了。小叔常年在外做小工，农忙的时候就回来帮小妈种田。以前种田费事，耽误很多天，小叔回不来的时候，田块太散，有的田没有同别人协商好，机械就去不了，小妈又做不了太重的力气活，那会儿大家都忙，小妈就只能到处求人帮忙。现在，不用到处求人了，小叔也不用耽误太多工，可以更舒心地在外面打工挣钱了。所以，可想而知，小叔打趣说"耕不完"这句话的时候有多幸福了。

但是对另一户春林一家来说，这未必全是好事，虽然春林家的田也连片了，可他也难以再以相对低廉的价格维持原来的种植规模了，但也未必不好，毕竟种田变成了一件轻松的事情。春林现年 40 岁出头，一直在家种地，父亲 60 多岁，也在帮儿子种地。2015 年以前他们家种了有将近 30

亩地,其中将近12亩地都是捡的别人的田,6亩是婆婆家的,还有6亩是春林同村的叔叔以差不多的价格流转给他的,但是2015年连片之后,叔叔的地的承包期刚好到了,就把田收回去了,明年,婆婆家的田也要收回来,那时春林这个还算青壮年的劳动力就不能只是在村里种田了,或许他也得考虑在农闲的时候出去打小工了,毕竟以后农闲的时间会变得比以前更多了。

执笔:陈文琼

享福与"想死"的距离

在曾集镇的街上偶然碰到一位七十多岁的老人坐在门口乘凉,就问他现在老年人晚年生活是不是很享福,谁知他的回答让我很震惊:"不是享福,是想死。"追问他何出此言,原来是他在 2004 年完善土地二轮延包之前,因为农业税费负担过重,一亩地的税费数额达到 400 多元,农户除了交给国家与集体的,自己所剩无几,这位老人就放弃了自己的十多亩耕地。集体将这些耕地统一收回承包给那些愿意耕种的农户,2004 年完善二轮延包时将这些土地确权给了种地的农户。2010 年因为老房子年久破损严重,他就在曾集镇的街上买了一间小瓦房,现在老人既没有耕地,也没有菜园地,粮食与蔬菜都只能从市场购买。

但老人因为年纪大、身体不太好,没有收入来源,国家对每个老人每个月 55 元(2015 年数据,下同)的补助无法帮助他们维持基本生活,因而老人只能伸手向儿子要。老人一共育有 5 个子女,其中 3 个儿子、2 个女儿都已成家。老人的子女也主要以打工为生,经济并不富裕,能够向老人反馈的资源有限,仅仅够维持其基本生活,即处于"有饭吃,没钱花"的状态。老人现在每天无事可做,又没有钱去打麻将,只能闲坐在门口,感觉自己每天的生活就是在等死,一点意思都没有,对于之前放弃土地的行为很是后悔。

与上述那位老人的生活状态形成鲜明对比的是那些继续种田的老人,他们与儿女形成了半工半耕的代际分工,通过自己的农业劳动,继续为家庭经济作出贡献,为他们的儿女实现在城里定居,向上层社会流动提供支持。因而他们感觉生活得很有价值,能够维持儿女对他们的尊重,老人在家庭的社会地位就不会低,土地起到稳定代际平衡的作用。是否拥有土地决定了农村老人不同的生活状态。

　　老人有一块田用来保障口粮,再在园子地上种些瓜果蔬菜,不仅可以自给自足,还可以送给儿女,土地对于老人而言承担着重要的社会保障功能。老人在能够劳动时的自养模式减轻了子女的负担,也减轻了国家的负担。现在农村的老人对于国家每个月的55元补助内心充满感激,这笔资金就可以作为自己的零花钱,足够用来打麻将娱乐。

　　土地对于老人而言不仅是维持基本生活的物质资源,而且是一种生活方式。这种生活方式将农业劳动作为实现价值的方式,看到自己的辛勤付出转化成沉甸甸的金黄色稻谷时就会油然而生一种满足感,长时间的耕种使得老人对土地充满感情,土地成为老人生命中不可分割的一部分。

　　老人种田应付不过来的问题主要是劳动强度大。在土地分散化与细碎化的背景下,老人种田很是辛苦,整田、种植与收割等整个农业生产环节只能靠肩挑人扛,这么高的农业生产强度超出老人的承受能力,他们要比一般的村民流更多的汗,同时也会因农业生产的诸多不便产生很强的辛酸感。作为村庄的弱势群体,他们在抗旱时与其他村民抢水就会处于不利地位。

　　虽然机械普遍推广,但土地的分散化与细碎化的生产关系无法适应现代机械与农业技术。沙洋县这次进行连片耕种即是在调整生产关系,改善农业生产条件,促进机械化发展,回应广大农民尤其是老年人的基本需求。土地集中连片后,老人种田可以实现机耕、机播与机收的全程机械化,大大减轻了劳动强度,老年人只需进行日常的田间管理。种田成为轻松与舒服的事情,农忙之余还可以去河里捕鱼、卖点鸡蛋或蔬菜作为副业挣些零花钱。土地集中连片后种田不再是体力活,也很少再与其他村民产生纠纷。现在种田让老人感觉到身心愉悦,种田成为一种享受,老人在种田的过程中感觉到满足与幸福。

　　按户连片耕种尤其解决了老年人种田的问题,是一项增加老年人福利的好政策。

执笔:班涛

老人种田，一举多得

沙洋县在开展农村土地承包经营权确权登记颁证工作这一规定动作的基础上，探索出土地按户连片耕种的自选动作。按户连片耕种的工作探索，其思路不同于资本或者政府推动的大规模的土地流转，而是意在实现农户以家庭为单位的规模经营，克服土地分散化和细碎化的种地难、种地苦的困境。这种探索思路既保障了农民的土地权益，也回应了农户种田难的迫切需求，有良好的民意基础，同时也是对农业现代化发展的探索，可以说是农业生产领域的又一次"巨变"。

在沙洋县农村调研中发现，种田的大部分是 50 岁以上的中老年群体，这部分年龄群体的人被认为是"正当年"的种田者，至于年龄上限，并没有标准，农民自己的标准就是"什么时候种不动了，就算了"，所以在村庄里还存在着很多 70 岁甚至 80 岁的老人在种田的现象。中老年人留在农村种田，照料家里，他们的子女外出务工经商，这是沙洋县农民家庭最为普遍的生计模式。

老人们留守农村，在家务农，为外出的子女免去了后顾之忧。不用担心自己的土地长草长树，以致将来回来没法继续耕种；也不用担心自己的亲戚邻里关系生疏了，老人们在他们身后帮忙料理着。

进城务工的收入并不稳定，城里的开销也大，两个劳动力还可以勉强在城里立足。一旦有个孩子需要照料，同时也就少了一个劳动力，这样的务工家庭难以在城市立足。让在家务农的老人照料年幼的孙子孙女是进城子女的普遍选择，既释放了农村劳动力，也减少了家庭开支，还能够攒下钱来用于下一代的培养。

沙洋县农民外出打工的时间普遍较晚，45 岁以上的农民很少有长期外出打工的经历,种田可以说是他们的老本行。随着年龄的增大,他们更加难以进入务工市场,留守农业对他们来说是最优的选择,而且沙洋县大多数村庄都有着户均 10 亩以上的土地,供养家庭,挣些收入,种田还是有保障的。某种程度上小农经济为没有能力进入城市就业的农民提供了就业保障。

老人种田可以照顾家庭,既可养活自己也可负担起照料孙子孙女的开支,甚至村庄里亲朋邻里人情关系的维系也是种田老人负担的,有田种就不用向外出打工的子女开口去要,甚至还可以对进城的子女进行一定的经济补贴,两代人各自发挥着自己的价值。

沙洋县农村老人的自养程度很高,土地是他们的"养老保险",而且是最稳定的养老保险。国家给的养老保险不可能很高,子女的赡养是无法明确预期的,只有土地是掌握在自己手中的。种田、养猪、养鸡、养鸭、种菜等,自己一年到头的生活都可以向田里讨,平时不用花什么钱,甚至还可以结余一笔钱。手里有田,心里不慌,老年人对自己的养老很坦然。土地,对于生活在农村的老人们来说,是一笔财富,是他们老年生活的保障。

现在老人们也普遍高呼种田难,随着年龄的增加,他们的劳动能力也有所下降,无法继续像以前一样承担起较高的农业劳动强度。耕牛是老人农业的符号,随着机械化的推广,村庄里的耕牛越来越少,但是老人们依然种着田,年龄大了,用牛种不了那么多田,操作机械又不会,因为田块太小,请机械除了价格高,农机手还不愿意过来。子女外出打工了,家里缺乏壮年劳动力,原有的帮工互助体系逐步瓦解,老人种田越来越难。土地分散化、细碎化的现实状况,使得老人种田依然承担着较高的劳动强度,实在种不了,也只有舍弃一部分土地。土地细碎化成为老人种田的一大限制因素。

拾回桥镇桥河村十三组村民唐冬成今年 60 多岁,种了 12 亩田,自己的田在别人田里面,没有机耕道,请机械都请不到,近年来受尽了土地分散没有道路之苦,每到农忙时节流泪流汗自然是难免的,他对改善农业基础设施和土地连片有着强烈的需求。唐冬成说："把路修好了，把自己的房屋拆了都可以。"眼看随着年龄的增大，自己体力也在减弱，12亩田再靠原来肩挑人扛的耕作方式，明显是难以承受的。如果不修好路，解决土地细碎、分散的状况，就不得不舍弃一部分田地，这样家里的收入就会减少。更为棘手的是，这样的田地，给谁谁都不愿意种，只能看着抛荒，唐冬成老人的焦虑是可以想象的。

沙洋县土地按户连片耕种的探索得到了像唐冬成这样的种田农户的欢迎，虽然因为不同村组具体的土地状况的差异而面临一些困难，但是与老百姓的心声是一致的，有着广泛的民意基础。在这次连片工作中，唐冬成期盼许久的机耕道终于修成了，他的田也连片了。他主动配合机耕道的修建，无偿把自己的20多棵树砍掉，让农田道路畅通无阻。田连片了，也通了机耕道，机械随叫随到，机械费用还比以前便宜不少，唐冬成老人再也不用为种田发愁，种田轻松多了。

60岁的老人依然算是农村种田的主力军，他们完全被排斥在城市劳动力市场外，只能在土地上继续发挥余热，为家庭作贡献。土地按户连片耕种，农业基础设施得到改善，机械化普及之后，老人农业也是有活力的。老人种田既承担着老人们在农村及家庭生活的意义，同时也能显现出自身的效率，原本是农村边缘劳动力的老人们，依然显现出社会和经济价值。

60岁的陈绍胜，自己有19亩田，这两年，亲戚、邻居外出务工，把田给他耕种，规模扩展到了50亩。这在以前是没法想象的，根本种不来，但是农业基础设施改善了，自己的50亩田也都是连片的，自家有小机械，再请些大机械，种50亩田还是很轻松的。按照他的设想，自己再种几十亩田也是不成问题的，问题是缺田种。

土地连片之后，农民的种田积极性提高了，老人农业焕发出活力。老人农业除了承担农村及家庭的特殊社会意义之外，同时也能发挥出种田的效率。在张池村即便2015年油菜价格大跌，很多年轻人不愿种冬播，老人们也依然舍不得把田空着，"只要种上就不会亏本"，老人们有着自己的盘算。

土地按户连片耕种，推动了机械化的普及，种田再也不是难事，"三个月种田，三个月农闲，还有三个月过年"，老人农业得以继续延续。老人农业充分利用了闲置的半劳动力资源，增加了农民收入，化解了农村养老危机，保障了国家粮食安全，一举多得。

执笔：朱战辉

公平还是效率？

农业税费时期,沙洋县高阳镇的农业生产情况:一是农业生产基本靠人力耕作,因此没有连片经营使用机械的需要;二是村庄提供了集体的水利灌溉系统,农民没有依赖个体小水利而要求集中连片的诉求。

这个时候村庄分配给农民的土地是高度细碎化的。原因在于,村庄土地存在类型差异,为了保证农民分配土地的公平,从而依据土地差异分给每户农民所有类型的土地,在每一户农民都拥有每一种土地的情况下,农地就会出现高度细碎化。在这个时候土地分散细碎并不构成阻碍农业生产的主要力量,在有强大的村集体统一安排水利的前提下,农民的耕作时间是经过统一协商的,相互之间比较有默契。日常的田间管理是由农民个人安排和完成的,而涉及跨越小块土地的水利排灌则是由村集体统一完成的,农民的用水时间和方法是高度协调的,并且在强大有效的村集体统一协调的情况下,很少有搭便车导致集体水利运作瓦解的情况。在有集体水利系统和组织化的水利安排的情况下,细碎化的农地并不影响每一块农地水利的合理使用。同理,在有集体统一协调耕作的情况下,农户耕田、插秧、收割的时间是统一协调的,因此,个别村庄在使用农机时也是可以实现集体机械化的。在有集体统一协调农业生产的情况下,因为农地细碎化而阻碍生产的负面作用不明显。因此,在这个时候人们没有解决农地细碎化问题的动力,相反,农地的细碎化本身就是在多次的土地调整中保留下来的,这说明在这个时候农地细碎化是农民的自我选择,为的是实现农户之间的高度公平。当时缺乏非农就业,农民劳动力剩余,农民愿意多花费劳动力去经营细碎的土地,从而保证各家各户的高度公平。

在集体修缮水利、统一调配灌水排水、统一出义务工修路的情况下,农地的插花分散反而可以使附着在地理上特殊的农地利益分散化。当某户农户只有在路头和上游有田地时，这户农户在个人利益上就不需要参与集体的农田水、路基础设施建设，可以不服从农田水、路的生产协调。在同一条水、路的不同位置都拥有农田，就使得各户农民对于农业水、路设施有着高度统一的相关利益，这样在集体基础设施建设、修缮和统一协调使用上就将个人特殊利益最小化了，从而使得集体利益与个人利益的矛盾减少，分散个体利益的集体更容易实现集中。

农业税费取消后，村集体缺乏统一的资金修缮水利和买水，为了能够集体使用水利就需要向农户另行收取水费，原来"用水与缴费"的权利义务关系隐含在农业税中的"种田与交税"的权利义务关系中。原先是国家给你种田，你就得向国家缴费，农民与集体的矛盾在于农业税费上。现在那些实际没有使用集体水利的农户，因为没有享受到用水的权利，就拒绝交水费。当实际没有使用集体水利的农户拒绝交水费后，会引起更多的人以各种理由拒绝交水费。因为村庄中的农田基本是插花的，在使用水利时是相互影响的，并且农民的用水方式也是千差万别的，只要农民有了"不用水就可以不交水费""少用水就少交水费"的意识，单个的农民就会想出各种理由来少出钱。水费收不上来，加上没有了收税动力的村集体也不会关心和协调农民之间的统一协调用水，就造成了集体水利的瓦解。

在江汉平原这种产粮地区，户均粮食收益较高，因此人们都愿意自己出钱打机井。农户一般是在自己家附近打机井，然后用管子将水输送到各块农田。沙洋县这个地方，人均土地较多，农户的土地较为分散，因此农民就不得不架设很长的管子将水从自家的井输送到分散很远的地块。为了方便灌溉和节约灌溉成本、劳力，农民就自发进行土地互换。在田地缺乏集体水利保证的情况下，农田的水利获得就变得尤为珍贵，因此这个时候农民就宁愿放弃土地肥力、面积的适当公平去互换土地（原来按类型的细碎划分土地是最平均公平的土地分配方法，只要放弃这种土地分配方法，农民之间的土地划分或者互换就一定会出现不公平和不平均）。农民为了水利使用的效率而放弃了土地的公平分配,这是因为大水利瓦解后,农田水利成为了这个时期农业生产的主要矛盾。

在集体农田基础设施和协调使用有保障、农田劳动力充分的情况下,第一阶段的土地分配中,农民就有条件关心超越于效率之上的公平问题。第二阶段的土地分配中,农民失去了集体水利保障,这个时候农民最关心水利使用效率的问题,因此农民自发或者二轮延包时集体统一划分土地,都以提高个人水利使用效率为目的进行土地连片。

大约在 2010 年之后,由于大量农民外出务工,农村中种田的主要是老人,还有返乡中年人的小规模流转经营。这个时候机器替代劳动力就有了很大的需求,农民种田所要解决的主要矛盾是节约劳动和方便使用机器的问题。这个时候田地有路能够进机器,田地连片进机器时可以不经过别人的田(不用受制于人,不讨别人的气),地块面积大,地块之间连片方便机器的操作效率就变得极为重要。这个时候水利和机械化成为了种田的两个主要矛盾,农地的连片耕作主要为这两个目的服务。

毛里镇的农民之所以愿意重新调整土地进行连片耕种,是因为在重新划分土地之前,村集体会修机耕路,这也就使得所有的田地都可以满足当前农业迫切需求的机械化操作。再加上原先的集体水利设施,所有的田地就有了水利和机械化的保证,这就使得所有的土地对于农民来说在水利和机械化这两个农民最在意的问题上是基本均质的。在均质的土地上进行土地调整,农民之间在互换土地或者重新分配土地时,就不会出现利益的明显分化。这个时候的土地高度标准化,每一块地的水利和道路差异不大,农民在相互调地或者统一分配时就不会出现利益上的太大差别。

在当前的耕种情况下,农民是特别想通过土地连片经营来提高效率的,但是阻碍土地连片的是农民之间的公平问题,且地块之间没有满足水利和机械化的基本一致性。地块差异太大,农民在进行分配土地和互换时就会出现艰难的讨价还价过程。毛李镇的村集体水利也并不是非常完善的,还有部分堰塘是被私人承包或者霸占的,所以,村集体要想发动农民进行土地分配,就不得不把所有的堰塘都收归集体,以打破水利设施的利益固化,从而实现每一块土地的水利设施都是由集体供给基础之上的均等化,使得每一块土地在水利上是均等的。

毛李镇能够进行土地重新划片的都是有集体水利的村组,沙洋县的大多数农村在税费改革之后集体水利设施和组织都瓦解了,人们纷纷各自打机井和搞私人堰塘。为了提高私人堰塘的使用效率,农民以各自的水利设施方便自己的田地灌溉为目的,进行了土地的互换和流转。在这十几年中,大多数村庄达到了 60% 以上的连片率,剩下的 40% 是在当前自愿互换基础上不可能实现连片的。在当前没有集体水利和集体道路的情况下,每一处水利设施、每一块田地都是特殊的,地块利益和水利利益都已经高度固化,农民之间就很难统一进行划分土地,更不要说是自发互换了。

在缺乏集体水利的小组,村干部进行土地连片的方法是:尽可能保证每一块要互换土地的水利供给。在互换之前,村干部会尽可能收回被私人占有的集体水利设施,以减少水利设施的利益固化。同时对原先不能进行水利灌溉的土地进行基础水利建设,如架设电线杆给农户使用潜水泵(在个人自发进行水利灌溉的村庄,每一块土地不可能做到使用水利成本的均等化,只能是保证都有水利设施)。

同时村干部会向调换土地的农户保证:"我一定保证你家的田地机器开得进去。"除了水利之外,农民最关心的就是机械化,机械需要从别人家的田地经过。这背后的关键是要有一个有能力、有公信力的基层组织来保证每一块田地能够走得进去机器,不会因为人为原因不能进行机械化。如果在有一个强大的村集体保障水利条件和机耕路的条件下,农民是可以不需要单独建设水利和路等基础设施的。农民之所以花这么大的代价和心力去争夺水利和路,是因为缺乏强大的集体保证水利的集体协调使用,以及整体农田机械化的协调。换言之,村集体的统一协调能够弥补土地差异性导致的不公平问题，化解了公平与效率之间的内在矛盾。

　　土地对于农民的价值表现在征用的补偿、机械化的可能、水利的低成本获得和可靠性、单块土地面积大小、土地肥力、距离远近等方面。正是这些不同价值阻碍了农民土地调整中的价值衡量，而不是就简单地按照面积进行互换。当前在化肥普遍使用的情况下，肥力变得不重要了；到农田的距离在有了机耕路之后也会变得不重要了（对于不会使用机器的老人就比较重要了）；在有农田整治的地方，机械化和水利就变得条件一样了。以上都是可以通过人的能动性改造而化解的土地差异问题，只有农地的征地补偿利益差异是不可能通过人的能动性而均等化的。

　　影响农民交换土地的因素有外界强制力、土地利益差异。土地调整的一大前提是土地利益对于参与调整的人要尽可能地均质化，只有村集体才有保障土地均质化的能力。要在有集体和社会强制力的情况下，实现土地之间的利益差异均质化，从而实现土地利益关系重新调整。农地集体所有制和强大的村集体才能化解农村生产发展过程中的利益固化，减少既得利益者对于生产关系调整的阻碍。

　　集体所有制和强大的村集体是农村进行生产关系调整，打掉阻碍改革的既得利益群体的有效制度保障。中国农村受到国家整体发展的被动影响，也是一片生产力快速发展变革的热土（中国农村大约每十年就有一次生产力的变化调整），为了能够适应新的生产力，就需要重新调整农村的生产关系，尤其是与土地权利义务相关的生产关系。推动农村生产力调整的力量是多元的，但是在关键时刻能调整农村生产关系的主导力量只能是政府和集体，其他利益主体缺乏对村庄全局性的统摄力量。在村庄中也只有集体拥有土地所有权和掌握集体决断的政治权力，国家要想实现农村生产关系的强有力调整，就应落实农村土地集体所有制，加强村集体建设。

执笔：吴海龙

"划片承包":双冢村的首创与实践意义

双冢村是沙洋县"按户连片"经验的发源地。双冢村由老双冢村和赵苑村合并而成,现有 11 个村民小组,农户 235 户,人口为 1180 人,有耕地 2280 亩,以岗地为主,水利条件较差。2000—2001 年,由水利问题触发,双冢村进行了"划片承包"。15 年以来,当地的连片耕种实践效果良好。双冢村通过"划片承包"解决水利问题的做法获得了地方政府的认可。以官垱镇为例,它共有 24 个村,其中有 7 个村是水利条件差的村,其余是水利较好或者一般的村。在政府推动下,其他村庄纷纷学习双冢村,其中,小庙村的 5 个村民小组、高桥村的 3 个村民小组、大文村的 10 个村民小组实现了"划片承包",其他村均有 1~2 个村民小组实现了"划片承包"。

2000—2001 年,老双冢村在当时村书记王彦明的带领下进行了"划片承包",改变了分田到户形成的分散、细碎的农地格局。这一举措可谓创新,当时的触发点主要是水利问题。与黄金村类似,老双冢村是有名的旱包子,三年一小旱,五年一大旱,农民生产的主要困难就是水利问题。老双冢村的水源和水利条件都不好,位于潘集水库末端,放水经过曾集镇,并且要先放水到集体泵站,再由小组集体抽水供给个体农户所用。放水线路长,上游容易"扒口",加上主渠失修,穿孔多,损失率极高,水库1.2的流量到了双冢泵站只剩 0.2 的流量,由此导致农民生产费用极高,平均在每亩 150 元,部分小组高达每亩 180 元。不仅如此,集体管理也遇到困难。当时对水利实行的是两级管理,村主任管从水库到村,小组长管从村到组,村组内部还可以组织清淤,但是超出村庄的主渠就没人修了。集体供水本身也存在问题,因为水不仅供生产也供生活之用,存在部分浪费现象。加上村组内部用水需要协调,管理不到位导致有的用了水、有的没用到,农户之间、农户与组长之间谈判成本高、用水纠纷多,很多组长上任不到一年就换了,"选组长都选不过来",共同生产费用难收。

农民用水难、用水贵,成为一个显著问题,很多农户开始抛荒,外出打工。双冢村四组有 230 亩地,25 户农户,实际种田农户只有 19 户,抛荒面积达到 40 多亩。当时摆在村集体和四组村民面前的紧迫问题有两个:一是要把这些抛荒地解决掉,这就涉及土地重新分配,因为谁也不愿意单独承担水费负担;二是要改变集体供水为个体供水,比如自己挖堰,降低生产费用和管理成本。但当时的实际情形是,农民土地很分散,"我的地,东南西北,整个湾子都有",个体供水就必然要求自家的承包地能集中连片。在这两种因素的共同作用下,四组在当时的村书记王艳林的领导下率先进行了"划片承包"改革,将所有土地打乱,按户划片重分,由农户自己挖塘修渠。四组当时有 2 个水源相当不好的死角地(分别为 17 亩和 15 亩),书记和组长提出首先把死角分给自己,剩下的地以抓阄的形式划片分配(几户一片),并且家家户户签字确认。抓阄之后,农户可以私下调换,并且由同片的农户共同进行水利等基础设施建设。这项工作仅用一个星期就完成了。由于四组在泵站上游,并且从集体供水中脱离出来,其他村民小组考虑到用水方便,这一做法便迅速得到推广,当年划片了 5 个小组,第二年又划片了 2 个小组。届时,双冢村全部实现"划片承包"。从农民主位出发,这一改革的核心问题是土地质量差异问题和水利等公共品供给问题。

对于土地质量差异,双冢村采取打折土地的做法。土地质量差异的标准主要是水源和土质,水源好、土质好的土地 1 亩算作 1 亩(计税面积),土质不好的地 1 亩打折成七八分,最差的打折成 5 分,水源差的土地免费提供挖塘地块。

将机耕道、水渠、堰塘面积规划预留,扣除公摊面积,按照谁受益谁负担的原则进行建设。划片前的四组有 2 条很窄的小路，只能通板车，整个组也只有一台拖拉机，划片后拓宽、新增为 6 条机耕道，分布在各个片区。水渠在划片前有 3 条，划片后得以延伸，并且新增了 4 条。堰塘在划片前有 3 口，集体时代修的，1985 年左右已经淤塞。划片后这些堰塘都进行了清淤，又新增了 9 口。当时集体协议是，在合同期内(下一轮土地政策)，这些堰塘谁挖的产权归谁。

双冢村在"划片承包"后兴起了挖堰打井的热潮。农民自己集资，当年就改造或者修挖了 10 口，至今已改造 30 口，新增 40 多口，全村已有 80 口堰塘。水利条件不好的地方，基本上家家户户打机井，目前已有 50 多口。自"划片承包"之后，双冢村形成了"一片一塘一井"的水利格局，有效地改善了农业生产用水问题。王彦明书记说，至今以来 15 年，他们还没有一次去水库调水，除去大旱(大旱必须依靠大水利)，农户基本能自己解决用水问题。用水成本也极大降低，现在平均成本在 30 元 /亩，算上农民自己投资修建的堰塘、机井(户均 1 万元)，10 年就赚回本钱了。

"划片承包"满足了农民个体化、自主化生产的需求。调研发现，农民普遍希望能够自主经营自己的土地，从而降低交易成本和管理成本。除去个体化水利供给的需求，他们还希望通过土地连片减少纠纷和方便管理。双冢四组的一个妇女，土地分为两片，都在房前屋后，但她仍然希望并成一片，因为其中一片地靠近另外一个村民家里，"2 亩的地要被他家的鸡叨去八九分，我们气不过，就经常吵，有一次还打了架"。土地集中之后田间管理也更加方便，"以前东一块、西一块，水管子到处都是，但是一天下来抽(水)不到两块地，时间都花在路上走了"，连片之后，农户只用开一个闸或者架一个水泵，春播时放在那里，秋收完了再收走。日常看管也更加便利，"以前四处跑，跑来跑去一个半天都看不完，现在只用每天去检查一次就行"。实际上，农民一直都有个体化、自主化生产的需求，因为村级组织和村庄社会能够低成本克服小农分散经营的弊端，加上劳动力不计成本，故这种需求并不显现。随着能够理顺生产关系的村级组织的削弱,以及市场经济的影响,农民的土地诉求发生了变化。农业生产的环境和需求不断发生改变,细碎化经营的弊端逐渐从水利转移到机械化。农民个体化、自主化生产的需求表现在对机械化的需求上。

机械化是目前土地细碎化治理的主要动力,相比现代农业话语下的机械化需求,双冢村 15 年的"划片承包"经验为我们提供了一个农民本位下的机械化经验范本。双冢村在 2000 年进行划片承包时,农业经营还处于肩挑、板车、牛耕的人力阶段。"划片承包"后,农户种田和购买农机的积极性显著提高。当地的机械化发端于 2003 年,2010 年左右到达高峰(2003 年兴起手扶拖拉机,2006 年兴起收割机和插秧机),目前已经普遍实现了机耕、机播、机收:一个小组只有 2 头牛(老人养着卖的),平均下来,1 家基本 2 台拖拉机,2～3 户一台插秧机,3～5 户一台收割机。土地分散对机械化的限制尤其表现在插秧环节上(双冢村的插秧机同比其他村庄要多),机械要过田,一旦别人插了秧,自己就进不去,插秧机比收割机受土地的制约性更强。双冢村的"划片承包"推动了机械化的使用,极大地减轻了农民的劳动强度。过去的插秧主要是靠人力,劳动强度极大,在 2000—2005 年,当地还没有插秧机的时候,由于刚划片,每家每户的土地大、多,忙不过来,就需要雇人插秧,由于本地人都在忙,主要是请天门市的人来插秧,当时的工资就高达 150 元/天,并且每人每天只能插 6 分地。而插秧机一天就能插完 10 亩,于是插秧机一兴起,就获得欢迎并大力推广。过去收割也主要靠人力,人工收割完了还需晒一天才能捆扎,这样下来,3 个劳力 2 天才能收割完 1 亩地。收割机的效率就高很多,一天能割 20 亩,土地分散的话只能搭着别人的田块一起收割,需要耗费一定的等待时间,连片最大的好处就是能让农户自己迅速完成收割。旋耕机的使用得益于机耕道的建设,双冢村在划片后不久就通过农户自己筹资修建了不错的机耕道,肩挑牛拉、板车堵路的情形一去不复返。

"划片承包"后,农民种田的成本和强度都大大降低,农业的比较效益显著提高,村组内部形成比较均衡的种田格局:家家户户都有 15～20 亩地,基本没有放弃种田的。正常年份,当地的季节性抛荒也不多,种满种足很常见。哪怕是当年的油菜价格大幅下跌,土地对农民而言仍然十分重要,一部分农民尝试稻虾连作,改造农田,第一季种稻谷,第二季养虾。四组 53 岁的王清林,因为妻子腿脚受伤不便,在 2000 年划片时和另外一个农户"合伙分一个坨子",分到了 8 亩地。王清林至今后悔土地太少,他自己家里什么机械都有,种上 50 亩地都没问题,但是"大家都愿意种田,不会有人把田给你"。

机械化之后,农民种田非常轻松。一般农民家庭在农忙之后选择季节性外出打工,增加家庭收入,务农兼业构成当地普遍的农民生计模式。双家村六组的组长范秀芳是个 50 多岁的妇女,她说:"以前种田妇女比较累(要插秧),现在种田都是机械,男的比较累。"机械化的连片作业极大地减轻了妇女的劳动强度,也使得妇女劳动力极大地释放出来,参与到打工经济之中。早几年夫妻两个在农忙之后还会去厦门打几个月的工,现在家里有老人走不开,范秀芳就留在家种田养虾,丈夫农闲时在附近打零工。从她家的收入构成来看,农业收入占到了大半。

土地连片的效应集中反映在老年人和弱势群体之上。今年 66 岁的康培生老人,老伴在市区带孙子,自己一人在家轻轻松松种了 14 亩地。别人说他是"种田当老板",种田过程中全部请机械,自己只简单管理。和自己操作机械的农户相比,虽然成本高些,别人一季稻谷能赚 1500 元,他最低能赚 1000 元,14 亩的话光一季就能赚 1.5 万元,对于老人而言,也不算少。康培生这样的老人在当地并不少见,土地集中连片后,机械的使用释放了这些边缘劳动力。对于老人而言,既能赚钱又能锻炼,种田也是一件美事。

村庄中的弱势群体因为集中连片耕种也受益明显。六组的孙昌芝今年 55 岁,2 个女儿出嫁了,家里还有 1 个婆婆和他们夫妻俩。孙的丈夫 3 年前进行了直肠癌手术之后不能干重活,孙成为家里的主要劳动力,家庭主要收入来源便是自家的 10 亩责任田。为了增加收入,孙将第二季也种上(占 80％)，但是并没有"累"，"就那么一片，一个人就搞得过来"，农忙时叫女婿过来帮忙驾机械，平时管理则由孙自己完成。考虑到今年油菜价格下跌，孙计划将自家的 6 亩田改挖养虾。丈夫大病并没有让孙的家庭陷入赤贫，土地的收入和保障让他们在村子里仍能不失体面地生活。这样的家庭对于土地的依赖性，以及对于土地连片、方便耕种的需求，都是极为强烈的。

由于种田方便和土地收入不可或缺，当地农民对于乡镇推动的大户流转和进社区兴趣极低。农民说："自己种田，既轻松又有收入，为什么要给别人种？为什么要进社区？我们又不傻!"想来，农业生产环境改善了，所谓"无人种田"，其实是一个假问题。对于这个问题，农民远比政府"清醒"。

执笔：郑晓园

农地制度改革中的法律、政治和意识形态

　　承包经营权是村庄成员权的表现,承包经营权是以集体所有权为基础的,村集体将土地分配给本村农民使用。最初承包经营权是债权,不属于用益物权,农民只有自主经营的权利,没有买卖和租赁的权利。后来国家政策要求农地长期不变,不能重新分地,以及村集体权力弱化,不能重新分配农地,特定的地块与固定的农户对应,从村庄内部来讲,农地相当于私有化了。不过,土地真正小农私有是由农业税费取消导致的。在农业税费时期,农民与集体的权利义务关系很明确,农民有使用土地的权利,同时也有使用土地的义务,农民有耕种责任地并且有上交农业税费的义务。最开始的家庭联产承包责任制更多地体现在"责任"二字,这一制度设置将土地管理责任赋予农户,增加了集体收入,提高了集体土地的产量,并且为了激励农户种地的积极性而将剩余索取权分配给农民。

　　在后来的实践中,因为农业税费负担的加重,以及基层政府的腐败,村集体逐渐失去了道义。村集体在国家、社会舆论和学界丧失了合法性和信任,因而国家将农地永佃权给予了农民。将农地永久性地分配给农民的原因主要是学界意识形态和改革合法性的需要,以及当时的种植实践对于重新调整土地的要求不强烈。

　　在税费改革之前,农地是否重新分配主要是一个公平问题,是维持农户之间利益平衡的问题。只有当农户之间的这种利益不平衡影响到了利益受损的农户的生计问题时,才会要求农地重新分配。蕲春县因为人均耕地极少,当时缺乏非农业收入,缺少土地的农民连基本的家庭生存都保障不了,因此,当地县政府就顶着中央的压力而在全县范围内重新分配了

农地。作为公平导向的农地重新调整，在农民非农收入较高的地方就可以不分地，比如沿海地区；在农民农地收入较高，土地的不公平分配没有造成生存危机时农地也可以不分。土地调整作为村集体土地所有权的体现，当村集体权力弱化时，农地分配不了，村集体便无法消化农地调整的利益矛盾。

经济学和法学、政治学这些学科共同要求分掉集体财产，弱化集体权力，强化农民权利。经济学主要借助理性的假设和假设之上的私有制产权制度设计。经济学从效率出发否定集体所有的效率，所以要求减少村集体的土地和资产。与此同时，社会中出现要求减小村集体权力的呼声，想将更多权利分配给农民。分配给农民的权利是集体资产、集体土地、调整土地的权利。

开始时意识形态和法律是匹配的，都是主张保障集体利益，个人的权利是小的，讲个人利益是不符合道义的。当时的说法是重在"责任"二字。集体赋予农民照管田地的权利和责任，个人只有完成好集体的积累以及照看好集体的田地，才拥有获得农田收入的道义合法性，以及看管支配田地的权利。但是当时的实践需要以及改革呼声是要求赋予个人更多的权利以提高农地利用效率的。

到了后来，学界意识形态越来越倾向于个人：中央改革的合法性，不能开历史的倒车，因此土地改革方向只能朝向加强个人权利。中央需要获得农民的合法性认同，将更多的权利、利益输送给农民。因此在农地个人化的过程中，更多的是赋予农民权利且减少农民对农地的义务。意识形态倾向个人，是从两个方面进行的：第一是个人主义，第二是个人利益。中央赋予农民更多裁量权的同时还分配给农民更多的利益，不可避免地弱化了村集体的利益和权力。中央和舆论都把集体当作一个不得不存在的"恶"来看待。因此，政策上总是说尊重农民的意愿和赋予农民更多权利，即使这种说法是违背法律的。

取消农业税，意味着在家庭联产承包责任制中，农民方面的责任和义务取消了,而农民种地的权利没有取消。农民与土地的经济关系转变成了国家通过土地给农民输送利益。

后来国家出台《中华人民共和国物权法》,使得农民具有土地的用益物权,这时候在法律上,农民就不需要亲自承担土地的种植义务。也就是土地作为村集体的所有财产,村集体将土地发包给农民,但是农民这时候就不用承担土地上的任何责任,只有权利没有义务。农业税费取消的是农民种地的义务,物权法是农民可以将土地转租给外村人使用,超越了村集体的范围。

现在进行的土地改革就直接将承包的权利和责任去掉,而只强调农民的土地权利。因此是确定农民的土地承包权,给予农民获得财产性收入的权利。

农村土地使用方式变化:2000 年前,由于缺乏打工机会,农民的收入主要依赖于土地,并且土地主要保障农民温饱。这个时候农地的分配方式主要是要求公平和保障,因此会将土地按照使用条件和地力分给农民。在高阳镇这个地方,将岗地、冲地平均分配下去,农民公平地占有每一种等级的土地,这就使得原先的土地特别细碎。这个时候,农民土地的细碎并不影响土地的耕作。因为当时的水利是集体统筹,农民不需要一家一户灌溉。用水的管理是由集体统一协调进行的,农民主要是进行日常的田间管理,这个时候土地的细碎化并未影响农地的耕种。相反,土地的细碎化有利于土地的集体灌溉,土地插花也建立了农民之间的利益关联以及对集体水利的依赖,这块地可以自己解决水利问题,那块地必须依靠集体水利,这就使得每一个农户都处于整个集体水利系统中,农民就有了维护集体水利运作的动力。土地依据水源、土壤和地形的不同可以分散农民的种田时间,以便分散农忙时的劳动时间,并且可以通过多样化的种植降低耕作的风险。这个时候是水利的集体管理,且农地耕作主要依赖于体力劳动,使得农地特别适合分散的经营劳动。

取消农业税后,集体的水利事业已经不存在了,个人只能靠自己打机井和挖小堰塘来满足个人的水利需求。这个时候田块分散就很难适应个人化的水利要求,因此也是从集体水利瓦解开始,当地出现了自发的农地调整。在个人打了机井后,岗田和冲田的差别也就不是很大了,种田最大的问题已经不是田地土壤的差别,而是田地能否灌溉的差别了,因此农民会愿意牺牲土壤好坏、土地面积而去与别人换地。能否集中灌溉才是主要矛盾,而面积、土壤、地形变为次要矛盾了,因此在这个时候农民愿意牺牲一点利益进行土地连片。

执笔:吴海龙

农地制度创新中的基层组织及其逻辑

张庙村是官垱镇此次"按户连片"工作做得比较扎实的村庄。长久以来,其村级组织对于回应农民生产需求和探索新的农地制度实践,保持着比较高的积极性,积累了相当的经验。

张庙村位于官垱镇西北,版图面积为 3.98 平方公里,以平原地形为主,水利条件一般。张庙村下辖 9 个村民小组,共 258 户,1016 人,总耕地面积为 2507 亩(每亩约 1000 平方米),分为 3086 块。在 1981 年分田到户时,张庙村七组、八组在当时的生产队长张圣银的主持下实行了"划片承包"。以七组为例,共有 13 户,160 亩田,分田到户时每家每户在自家房屋附近分配到连片的承包地。在当时分田到户的浪潮下,此种做法实属少见。七组、八组分田要比其他小组迟一年。当时政策一来,农民一哄而上,趁着秋收抢分,结果就搞乱了。张圣银认为分田需要规划,急不得,就顶着压力让自己管理的七组、八组先完成秋收再统一分配,避开了秋收,就避开了眼前的利益争夺,因为单从田块看不出差异。从一个基层管理者角度出发,张圣银主张划片承包:一是分散种植纠纷多,例如放水、耕牛破坏地界、牲畜吃粮,这些"扯皮拉筋"的问题需要借机解决;二是要考虑农民种田方便,农民自己也希望成片种植,这样好管理,节省体力。

张庙村"划片承包"的基础性条件较好,土地较为平整,水源条件不像双家村那样差,但是这项工作的难度仍然很大,因为当时农民靠土地吃饭,对土地质量的差异很敏感。七组、八组的成功主要取决于"做工作"。张圣银说其实不难,关键在于先统一规划,再宣传动员,最后再施压。"统一"这点非常重要,统一规划就能保证农民的基本公平感。当时的统一分配方案为按居住地就近划片,每片地块尽量兼顾好坏。在此之后,充分动员宣传，当时的宣传有两个要点：一是宣传集中连片好，好耕种、好管理，不用"拉犁到处跑"，也不会"扯皮拉筋"；二是宣传土地差异不要紧，"田是一块土，全靠自己扶"，"自己下肥、管理、改造，只有年把区别"，"越是坏田，越有潜力"。宣传之后，获得了绝大多数农民的支持。这样剩下的1～2个"钉子户"，采用集中施压的方式，因为有大多数人的一致意见、组长的施压等，解决起来也并不麻烦。

七组、八组划片承包之后，农民种田比较方便，并对其他村民组形成示范效益。村民为了自己用水和种田的方便，自发调换土地很是频繁。2003年，镇里组织学习双家村经验，以及2004年，完善二轮延包时，张庙村又借机进行了其他村组的"划片承包"，新涵盖了一、四、五组。这个时期，基层组织调整土地的动力来自解决公共品供给难题和抛荒地问题。一方面，基层水利体系趋于瘫痪，村集体管理功能不断弱化，无法满足农民对生产服务的需求；另一方面，分散经营困难、生产费用高的现实极大削弱了农民农业生产的积极性，许多农民抛荒外出务工。"划片承包"满足了农民个体化自主经营的需求，具有比较好的民意基础。因此，一旦村干部积极牵头，主动作为，就能取得比较好的效果。那些划片效果较差的村组，主要跟干部不得力有关。

2015年，沙洋县在农地确权政策实行时推广"按户连片"实践，整体的原则是"以经营权流转为主，以互换为辅，不得打乱重分"，要求户均土地不得超过2片。实际上，经过前两次土地调整，加上农民的自发调整，到2014年，张庙村的连片率已经达到了60%，普遍的情形是每家拥有3～4片土地。一方面，村集体推动的或者村民自发的连片实践已经基本饱和，剩下没有连片的土地或者生产条件太差或者协调成本太大；另一方面，农户在自发集中的土地上一般都进行了基础设施投资（机耕道、堰塘、沟渠、机井等）和生产环境改善，机械使用率较高，种田难度降低，而其他分散的土地量不大，并不影响整体，加上"自己的田已经种习惯了"，农民对新一轮连片集中的需求没有2000—2005年强烈。换而言之，土地从绝对分散到相对集中容易,而从相对集中到更集中困难。这也就意味着,新一轮的改革需要更大的福利增量或者组织动力才能撬动。福利增量表现为农民对土地整治的呼声,农民普遍希望来一次大的土地整治,把土地推平整,并且更加完善基础设施,还表示,土地整理了才能重新连片。组织动力主要指基层组织的组织动员能力,而基层组织的改革动力显然是不足的。

2015 年的"按户连片"集中虽然是县政府推动的,但是主要责任主体在于基层组织。县里主要通过行政压力督促乡村两级完成连片工作,并且只提供为数不多的确权工作经费。一方面,现有农地利益格局难以撬动,另一方面,压力性体制逼迫乡村两级不得不去推行。官垱镇相比其他乡镇还有不同,它的中心工作在于推动"四化同步"工作,其中之一就是要求土地流转给大户,保证农民种田的"按户连片"集中对其而言意义不大,只是一项行政工作。乡村两级在这次改革中积极性不足,最终达成一致,普遍选择了消极作为。

张庙村在"按户连片"集中改革中,主要的做法是推动经营权流转再加上少量承包权互换,村委会的角色是作为流转合同见证方。合同按照县里的要求签到 2028 年,期间流转价格由农户自发协商。本质上,这项改革实际是阶段性的生产关系变革,为的是保证阶段内以农民为主体的农地经营格局。而在乡村两级看来,这项工作与土地向大户流转并无冲突。张庙村书记坦言,大户流转是趋势,大户比散户要好打交道,现在的"按户连片"就是为下一步的大户流转做准备的。乡村两级也在积极引进资本下乡以规模化流转土地,张庙村现在的流转土地规模还不大,共计200~300 亩,涉及两家合作社。

如果将张庙村的土地调整看作农地制度实践创新,不难发现基层组织在农地制度创新中的重要意义。在土地集体所有制的框架下,基层组织具有超出分散农户的统合功能,能够随着农业生产力、生产环境的变迁进行适应性地调整、理顺生产关系,由此在总体农地制度稳定的格局下保证一定的弹性空间，这赋予了小农一定的自由生长的空间。在"划片承包"改革中，基层组织的动力虽然来自通过集中连片实现农民个体化经营以摆脱集体管理的困境，但是基本立足点仍在于满足农民农业生产的需求，是农民本位的。从这个基础出发，"划片承包"工作的成败主要取决于基层组织的动员能力和工作方法。新一轮的改革实践中，基层组织积极性不足，不仅仅是既有利益格局的阻力，深层次的原因在于基层组织的动力机制已经发生改变。税费改革以来，与基层组织权力弱化相伴随的是，基层组织越来越行政化，它们的行政动力逐渐强于内生动力。一方面向乡镇中心工作看齐，一方面逐渐被国家政策话语所主导。所谓"大户流转是趋势"，在此认知之下，基层组织不自觉地充当了改造农业生产主体的先锋。当前农村普遍的情形是：小农、中农和大户形成了一定的均衡状态。在资本面前，小农和中农本就处于弱势地位，如果政府再对资本予以支持和推动，无疑是压缩他们的生存空间。农民以土地为生，对农业有预期的现实，故而提醒政府和基层组织需要充当农民的保护者。基于此，"按户连片"改革需要防范资本下乡的侵蚀，政府与基层组织应当重新回到农民本位，并在此基础上积极主动作为。

执笔：郑晓园

村干部要公平公正"有杀气"

现在农民种田最大的困难就是地块小、不连片且没有机耕道。老山村十三组的郭升新有 17.25 亩田,总共 20 块,分布在 8 片,最小的是 2 分田,最大的一块是 1.88 亩。老山村的一个 66 岁的老人,家里有 10 亩田,有 15 块,最小的是 2 分田,最大的是 8 分田。地块小、不连片和不通机耕道,机械化作业程度低,打田、施肥、打药、灌溉、收割等农业生产环节就要肩挑人扛,农民种田不仅要流汗流泪甚至流血,由于过水过田而打架的纠纷并不鲜见。农民现在最盼望的是小块并大块、土地连片和水电路基本生产设施的配套,但是土地细碎化的治理和水电路公共品的供给又面临着很大的阻碍。在完全依靠自愿的前提下,只要有一户农户不合作,不愿意让地,土地连片和修机耕道等就搞不成,所以桥河村陈书记为此感慨:"村干部要公平公正'有杀气'。"

桥河村五组的土地分散,且没有机耕道,绝大部分村民都愿意土地连片,但前提是要村里给修两条机耕道,田里都能进机械后才愿意换地,因为有了路,离家远近就不是问题了。村干部的回应是:"修机耕道需要占地,看你们愿不愿意给地,村里没有占地补偿。如果愿意拿地,村里可以出钱帮修路。"有一片土地有 100 亩,涉及 15 户,需要修一条 4 米宽、400 米长的机耕道,需要占 7 户人的土地,有 4 户都爽快地答应让地,还有 3 户不同意占地。这三户的情况如下。

第一户是张某,村会计的侄女婿,他在那片只有 2.9 亩地,但是修机耕道就要占 200 平方米,他觉得自己吃亏了,不愿意让地。他的工作就由村会计去做,村会计通过私人关系直接给他下命令,不得耽误公益事业。最后张某只提出一个小要求,就是让村里在机耕道下埋根涵管,花了 50

元。

第二户是一个尿毒症患者，自己不能种地，把地流转给其他人耕种，所以修不修机耕道对他来说无所谓。他在那里只有 8 分田，修机耕道就要占 100 平方米，不愿意让地。村里给他反复做了 4 次思想工作才做通，到第 3 次时，他才吐露心声，不愿意让地修机耕道的根本原因是和本组的雷某有矛盾，雷某在那片的地较多，不想修好机耕道让他种田方便。了解到真实原因后，村干部做思想工作就能对症下药，给他讲道理，修机耕道不是为了他一家，而是为了大家的方便，第 4 次时他就同意了。

第三户是和尿毒症患者有矛盾的雷某，他是 20 世纪 90 年代从长阳县迁到本组的外来户。他想让村里把机耕道修到他家门口，才同意让地，但是他组里的另外 14 户极力反对。村干部去做了几次思想工作都不通，眼看着就要成功的公益事业因一个"钉子户"就要泡汤了，其他组员情绪都很失落。治保主任对村书记说："陈书记，你们先出去。"然后把雷某关在屋里，治保主任威胁他说："修建机耕道是为大家的利益，不能因为你个人的利益损害大家的利益，你不同意也要修建机耕道。你要是去上访的话，你就回你长阳老家去。"站在一边的群众拍巴掌说："说的对！"在村干部的强硬态度下，在群众的支持下，雷某不好意思坚持不让地，只能同意了。这样机耕道就修建好了，土地也连成片了，大家都受益，最终达成帕累托最优的结果。

无独有偶，吴海龙在高阳镇调查发现："农村工作需要强势的道理加强势的人。"冷波和雷望红在毛李镇调查也发现，"农村工作要讲狠"，这次土地按户连片耕种工作做得好的都是村干部强势的村庄，村干部是否强势就决定了是否是少数人决定多数人。村干部比较强势，能够充分动员群众，就能制服少数"钉子户"，就能实现大多数人的利益，少数人服从多数人；反之，无法克服少数"钉子户"，哪怕是一户不合作，公益事业也无法达成，最终就是少数人决定多数人。

那么为什么村干部在公平公正的同时，还需要"有杀气"？公平公正在前,"有杀气"在后,村干部强势或"有杀气",并不是村干部滥施淫威,而是为了公益事业的推进,获得了绝大多数村民的认可。贺雪峰教授曾用"动员型民主"和"分配型民主"来区分集体行动的类型,成都市向每个农村社区输入 30 万公益事业专项资金,关于该资金的使用与分配按照民主表决的程序实行多数表决原则,就属于分配型民主,追求的是程序正义,只要大多数人同意,就可以有效执行。但是对于"一事一议"项目以及村组内修机耕道等需要成员集资或让渡部分利益来达成集体行动的,就属于动员型民主,追求的是实质正义,即使按照程序实行多数表决原则通过,但是表决的结果无法对少数"钉子户"产生强制约束力,为达成集体行动,就需要充分动员、解决"钉子户"问题。

土地按户连片耕种工作,将农户分散的土地集中连成片,抽象地说土地连成片,没有农户不愿意。因为土地连片后,机械化作业水平提高,耕种成本和劳动强度降低,灌溉也不用扛着管子到处跑,过水过田纠纷减少,农户可以自由自在地轻松种田。但是没人不同意的好事,为何做起来那么难?因为这涉及村组利益结构的调整和再分配,会触动少数既得利益者的权益,如少数已经自发互换成片的,或者已经对田地做了基础设施投资的,或者现在的田水源好、靠近路边又离家近,担心分到比较差的一片田,再或者修机耕道需占自家的地等。虽然村组所有成员都从土地连片和修机耕道等改善农业生产条件中获益,但是每一个成员从这个过程中获益的程度不均衡,修路占地等义务的分配也不均衡,就会使得少数农户产生"相对剥夺感","钉子户"是客观存在的。

由于《中华人民共和国农村土地承包法》和中央政策规定集体不得调整土地且不得预留机动地,李昌平所说的"结平衡账"在村组集体内部就无法实现。在 20 世纪八九十年代,由于集体可以调整土地,土地作为一种资源能发挥治理功能,通过土地来平衡集体成员之间的权利和义务关系,能够"结平衡账"。例如每户出义务工不平衡,可以通过集体分配河工地来平衡,也可以采取"动账不动地"的方式。挖沟修路等公益事业占地,就可以通过机动地来补偿等。但是现在没有外部制度支持，村组内部无法通过土地在集体成员之间"结平衡账"，为了推进村组公益事业的完成，村干部是否强势以及群众有没有被充分动员起来，就决定了在动员型民主体制下集体行动秩序能否达成。

桥河村书记说："村干部要公平公正'有杀气'"，治保主任在小组成员的支持下对"钉子户"先礼后兵，道理讲不通只能吓唬，否则土地连片就搞不成。毛李镇李场村六组的一个党员在会议上说："这个事情已经搞起来了，就是搞死人，也要搞下去。"一个 70 岁的老人在户主会上说："土地连片，你们谁敢反对，我就把谁的桌子给掀了。"当党员和群众被充分动员起来后，群众有温度，干部就有力度，事情就搞得成。相反，在农民有同样土地连片的强烈需求下，村干部有压力无动力，群众没有动员起来，村干部不强势，事情就无法推进。

村干部"有杀气"并不合法，根源在于制度性强制手段的丧失，只能借助私人暴力化解集体行动困境。正是因为这个意义，农民说："中央不仅要给我们钱，还要给我们权。"农民有小私心，心里却念连片的好。农民在等待大政策，等待中央的大政策！

执笔：张雪霖

被迫关机的手机

在这个通讯发达的社会,人们的生活早已离不开手机,习惯早上睁眼看看手机,晚上睡前刷刷微信。哪有人会故意把手机关机,不想与人联系,过着与世隔绝的枯燥生活。但就在落实按户连片耕种工作的这几个月里,湖北省沙洋县十里铺镇光华村的王运厚书记就经常关机,他不是因为怕群众找、村民闹,而是为了能全神贯注地工作,保证工作的进度和准确,切实为老百姓服务好。

按户连片耕种是沙洋县在开展农村土地承包经营权确权登记颁证工作中,在完成上级"规定工作"的基础上,主动作为、勇于创新、敢于担当,在全国全省首开先河的"自选动作"。按户连片耕种是在落实土地集体所有权、稳定家庭承包权的前提下,以灌溉水源为基本参考依据,由村委会领导,充分尊重农户的意愿,通过村民小组内部的经营权流转、承包地重分和承包权互换三种方法,使农户耕种的土地连成一片、最多不超过两片且"不插花",在每户耕种土地面积基本不变的条件下,实现农户对土地最大规模的经营。这项工作的意义特别重大,能在很大程度上解决农民土地细碎化和分散化的问题,便于使用机械,降低劳动强度,提高耕种效率,极大地改变农民种地难的现状。

就是这样一件给农民带来切身利益的事情,实际做起来却是很难的,需要从上至下,各级的配合和努力,特别是村干部的积极推动和认真负责,这样也就有了本文开头提到的那一幕。

首先,村干部要对全村的土地情况进行摸底,准确地绘制全村各组的土地分布图。其次,要进行一系列的宣传和入户调查,对每个村民讲解按户连片耕种政策的好处等。最重要的就是要思考具体工作方案,根据土地分布情况，如何通过流转、互换等使村民的土地连成一片。这项工作特别复杂、难做，要不断地与群众打交道，跟他们解释和调解。

国土部门提供的土地图纸特别小，只有 8 开，上面密密麻麻地布满了光华村 737 户的土地，每家的田块大小不一地分散在各处，书记带着老花镜，给我们看标着数字的每户的土地，我们只看了一会儿，眼睛就是花的。书记说，每次整理填写农户田块信息采集表时，他都要把手机关机，十分小心地确认每一户的土地情况，这是不能出一点儿差错的，土地是农民的命根子。我们翻开一摞信息采集表，看到一个叫闵应康的农民，他是十三组的，他有 29 块田，共 17.5 亩，小的只有 0.4 亩，大的有 3.2 亩，这么分散细碎的田块，王书记碰到的很多，他都是一块块地反复确认后才填写。

他说开始做这项工作时，突然接到一个电话，处理好电话里的事情后，再来填写和绘图时，要重新找很久，根本都不知道刚刚进行到哪里了。就是这样，他养成了关机后全力以赴工作的习惯。但是作为书记，他还有很多事情要做，村民经常要找他开证明、问政策、处理事情等，如果不能及时地找到他，往往要耽误事，也有很多人认为你一个书记，平时连人都找不到，那有什么用啊……被逼的没有办法，他只好白天和其他 2 个干部一起处理日常工作，晚上吃完饭后，从 8 点开始加班加点地工作。

老花镜一戴，仔细地回想每户的土地位置，在图上找出并标记，再思考附近地块每户的土地情况和相互之间的交往关系，看有没有可能进行调整，以实现连片。经常搞完就半夜了，农忙时第二天早上还要早起去自己田里打药。从 2015 年 6 月份开始确权工作以来，他没有哪天晚上不加班，他既是村干部，也是农民，这两重身份让他完全没有休息的时间，满负荷工作，承受着普通人想象不到的压力。

书记说，虽然工作不好做，因为有些农民不太了解政策，接受这个事情有一个过程，但是自己还是要通过不断地做工作，把不自愿变成自愿的事情。如果能在自己手上，让更多的土地连片，造福更多农民，那也是自己的愿望。在我们结束访谈时，书记还在继续给几户农民进行调解，以更好地达到连片耕种的效果。

农地细碎化治理涉及复杂的利益协调问题,稍有理性的人都不愿意推行这个工作。从村干部工资来看,如此多的工作量也是不匹配的。在沙洋县按户连片耕种的热闹图景中,基层干部默默无闻,不分昼夜战斗在第一线,是农民真正的公仆。我们被这群人感动着。

执笔:杨春滋

附录1 关于按户连片耕种模式的部分领导批示

1.2015 年 10 月 21 日,原农业部副部长陈晓华对《农民日报》刊发的《湖北土地确权"沙洋模式"调查(上、下)》作出重要批示:"请红宇同志阅研关于湖北农户互换土地连片耕种的两篇报道。对农村调地,不同的情形应有不同的政策。对干部收地打乱重分要禁止,对农民自愿调整解决人地矛盾可允许,对农民协商互换连片耕种应鼓励。如果在确权登记中既完成规定动作,解决面积不实、四至不清、账簿不全等问题,又有自选动作,解决承包地'细碎化'问题,就是一大创新和又一成果。在强化对农户承包权益保护的同时,又适应了规模经营和现代农业发展。关键是要依靠群众,让农民做主。可派人作一专题调研。"

2.2015 年 11 月 13 日,经管司司长张红宇对《关于湖北沙洋在确权登记工作中推行"按户连片"耕种的调研报告》作出重要批示:"陈部长:根据您的批示精神,司里最近专门去沙洋县进行了调查。'按户连片'在农区是有推广价值的。"

3.2015 年 11 月 13 日,原农业部副部长陈晓华对《关于湖北沙洋在确权登记工作中推行"按户连片"耕种的调研报告》作出重要批示:"调研报告把问题讲清了,报韩部长阅。"

4.2015 年 11 月 28 日,原农业部部长韩长赋对《关于湖北沙洋在确权登记工作中推行"按户连片"耕种的调研报告》作出批示:"探索有益,可发简报,注意总结。"

5.2015 年 12 月 15 日,原农业部反馈消息,中共中央政治局委员、国务院副总理汪洋对土地确权"沙洋模式"作出重要批示。

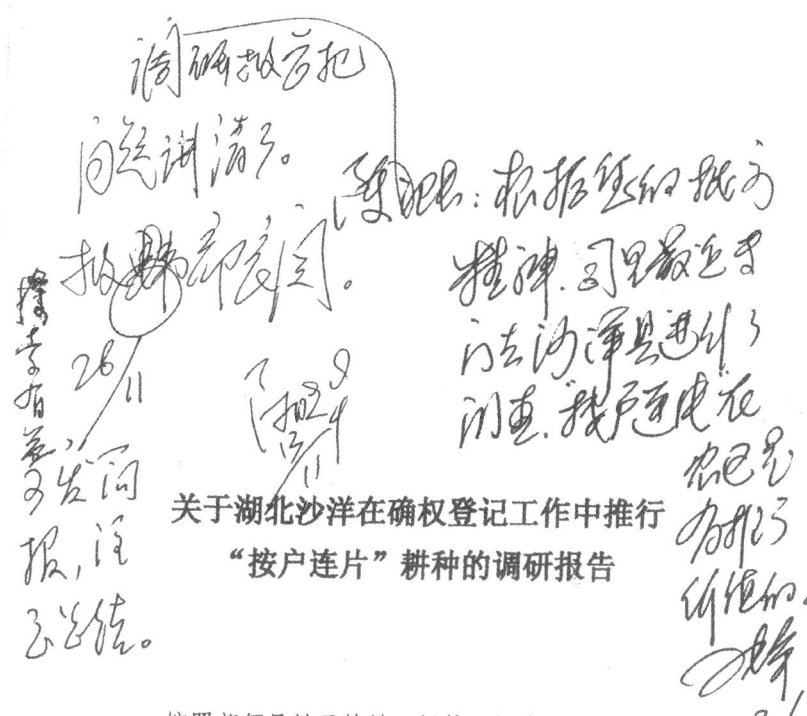

关于湖北沙洋在确权登记工作中推行
"按户连片"耕种的调研报告

按照部领导批示精神，经管司组成调研组，于 11
月 5 日至 9 日对湖北省沙洋县推行"按户连片"耕种模
式进行了调研。调研组听取了沙洋县政府及相关部门的
汇报，深入三坪村、鄂冢村、马新村、童沙村等实地了
解情况，并召开农民座谈会，对乡镇村干部进行约谈。
总体看，沙洋县在积极推动确权登记工作的同时，抓住
时机大力推行"按户连片"耕种模式，深受农民群众拥

6.2015 年 11 月 21 日,湖北省省委书记李鸿忠对华中科技大学中国
乡村治理研究中心课题组撰写的《破除土地细碎化,优化家庭承包经营》
作出重要批示:"请昌尔、振鹤同志阅。"这是省委书记李鸿忠第 3 次对土
地确权"沙洋模式"作出重要批示。

7. 2015 年 11 月 23 日,湖北省副省长任振鹤对华中科技大学中国乡村治理研究中心课题组撰写的《破除土地细碎化,优化家庭承包经营》作出重要批示:"'安徽凤阳有承包,湖北沙洋有创新'。沙洋县在本次确权登记颁证中,充分发挥群众的创造精神,破除土地承包地细碎化问题的经验值得总结借鉴,已与省农业厅商定,在第一批确权结束后,结合第二批部署,将其作为内中一模式予以肯定。感谢华中科大乡村治理中心对湖北三农的关心和支持。"

请昌尔、稻秘阅同。
11.21

破除土地细碎化,优化家庭承包经营

——湖北沙洋县土地"按户连片"确权办法与启示

华中科技大学中国乡村治理研究中心课题组

尊敬的李鸿忠书记:

当前科技进步推动生产力发展以及新型城镇化带动农民外出,使得农业经营中承包地细碎化弊端凸显,不仅影响资源使用效率和现代农业发展,而且影响政治社会稳定。2015 年 9 月,华中科技大学中国乡村治理研究中心组织 20 多名师生到湖北省沙洋县的八个乡镇进行了为期半个月的全面调研,主要调研了沙洋县土地确权实践中探索推动的"按户连片"集中耕种,以破除土地细碎化的经验。我们认为,沙洋经验具有普遍意义,值得总结,可以为全国农村完善本轮土地确权工作提供经验参考。

中共湖北省委督查室
2015 年 11 月 21 日 548
送昌尔书记、转省政府

省委领导批示转阅单

来文单位	华中科技大学	批示编号	鸿忠第 3939 号
收文时间	2015 年 11 月 21 日	转阅编号	转字〔2015〕548 号
内容	中国乡村治理研究中心课题组《破除土地细碎化，优化家庭承包经营——湖北沙洋县土地"按户连片"确权办法与启示》		
领导批示	11 月 21 日，李鸿忠同志批示：请昌尔、振鹤同志阅。		
处理意见	转请省政府政务督查室呈报振鹤同志阅。		

注：省领导所有批示，请处理结果反馈省委督查室。
联系人：马小明　83397017　13791010727

　　8. 2015 年 10 月 22 日，湖北省副省长任振鹤对《农民日报》刊发的《湖北土地确权"沙洋模式"调查（上、下）》作出重要批示："'逼出来的耕种'是新时期沙洋百姓探索出来的一种适度规模经营、释放农村经营活力的'种田模式'和'经营方式'，较好地解决了农村承包土地'分散化''细碎化'的问题，对于当前转变农业发展方式、降本增效、规模经营将起到十分重要的作用。请省农办、省农业厅认真总结、合理引导、加以完善。"

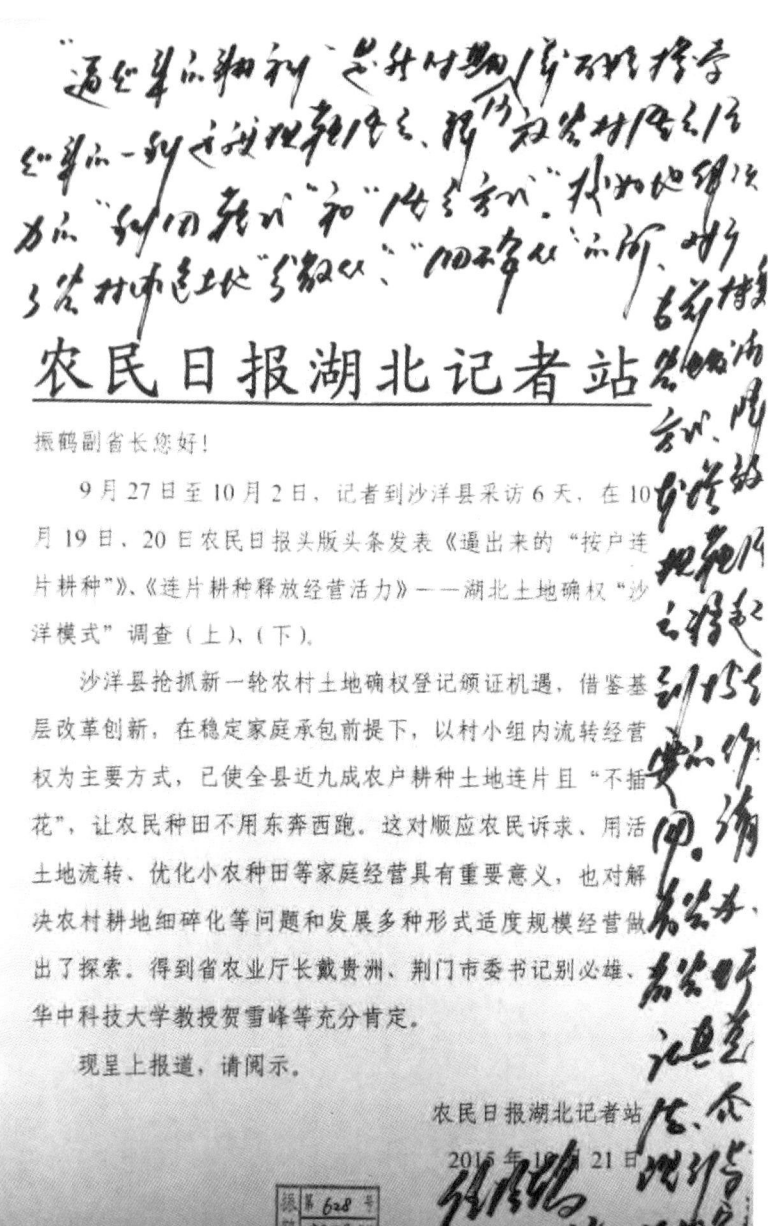

农民日报湖北记者站

振鹤副省长您好！

9月27日至10月2日，记者到沙洋县采访6天，在10月19日、20日农民日报头版头条发表《逼出来的"按户连片耕种"》、《连片耕种释放经营活力》——湖北土地确权"沙洋模式"调查（上）、（下）。

沙洋县抢抓新一轮农村土地确权登记颁证机遇，借鉴基层改革创新，在稳定家庭承包前提下，以村小组内流转经营权为主要方式，已使全县近九成农户耕种土地连片且"不插花"，让农民种田不用东奔西跑。这对顺应农民诉求、用活土地流转、优化小农种田等家庭经营具有重要意义，也对解决农村耕地细碎化等问题和发展多种形式适度规模经营做出了探索。得到省农业厅长戴贵洲、荆门市委书记别必雄、华中科技大学教授贺雪峰等充分肯定。

现呈上报道，请阅示。

农民日报湖北记者站

2015年10月21日

9.2015年10月22日，湖北省副省长任振鹤对国家统计局湖北调查总队《湖北调查报告》刊发的《土地划片承包集中连片耕作的做法值得推荐——沙洋县三坪村土地流转新模式调研报告》作出重要批示："三坪村

'集中连片'耕作的改革创新精神,应予肯定。这是新时期三坪村民探索出来的一种适度规模经营、释放农村经营活力的'种田模式'和'经营方式'。较好地解决了农村承包地'分散化''细碎化'问题,对于转变农业发展方式、减本增效、规模经营、促进增收将起到十分重要的作用。可发各地参阅。"

内部资料
注意保密

湖北调查报告

第30期

国家统计局湖北调查总队　　　　　　　　　2015年10月15日

土地划片承包集中连片耕作的做法值得借鉴
——沙洋县三坪村土地流转新模式调研报告

【内容提要】　目前,农村土地"分散化、碎片化"的问题比较突出,制约了土地规模经营和生产力的释放。如何破解这一难题,荆门市沙洋县毛李镇三坪村的做法值得借鉴。近日,国家统计局湖北调查总队组织专班,结合"三严三实"专题教育,到该村作了一次深度调研。

10.2015 年 10 月 28 日，湖北省农业厅党组书记、厅长戴贵洲对《经济要参》刊发沙洋县《土地确权"沙洋模式"解析》作出重要批示："在土地确权登记颁证工作中，沙洋县积极探索、大胆创新，为解决农户承包地'碎片化'问题做了有益的尝试，其模式具有借鉴意义。"

本期特稿 / 土地确权"沙洋模式"解析

在土地确权登记颁证工作中，沙洋县积极探索、2015 大胆创新，为解决农户承包地"碎片化"问题做了有益的尝试，其模式具有借鉴意义。

戴贵洲
10.28.

土地确权"沙洋模式"解析
——湖北沙洋首开全国先河整县推进按户连片耕种的实践思考

杨宏银

安徽省小岗村的"家庭联产承包责任制"改革实践探揭开了中国农村改革的序幕，但远不是"句号"。随着现代农业的发展，以距离远近、土质肥瘦、水源好坏搭配给农民的土地"分散化、碎片化"的弊端日益显现，其导致"两个矛盾"日益突出：一是因其"分散化"致使农业用工需求刚性化，不适应农村青壮年劳动力减少的客观实际；二是因其"碎片化"，不利于农业机械化程度的提高，制约了先进生产力的发展。

沙洋县根据中央和湖北省、荆门市的安排部署，在完成土地确权登记颁证这个"规定动作"的基础上，在全国首开先河，整县推进"按户连片耕种"这个"自选动作"。自 2015 年 5 月 28 日启动至 2015 年 9 月 30 日，通过县委、县政府的强力推动，全县连片面积 84.14 万亩，总体连片率已达 89.53%，农村大局十分稳定，人民群众特别拥护，社会反响非常之好。《人民日报》、《光明日报》等数十家媒体、网站作了推介，成功地探索出了土地确权的"沙洋模式"，为全国解决土地"分散化"、"碎片化"做出有益的尝试。

一、土地确权"沙洋模式"的

基本内涵

"沙洋模式"可归纳为"确权带连片；三稳定，一调整，两集中"。

"确权带连片"是指顺应农民作为，勇于担当，与土地确权同步部署"按户连片耕种"。所谓"按户连片耕种"是在落实土地集体所有权、稳定家庭承包权的前提下，以灌溉水源等为基本参考依据，由村委会领导，充分尊重农户的意愿，通过村民小组内部的经营权流转、承包权互换和承包地重分三种办法，使农户耕种的土地连成一片，最多不超过两片且"不插花"，在每户耕种土地面积基本不变的条件下，实现农户对土地最大规模的经营。

"三稳定"指家庭承包方式、面积、期限稳定。

"一调整"指农户经营的地块调整。

"两集中"指经营权连片且不插花向单个农户集中，向新型经营主体集中。

二、土地确权"沙洋模式"的主要特点

（一）实践创新是源泉

1. 样本创新。在 2015 年之前，沙洋有不少的村均不同程度地开展过按户连片

11. 2015 年 11 月 25 日,湖北省农业厅党组书记、厅长戴贵洲对土地确权"沙洋模式"作出重要批示:"同意所拟。务求于明年四月底以前召开现场会议。"

湖北省农业厅收文处理单

来文单位	省委督查室	文号	鸿忠〔2015〕39 39号
收文日期	2015年12月4日	收文编号	收文 2015 0794
文件类型	办件	紧急程度	一般
办理期限	2015年11月24日	联系电话	87875129
文件标题	省领导在《破除土地细碎化,优化家庭承包经营—湖北沙洋县土地"按户连片"确权办法与启示》上的批示		
正文	省领导在《破除土地细碎化,优化家庭承包经营—湖北沙洋县土地"按户连片"确权办法与启示》上的批示.PDF	6.10M	预览
拟办意见	呈戴厅长、涂厅长阅示,拟请经管局阅办。 吴刚		
领导同志批示	同意所拟。务求于明年四月底以前召开现场会议。 戴贵洲 2015-11-25 请经管局在筹备推进适度规模经营现场会时落实好任省长批示精神。 涂胜华 2015-11-24		
承办单位办理情况			

整理:杨宏银

附录2　访谈笔记节选

访谈 1

访谈对象:雷阳高(60 岁,三坪村四组人,在 2000 年"划片承包"时期担任村干部)

访谈地点:沙洋县毛李镇三坪村

访谈时间:2015 年 4 月 26 日上午

问:你承包了多少田? 家庭情况是什么?

答:我承包土地 11.73 亩。我家庭情况是我们夫妻俩在家种地。我有 2 个儿子,一个儿子在家里种田和做农机手,一个儿子硕士毕业在重庆环保局工作。除了种承包田,我还种植邻居的 10 亩土地,就在我的田边,邻居跟着儿子进城了。

问:你所在的片有多少农户?

答:8 户,一共有 90 亩地,根据水源不同又分为两个小片。

问:水利灌溉条件如何?

答:4 户用水库水源,另外 4 户用堰塘水源。后面 4 户,其中有 2 户有小堰,另外 2 户共用一个大堰塘。8 户共用一口大机井,这是 8 户联合投资的。土地连片后方便打机井,合作打机井可以节约投资成本。这口大机井是 2005 年修建的,共花费 13000 元,水泵功率 4 千瓦,1 个小时耗 8 度电。打大机井的原因是,2004 年大旱,堰塘水抽干了,打大机井才能抽到水。打大机井后,我没有为水利灌溉操心。前年春旱,我们 8 户轮流抽水,8 户轮流义务性充当管水员,也就是"片长",负责日常性的设施管理。

农户抽水自觉地把电表读数写在旁边,按照电表读数收取水电费。

问:机耕道如何修建?

答:修建机耕道只占用个别人的土地,需要通过土地调整均摊成本。1997 年因为国家政策规定"大稳定、小调整",土地无法调整,无法均摊占地面积,机耕道没有修建成功。2002 年"划片承包"时,村集体把土地收起来,留出 3 米宽的机耕道面积,再将剩余的面积分给农户,修建机耕道就不需要占用个人农民的土地了。划片后,由同一个大片的农户共同出工修建机耕道。

问:"划片承包"前后有什么不同?

答:四组水源条件不好,漳河水库的水放不下来,我们主要用郭山水库和合议水库的水源。集体统一抽水时,大家责任心不足。因为渠道没有硬化,为了防止漏水和偷水,一个村民小组需要 30 个劳动力去守水,一个人管几个口子。一些农户说干脆划片算了。划片之后,兴起了农田水利建设的高潮。农户各自改造老堰塘,打机井改善水利灌溉条件,不再使用水库水源。村集体统一修建主机耕道后,片内农户合作修建分机耕道。

问:四组基本情况是什么,四组农户对"划片承包"的态度是什么?

答:四组一共有 32 户,276 亩田。我们分为 4 个大片,按照水系一个大片 8 户,内部再商量分片。四组是水源条件最差的组,村干部比较操心。"划片承包"之后,农户土地分到一片,矛盾纠纷减少了,农民也不找村干部了。农民个人打井挖堰,不争水争路。农户对划片承包的态度是,农民都愿意,因为便于抽水,有利于机械化,也好管理。比如我每天早晨要去看田,土地分散的时候,我要花费一早上的时间,土地集中后,我很快就看完了。

四组只有 1 户农民不愿意"划片承包"。他原来有十几亩土地,2002 年土地重分之后,他少了几亩土地。我和杜书记给他做工作,开始他不愿意抓阄,最后剩下的一个阄还是归他了。现在附近的合议村农户羡慕我们搞了"划片承包"，合议村分田到户后都没有调整土地，也没有"划片承包"，现在水利灌溉条件很差，每年因为过水过路产生很多矛盾和纠纷。比如，一块田没有机耕路时，机械只能从别人的土地里过路，当别人田里稻谷还没有成熟时，就很麻烦，很容易产生纠纷。

问：片内农户的关系怎么样？

答："划片承包"后便于农户之间的合作。片内农户互相串工（帮工），播种、栽秧和拖谷等都会相互帮助，就像是"互助组"。片内关系都很好，在哪家帮忙就在哪家喝酒吃肉，长期互助合作的结果是形成好的关系。

访谈2

访谈对象:赵协力(48岁,三坪村六组小组长,六组是20世纪60年代丹江口水库移民)

访谈地点:沙洋县毛李镇三坪村

访谈时间:2015年4月27日上午

问:你个人收入来源是什么?

答:自己承包地8亩,2个农户将土地流转给我,我现在耕种土地约有20亩。我还兼任平安保险的乡镇代销员。

问:六组"划片承包"概况?

答:2003年六组(有)34户,300亩田,按照水利条件分为7个大片。以前分田时全组土地分为7个位置,差田都不想要,好田大家都想要,家家户户在这7个位置都有田。当时推行"划片承包"不难,原因是2002年稻谷价格4毛钱一斤,农业税费约200元一亩,粮价低,税费负担重。土地多分点、少分点,农民都不计较。

问:为什么推行"划片承包"?

答:"划片承包"后好管理,水利条件改善,又修建了机耕道。划片之前,田东一块西一块,堰塘无人管理。六组水源来自合议水库,需要三级提水,干旱时,合议水库没有水就从郭山水库调水,存在渠道跑漏和沿途偷水的问题。农户一天到晚扯皮,抽水、过路、干旱都要找村干部。划片之后,田块一般均(布)在堰塘周围,几户共同使用堰塘,划片之后扯皮非常少。现在当村干部劳动强度低,不需要管理农业生产,主要任务是发放农技小报、收各种保险。

问:六组划片承包容易吗?

答:六组比其他组更容易。六组80%以上是姓赵的,不是杂姓,我把每一个小家族的代表请来商量如何划片。先把全部土地收归集体,按照人口均分,如何操作,先对每一个地块进行丈量,后评级(打折),再确定划片(一个堰塘,管理哪些土地),再抽签确定哪一个农户分到哪一片的哪一块土地。

问:片内农户之间的关系怎么样?

答:我所在片有5户,我们都是亲戚关系。有2个堰塘,共同使用,5户在播种、插秧和割谷时相互帮助。"划片承包"时考虑到父子合作或兄弟合作,规定父子或者兄弟可以只抓一个阄,这样土地可以分在一片。我和兄弟的田在一起,方便合作。今年我们一起插秧,我们两家有4个劳动力,1个抛秧,1个挑秧,2个补秧。

整理:夏柱智、王海娟

附录3　关于按户连片耕种座谈会

时间:2015年9月8日

地点:华中科技大学东七楼

参与人:沙洋县杨宏银副县长、沙洋县经管局陈春生局长、华中科技大学中国乡村治理研究中心全体研究人员

全党动员,全民动手,实现连片耕种

沙洋县按户划片耕种工作全面推开之际,2015年9月8日下午,沙洋县主管该项工作的杨县长与华中科技大学主管中国乡村治理研究中心的师生进行了座谈。作为沙洋县开展的一项重大探索,杨县长介绍了沙洋县如何动员基层党员干部,带领群众做连片耕种工作,改变传统的细碎化和分散化的生产条件,下面所录是这次座谈会的主要内容。这个过程与20世纪50年代中期的农业合作化运动相似,将农民组织起来改变看似不能改变的生产条件。正如毛主席当时所加的按语:"'鸡毛不能上天'这个古代的真理,在社会主义时代,它已经不是真理了。穷人要翻身了。旧制度要灭亡,新制度要出世了。鸡毛确实要上天了。"

一、按户连片耕种工作的成绩

沙洋县按户连片耕种工作的速度和程度,远远超出预期。目前连片率是83.6%,在2015年9月末将要达到90%。这项工作的成功推动主要取决于党员干部动员和群众动员。

二、动员党员干部

如何组织动员?

"首先是动员党员干部。这不是干部的积极性问题，而是给予干部教育的问题，批评其消极性，激励其积极性。再结合群众的意愿和利益诉求，去教育群众，改造具体制度方案，改变生产条件落后的处境。"

"2015 年 5 月 28 日召开全县动员大会，该项工作预计 9 月 30 日扫尾。在这个过程中我每周开一次工作调度动员会，一共 15 次。前面 6 周的调度会主要动员乡镇干部，每周的调度会召集乡镇分管干部开会，将他们培养成骨干，确保他们明白按户连片耕种工作的内涵和意义。从第 7 周开始的调度会主要动员村书记，每次调度会安排两个工作先进村的村支部书记作典型发言，一共有 8 个村支部书记作典型发言。然后召开了 3 次现场会，在后港镇和李市镇等乡镇开示范动员现场会。通过 6 次乡镇干部动员会，4 次村支部书记典型发言，在全县 249 个村形成气场，形成轰轰烈烈的土地确权——划片耕种运动的氛围。并且我们在每一个乡镇培养典型村，每一个典型村选择一个典型组，县确权办、乡镇干部到行政村和村民组开会，并总结经验。最后一次动员会有 200 多个村支部书记参加。当然我们不能丢掉落后村。我们的工作方法是派一个先进村的村干部到落后村去指导工作。经过动员，基层干部的积极性完全超出了我们的想象，形成比、学、赶、帮、超的气场，别人搞得成，你们搞不成了？"

"这次推动按户连片耕种工作，财政投入也没有多少。三坪村的杜龙兵书记当时能够修建机耕道，有市局的项目，其他村并没有项目，这次按户连片耕种，县财政没有掏钱。我们要求村里连片耕种时，预留出修建机耕道的土地，由村里自己解决资金问题。村集体可以先请挖机修建机耕路，然后使用一事一议财政奖补项目资金逐年解决。"

"县委县政府对干部党员没有什么激励，仅仅是政治上的表扬，比如评五星、四星共产党员。沙洋县在这次按户连片耕种工作中，涌现出很多先进典型。例如马良镇金副镇长，骨折了也不休息。太山村村书记主动撰写《连片耕种颂》，纪山镇副镇长主动对其进行修改。还比如，县政府对村干部没有绩效奖励，官垱镇朱炳华书记提出一个办法是，从村干部工资中拿 2000 元出来作为绩效考核。"

总结一下,该项工作推进的特点:目标——骨干——典型——铺开——立法。

三、群众动员和支持

按户连片耕种工作的推进速度远超出我们的预期,一个重要原因是群众动员和支持。

"群众一旦动员起来,其能量超出我们的想象。做真正有利于农民的事情,就能够很容易将农民动员起来。按户连片耕种这个事情真正呼应了农民意愿,农民非常希望改变目前的处境,因此积极响应县委号召,少数农民不同意抵挡不了这个潮流。"

"目前做群众路线教育活动,一些工作比较虚,群众路线要与农村改革联系起来,要与农民的需求结合起来。在农村工作中贯彻群众路线,人民群众对按户连片耕种有很大的积极性,这是一件大好事,为什么不去做呢?条件不成熟,可以创造条件做这件事。我们考察组织动员党员、干部和群众来进行一场轰轰烈烈的按户连片耕种运动。群众总结出《连片耕种颂》,在门前贴出春联表扬政府的改革,就是最为集中的表现。'三万'工作队下去也不过是带资金下乡做做慈善,而不能发现农村和农民急切地需要什么。"

四、按户连片耕种的推广价值

土地连片之后能减少很多劳动力。

"农业生产成本至少降低 30%,农机收割成本,社会化服务成本,运输成本,管理成本。"

华中科技大学中国乡村治理研究中心贺雪峰教授最后评价说:"沙洋按户连片耕种有很大的推广价值。"

"我不是不赞同确权，而是土地细碎化不解决，确权是没有用的，甚至是有害的。这次按户连片耕种对沙洋县农民很重要，而且要向全国推广。现在农业生产的主要矛盾是生产力有了很大发展，但生产关系制约了生产力的发展。我们在山东调查发现，凡是能够进行土地调整的村，村庄治理都很有序，相反，土地不能调整，村庄治理很混乱。现在的土地政策，不仅是要 30 年不变，而是要长久不变，50 年、70 年不变。目前是 30 年，不能再搞长了。他们想搞 70 年不变，就是想土地私有化。问题是，人变动了，土地不变动，行吗？现在全国绝大多数地方受湄潭'增人不增地，减人不减地'的影响，产生了很不好的影响。而刘守英自己的一个调查数据显示湄潭县的农民 93％反对'增人不增地，减人不减地'，这是让农民多流汗流泪又流血的制度。"

整理：夏柱智